JN022321

石坂荘作と顔欽賢

－台湾人も日本人も平等に－

上毛新聞社

は じ め に

　本書の主人公である石坂荘作と顔欽賢については、日本と台湾で石坂荘作の研究や顕彰が始まったものの、残念ながら一般的にあまり知られていない。そこで、まず簡単に二人とその関係を紹介することから始めたい。

　石坂荘作は群馬県吾妻郡原町（東吾妻町）出身で、日本統治下の台湾の基隆市で、日本人も台湾人も無料で学べる基隆夜学校を創設したり、台湾初の図書館「石坂文庫」を開設したりするなど、その生涯を基隆の近代化に捧げ、「基隆聖人」と敬愛された人物である。

　群馬県では昭和15年（1940）３月10日、皇紀二千六百年記念として『躍進群馬県誌』を発行した。その中で、石坂は次のように紹介された。この文章が「基隆聖人」と称された石坂を理解するのに最も適切なものである(1)。

石坂荘作／勲七等　基隆商業専修学校並ニ基隆技芸女学校長／**現住所**　基隆市日新町一ノ三番地／電話二七番／**出身地**　吾妻郡原町甲一二六六番地／**略　歴**／明治三年三月六日原町石坂太源次氏長男トシテ誕生、原町尋常小学校全科卒業、日清戦役ニ出征シ陸軍工兵一等軍曹、勲八等ヲ賜フ、明治二十九年三月渡台、台湾日報、台湾日日新報ニ入社言論界ニ貢献シ、全三十六年基隆夜学校ヲ設立（現基隆商業専修学校）更ニ昭和六年和洋裁縫講習所（現基隆技芸女学校）ヲ設立。該地方面ノ教育界ニ盡瘁シ今日終生ノ事業トシテ鋭意経営ニ努メラレ、其間、度量衡器販売等ノ経営者トシテ実業方面ニモ飛躍サレ基隆信用組合長ニ就任セシ事二回、更ニ基隆公益社長、基隆商工会長等ノ公職、及台北州協議会議員、台北州農会議員、基隆商工会議所顧問、基隆在郷軍人会、基隆方面委員、愛国、国防婦人会、防諜聯盟、台湾総督府史料編纂委員会ノ各顧問ニ推任セラレ今日ニ至ル／この略歴は氏の地位の大なる事を物語るに充分なるものがあらう。ことに台湾、特に基隆市の為め、兎角健康を害はれ勝ちな昨今、落付いて静養することもなく、それこそ一生を捧げるの意気の下に努力されつゝあることは、誠に崇高なるものである。海外に雄躍する人々の間には、物質的には巨富を擁するの成功者も多いが、氏の如く摑めば摑み得たであろう地位と環境の裡にありながら、淡々と私欲に走ることなく、余裕あらば公共の為に投じて惜しむことなく社会の発展に終生を捧げんとするが如き人は、極めて少ないと信ずる。現在基隆市民の朝夕の散策に無くて叶はない石坂公園、或は知識の庫としての石坂図書館等は氏の努力の結晶として基隆市の存する限り、市民の感謝の裡に永遠にその名を刻まれることであろう。然かも、これ等の建設寄贈

が、有り剰る財貨の裡にされるならば、比較的容易の業と言ひ得るであろうが、その公園の如きは全く氏自ら鍬を採り道をつけるの努力を続け、数年の年月を費（つい）して完成したものである。こうして次々に無償を以て市に寄贈し来つた事は社会正義の信念がなければ到底なし得られるものではない。これ等の数限りなき善行は必然的に表彰となつて現れてゐるが、今日迄の重立（おもだ）つたものとしても、群馬県知事より四回、台湾総督より六回、台湾教育会より二回、賞勲局より二回、宮内省より二回、内務大臣一回（移植民事業功労）、中央教化団体聯合会長より一回（社会教化に盡瘁（じんすい）の功）等々がある。現在基隆商業専修学校、基隆技芸女学校長として又経営者として専心台湾同胞の教育に努力され且つ生涯の事業とされつゝある。今日まで寸暇を得てものされた著述は『臺灣踏査實記』（ママ）『臺灣に於ける農民の天國』『基隆港』『北部臺灣の古碑』『御賜の餘香』『おらが基隆港』『非常時臺灣』『臺灣に於ける外國交渉事件』『古代文化の謎』『基隆史考』等、資性温雅にして情愛に富む。家庭夫人長逝後は実弟健橘氏夫妻同居しつゝあり。

　いっぽう顔欽賢は台湾五大家族（財閥）の一つである基隆・顔家に生まれた。同家は鉱山経営で財を成し、欽賢はその三代目にあたる。石坂とは親子ほどの年齢差がある。欽賢は大正11年（1922）３月に群馬県立高崎中学校（県立高崎高等学校）を卒業し、昭和３年（1928）３月立命館大学を卒業した。県立高崎中学校の同級生に第67代内閣総理大臣・福田赳夫がいた。

　敗戦、そして、蒋介石が率いる国民党による台湾支配により、日本統治時代のものはことごとく否定されていったが、石坂が創設した基隆夜学校を前身とする基隆商工専修学校は、顔欽賢が引き継ぎ、現在も私立光隆高級家事商業職業学校として存続している。ここに石坂荘作と顔欽賢との関係がある。

　顔欽賢は、現在、歯科医で女優・エッセイストとして活躍している一青妙（ひととたえ）さん、歌手として活躍している一青窈（ひととよう）さん姉妹の父方の祖父に当たる。

　石坂荘作研究については、すでに日本と台湾で優れた単行本が出版されている。日本では宇治郷毅氏『石坂荘作の教育事業―日本統治期台湾における地方私学教育の精華―』（晃洋書房、2013年）、台湾では陳青松氏『曠世奇才的石坂荘作―日治時期台灣社教文化的先驅―』（基隆市文化局、2006年）である。基隆顔家については、一青妙氏『私の箱子（シャンズ）』（講談社、2012年）がある。

　これらの学恩を蒙りながら、石坂荘作と顔欽賢、県立高崎中学校と福田赳夫、中川小十郎と立命館、基隆夜学校（基隆商工専修学校）と私立光隆高級家事商業職業学校をキーワードに、改めて群馬県と台湾、日本と台湾との関係を考察することが本書の目的である。

目　次

第1章　石坂荘作－「原町三偉人」と「基隆聖人」－

第1節　生い立ち(1)

(1) 郷里の近代化と小学校の誕生

郷里・原町　石坂荘作は明治3年（1870）3月6日、上野国（群馬県）吾妻郡原町字滝沢に石坂太源次・まさの長男として生まれた。父は町役場に勤め、土地係として地租改正などに携わった。石坂荘作顕彰会の調査により、荘作には姉・ちか（慶応2年生まれ）と妹・はるよ（明治16年生まれ）がいたことが分かった。しかし、母・まさが亡くなり、継母・ちうが迎えられ、異母弟・健橘（同20年生まれ）が生まれた（次頁系図参照）。姉・ちかが片桐丑蔵と結婚し、現在、その子孫が吾妻郡内などに健在である。また、陳青松氏の研究により、荘作・つね（ツ子、津ね子）夫妻には実子がなく、龍二という養子を迎えていたことが分かった。龍二は明治38年に山形県山形市六日町の士族であった林禮蔵・キクの三男として生まれた。異母弟の健橘はトミと結婚し、同夫妻には長女・和歌子、長男・達郎と養女・日出子がいたことも分かった。

しかしながら現在のところ、養子の龍二、異母弟の健橘の家族とその子孫については、詳細が不明である。

吾妻郡は群馬県北部（北毛地方と呼ぶ）に位置する。県内では稲の収穫量が最も少なく、そのほとんどが山林で占められた地域で、養蚕業や林業などが盛んであった。明治時代から現在まで合併が行われ、荘作の生まれた原町も現在は東吾妻町となっているので、まず吾妻郡内の町村の変遷を紹介したい。

石坂荘作

【石坂荘作略系図】

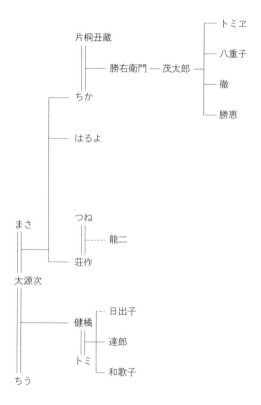

　明治22年（1889）に「町村制」により近代地方制度が完成した。吾妻郡には、中之条町・原町・東村・太田村・坂上村・岩島村・長野原町・嬬恋村・草津村（のち草津町と六合村）・沢田村・伊参村・名久田村、さらに高山村の自治体が誕生した（表１）。

　吾妻郡の中でも隣接する原町と中之条町が郡内の中心的な自治体で、郡役所が中之条町に、警察署が原町にそれぞれ置かれ、吾妻郡の行政や産業経済、教育・文化の中心を担うようになった。

　昭和30年（1955）に自治体の再編として「昭和の合併」が行われ、吾妻郡内は３月１日に原町・太田村・岩島村・坂上村が合併し原町が、４月15日に中之条町・沢田村・伊参村・名久田村が合併し中之条町が、改めて発足した。しかし、翌年２月１日に原町は吾妻町と改称した。

　「平成の合併」で、平成18年（2006）３月27日、吾妻町と東村が合併し東

表1　吾妻郡内に明治の合併で誕生した町村

町村名	合併した旧町村	編入
中之条町	中之条町・西中之条村・伊勢町・青山村・市城村	
原町	原町・金井村・川戸村	
東村	五町田村・箱島村・岡崎新田・奥田村・新巻村	
太田村	植栗村・岩井村・小泉村・泉沢村	
坂上村	大戸村・萩生村・本宿村・須賀尾村・大柏木村	
岩島村	岩下村・松谷村・三島村・矢倉村・郷原村・厚田村	
長野原町	長野原村・与喜屋村・羽根尾村・古森村・大津村・応桑村・横壁村・林村・川原畑村・川原湯村	
嬬恋村	三原村・今井村・鎌原村・門貝村・袋倉村・芦生田村・西窪村・大笹村・大前村・干俣村・田代村	
草津村	草津村・前口村・赤岩村・小雨村・生須村・太子村・日影村・入山村	明治33年草津町と六合村へ
沢田村	四万村・山田村・折田村・上沢渡村・下沢渡村	
伊参村	原岩本村・五反田村・蟻川村・大道新田	
名久田村	平村・横尾村・大塚村・赤坂村・栃窪村	
久賀村	須川町・東峰須川村・西峰須川村・入須川村・布施村・師田村・吹路村・長井村・猿ヶ京村	明治29年利根郡へ編入
高山村	中山村・尻高村	明治29年西群馬郡から編入

『群馬県町村会史』（群馬県町村会、平成元年）より作成

吾妻町となり、同22年（2010）３月28日に六合村が中之条町に編入となった。中之条町からは第84代内閣総理大臣小渕恵三が誕生している。

第三番小学原町学校　　石坂荘作は明治10年（1877）４月原町小学校に入学し、同18年11月に卒業した。卒業時は15歳であった[2]。

　明治５年８月２日に学制が発布されると、群馬県では同年11月に前橋に一番小学厩橋学校、翌６年２月に勢多郡水沼村に第二番小学水沼学校（旧黒保根村、桐生市立黒保根小学校）、３月に吾妻郡原町に第三番小学原町学校（東吾妻町立原町小学校）、同月に前橋に第四番小学敷島学校（前橋市立敷島小学校）、４月に前橋に第五番小学桃井学校（前橋市立桃井小学校）が誕生した。

最初に誕生した厩橋学校を桃井学校が合併したため、前橋市立桃井小学校が群馬県で最古の小学校と称している。荘作の母校・原町小学校は群馬県で3番目に古かった。

　原町では「学制」が発布されると、それに呼応して山口六平・松井逸郎・高山茂樹・新井忠弥らが中心となって小学校を設立することを決議し、8月24日には高山茂樹と木檜三四郎が有志総代として県庁へ請願書を提出した。請願書の提出は群馬県で最初であった。翌6年1月に県官が派遣され岩鼻県原町出張所が廃止されたので、同所を仮校舎に充てることが決定し、山口六平・木檜三四郎ら17人が毎月合計19円50銭を経常費として拠出、川戸村の大川周三、西中之条村の高橋市五郎、大戸村の田中瑳一郎の3人の寄付金35円を書籍器械費に充て開校した。原町は教育に熱心な土地柄であった。明治6年5月には「原街小学校」と改称した。石坂荘作は開校から4年後の入学であった。

　「学制」は学校の維持費は住民負担が原則で授業料も徴収した。原町小学校の授業料は上等25銭、下等10銭であった。原町小学校のように多くの小学校は廃寺などを利用し仮校舎として出発した。明治12年9月「学制」が廃止され「教育令」が、同14年5月には「改正教育令」により小学校は初等科（3年）、中等科（3年）、高等科（3年）とされた。

　学制発布から10年を過ぎると、各地で新校舎が建設された。原町小学校も明治17年に小字御殿に西洋風2階建ての立派な校舎が建てられた。工費は2,400円で学務委員山口六平、戸長高橋梅太郎・富沢蔵四郎・新井忠弥ら16人が資金を、山田熊蔵・原沢五平が土地を提供した。荘作は1年間この洋風の校舎で学んだ。

　群馬県で3番目に小学校が誕生したことは、原町の人々や在校生、石坂を含む卒業生の誇りであった。明治43年に校訓とともに制定された校歌には一番で次のように歌われた。

　　明治のはじめ上野に　たてし学びや三つの内／その一つこそこの郷の／この原町の小学校／あなゆかしやな我が校よ／あな楽しやなこの校よ

（2）キリスト教と漢学

山口六平　　　原町小学校設立の中心であった山口六平は、「学制」が発布されると、県から学区取締に任命され、吾妻郡・群馬郡と碓氷

郡の一部の53の小学校の監督を行った。山口は明
治 2 年生まれの娘・とよを同 8 年に小学校に入学
させた。女子として初めての入学者であった。とよ
は 8 年間通学した。女子が小学校へ通うのは珍し
く、街を通るのが目立つので、15歳のときに父に
退学を申し出たが叱責されたという。

山口六平

　石坂荘作の人間形成を考えるときに、原町で生ま
れたことと同町の有力者の影響を挙げることができ
る。その第一が山口六平であった。山口家は江戸時
代に町年寄・町名主・郡中総代などを務めた豪商・
豪農であった。当主は六兵衛を襲名した。六平は嘉
永 2 年（1848）に生まれた。儒者・木村卓堂に学び明治維新の時は20歳で
あった。卓堂門下の先輩である新井善教と松井経邦は明治元年11月に岩鼻県
知県事大音龍太郎が原町を巡視すると、廃寺となった宗安寺を改造し岩鼻県出
張所を設置し、吾妻郡と利根郡を治めるよう進言した。それが認められ同 2
年に開庁となったが、新井と松井は大音知県事に見込まれ岩鼻県官吏に抜擢さ
れたので、六平が原町のリーダー格となった。

　山口六平は近代教育制度の確立だけでなく、殖産興業にも力を入れ、畜産会
社「吾妻牧舎」を起業し、アメリカ式大農場経営を行った。また、特産品で
あった生糸の改良とアメリカへの直輸出のため、吾妻精糸会社を創業した。さ
らに産業の円滑な発展のため金融機関である吾妻生産会社も創立した。同15
年県会議員に当選し、同29年には副議長になった。存命中には実現はしな
かったものの、吾妻郡を通り群馬県と長野県を結ぶ鉄道敷設など、地域発展の
ため大規模な計画も進めた。家産を傾けるほど、私事より公共に尽くした山口
六平の58年の生涯において、最も大きな出来事は新島 襄 に憧れクリスチャン
になったことであった。

吾妻教会　　表 2 は明治20年代のキリスト教の教勢を示すものである[(3)]。
　　　　　　群馬県は大都市があり貿易港を持つ地域ではない。「海なし県
（内陸）」の農山村を中心とする地域であるが、明治前期には東京、大阪、神奈
川（横浜）、兵庫（神戸）に次いで信徒数が多く、人口比に占める割合も高
い。これは上州安中藩士であった新島襄が明治 7 年（1874）にアメリカから
帰国し、まず郷里の安中で福音を説いたことによる。新島の話を聞いた旧藩御
用商の湯浅治郎らは聖書の研究を始め、明治11年 3 月30日に30人が新島から
洗礼を受け、安中教会を設立した。安中教会は日本人の手による最初の教会で

表2　明治前期の府県別キリスト教（明治20年末）

府県	教会	教派	信徒	人員1万人に対する信徒
北海道	9	4	465	15,043
群馬	**7**	**4**	**985**	**14,747**
千葉	7	2	454	3,977
東京	43	8	5,267	36,159
神奈川	12	5	1,423	15,865
静岡	5	3	621	6,092
愛知	6	2	309	2,201
京都	4	1	666	7,841
大阪	12	4	1,678	13,903
兵庫	8	2	1,026	6,929
和歌山	5	2	345	5,62
岡山	5	1	865	8,293
高知	2	2	439	7,871
福岡	4	4	318	2,743
長崎	2	2	336	4,606
熊本	4	3	352	3,449
その他	76	－	3,205	－
計	211		18,754	4,855

大濱徹也『明治キリスト教会史の研究』より

あった。初代牧師として新島の高弟である海老名弾正が赴任し、県内各地を伝道した。

　その一方で、上州沼田出身の星野光多も県内を熱心に伝道した。光多の父・宗七は明治初年、生糸の海外貿易を始めるため、沼田から横浜に出て店を開いた。次男の光多は10歳で横浜に連れて来られたが、家業を手伝いながら英語を学ぼうと宣教師ジェームス・バラの英語塾に入った。バラの指導により植村正久、押川方義、井深梶之助ら洗礼を受ける青年があらわれ、明治5年（1872）にバラを仮教師に小川義綏を長老に日本基督公会が誕生した。星野光多も同7年12月、バラから洗礼を受けた。

　明治11年、光多は中村正直の家塾「同人社」に入った。明治初期に福沢諭吉の慶応義塾、近藤真琴の攻玉社とともに三大義塾と称された。中村正直は儒者でありクリスチャンであった。光多はそれゆえ、中村の家塾「同人社」で

学ぶことを選んだという。そして、2年後には植村正久を証人に福沢諭吉の慶応義塾に移り3年間学んだ。同16年から17年にかけて、日本のキリスト教においてリバイバルが起こり、その影響は全国の諸教会に及び信仰の復興がなされた。同16年に安中教会執事で県会議長になっていた湯浅治郎から手紙が来て高崎で伝道をするように依頼された。

　こうして群馬県では安中教会を拠点に海老名弾正、西群馬教会（明治17年設立、高崎）を拠点に星野光多が、県内各地を伝道するようになった。

　山口六平は明治18年、家族と共に海老名弾正から洗礼を受け、自宅に新島の郷里・安中出身の白石村治（士族）という伝道師を招き、自宅の書院を会堂に代用し、新井孝作、新井浅次郎、高橋梅太郎らを中心に同20年9月には吾妻教会の会堂が完成し、同22年5月に設立式が行われた。

　山口の入信の理由は不明であるが、次の逸話がヒントになるであろう。明治12年に群馬県会が開会すると、同15年に安中教会執事であった湯浅治郎（碓氷郡選出）が県会議員に当選した。県庁・県会のあった前橋の宿舎が同じであった齋藤寿雄（北甘楽郡選出）は、湯浅が聖書を読み食事前に礼拝することに興味を持った。すると、湯浅は齋藤に聖書を貸し与えた。それをきっかけに齋藤は海老名弾正から洗礼を受けた。齋藤の出身地にもキリスト教への関心が深まると、安中教会から海老名弾正、湯浅治郎、前橋教会から蔵原惟郭、西群馬教会から星野光多が説教に出向き、明治17年2月に甘楽基督教会が誕生し、齋藤寿雄は執事に選ばれた。

　山口の入信と吾妻教会の設立も、齋藤の甘楽基督教会と同じような状況があったのではないだろうか。近隣の名久田村（中之条町）・高山村では星野光多や海老名弾正らの伝道により、有馬俊平・奈良茂平次・吉田梅重郎・松井貫一らを中心に明治20年に名久多教会（地名は名久田であるが教会名は星野光多の多をとった）が誕生した。有馬俊平は初代高山村長、奈良茂平次は初代名久田村長、吉田梅重郎は8代名久田村長になった有力者であった。

　キリスト教への関心は原町と名久田村に挟まれた中之条町でも高まり、明治19年4月16日には中之条町の田中甚平（のち県会議員、副議長）の所持家で星野光多、白石村治らにより伝道集会が開かれた。原町の吾妻教会と尻高村の名久多教会は次のように連合して伝道に励んだ（『基督教新聞』第223号、明治20年11月2日）。

　　本年六月白石村治氏の越後長岡に転せられしより、上原権太郎氏来たり伝道に尽力せられ且つ高等小学校長郡徳隣氏も尽力せられ、追々好都合に向ひ、原町尻高の両所に会

堂新築し全く工事も落成したれバ、九月廿九日新井孝作氏の司会にて原町会堂の捧堂式を行ひ、祈禱、聖書朗読、次に不破唯次郎氏の説教、星野光太郎の祈禱其他諸氏の祝詞等あり。続て晩餐の聖式ありて、杉田潮氏の祝禱を以て其式を終り、当地原澤楼にて来会諸氏を饗応し、同夜ハ郡徳隣氏の司会にて大谷三右衛門、茂木平三郎、杉田潮、星野光太諸氏の説教あり。翌三十日ハ尻高村にて奈良茂平次氏の司会にて同会堂奉堂式を行ひ、祈禱聖書朗読前の如く、星野氏の説教、杉田氏の祈禱其他不破、松本、山口、田中、茂木諸氏の祝文抔あり。次に不破氏の祈禱を以て終り。夫より有馬氏方にて諸氏への饗応あり。同夜ハ会堂にて上原氏の司会にて説教会を開きたるに七八十名の聴衆ありたり。

　吾妻教会は白石に代わり、２代牧師は熊本県出身の沢田義武が就任した。海老名弾正の推薦であった。沢田は吾妻高等小学校が明治19年に設立されると英語担当として、熊本英学館から同校に訓導として招かれた。

　なお、星野光多はフェリス女学院教頭を歴任。末妹のあいは津田塾大学初代学長。長男の直樹は大蔵・満洲国官僚で、東條英機内閣で内閣書記官長などを務めた政治家であった。

　教会の裏門から英語を学ぶ　明治17年から英語熱が高まり県内各地に英学校が設立された。群馬県の英学校の設立は明治３年８月高崎藩が開校した英学校に始まる。同校には尾崎行雄・新井領一郎・内村鑑三らが学んだが、同６、７年ごろに廃校になった。

　明治17年以降、森有礼文部大臣の欧化主義教育に呼応し隆盛をみた英学校は前橋８、高崎３、佐波郡２、勢多郡３、碓氷郡２、山田郡２、邑楽郡２、新田郡１、北甘楽郡２、群馬郡２、吾妻郡１、多野郡１、利根郡１と30校もの学校が確認できる[4]。

　星野光多の西群馬教会のあった高崎には高崎英語学校、猶興学館（高崎英和学校）、英語専修学校が創設された。高崎英和学校には創立者の一人として竹越与三郎が加わっていた。星野は高崎英語学校開校式で次のような祝辞を述べた。

　　私は伝道の方法として小学校の上級生に英語を教へてゐたが、之は好結果を見たのであった。彼等は、耶蘇教嫌いであるが、英語は習いたいというので、教会の裏門から窃に偲んで来ると有様であった。ところが彼らのうちからも信仰を起こすものがあって、教会は愈々好況に向かふのである。

　高崎英語学校で学び西群馬教会の安息日に出入りしたのが、深井英五（のち第13代日本銀行総裁）であった。深井は西群馬教会で星野光多から英語を学ぶうちにキリスト教に帰依した。新島襄の奨学金や西群馬教会の有志の援助

で、明治19年に同志社に入学。深井が高崎藩の設立した英学校で学んだと間違えて記述する書籍が多いのは、高崎藩英学校と高崎英語学校を同一のものと勘違いしているからである。

　山口六平も、伝道師の白石村治（21歳6ヵ月）を教師に同19年6月28日に設立願を提出し、原町英学校を設立した。石坂荘作は同校で英語を学んだ。荘作は英語を学びながら深井英五のようにクリスチャンにはならなかったが、その影響を受けた。

　石坂より7歳年下の新井信示も原町英学校で学んだ一人であった。当時を次のように回想している。新井も弟・友吉もクリスチャンになった。

> 私の十歳か、十一歳の頃（※明治19、20年）、原町の豪商山口六平氏はキリスト教に帰依し、牧師を自宅に雇いおき、聖日毎、日曜学校を自宅に開かせたので、私はそこに出席し、小さなカードを貰ったりして喜んだ。又、夜は、街路に面した室を開放してそこで集会を催して牧師の伝道説教があった。その牧師は白石村治という、若い綺麗な、何でも二十歳を沢山越していない人であった。／その牧師は毎日、小学校の教室を借りて有志の青少年に英語を教えた。私は父に勧められて、というより命ぜられて、そこへ出席することになった。私の教科書はスプリングブックというので、ビーエーベー、ビーイービー、ビーアイベイ、ビーオーボー、ピーユーピュー、ビーワイバイというのを教わっていた。牧師は一カ年以上は居なかった様に記憶している。とにかく、こうして私の英語は、随分早く其のいとぐちを開いたのであった。…

　詩人の山村暮鳥（本名：志村八九十）は明治17年生まれであるから、新井信示よりさらに年少で、石坂より一世代下になる。西群馬郡棟高村（高崎市棟高町）に生まれた。学業優秀で小学校では飛び級をするほどであったが、父が繭取引に失敗し家が没落し高等小学校を中退した。同32年に年齢を偽って堤ケ岡小学校の臨時雇い教員になれた。同34年1月に前橋の聖マッテア教会で英語夜学校が開校されると、連夜、通学した。高崎の日本聖公会高崎講義所の日曜学校にも通い、宣教師のミス・ウォールから英会話を学んだ。暮鳥は貧困と因習からの解放を求め、教会で英語を学んだ。「祈祷の時は耳を塞いでいた」が、宣教師のミス・ウォールからアメリカに行くことができることを示唆されると、入信に踏み切った[5]。

　石坂の英語の勉強の動機は、深井英五、新井信示、山村暮鳥らと共通したものがあったと思われる。

新井慎斎と吾妻漢学書院（あらい しんさい）　山口六平に次いで石坂荘作に影響を与えたのは、儒者の新井慎斎であった。荘作は教会に出入りし英語を学ぶとともに、原町の儒者・新井慎斎（通称は弥九郎、忠弥）の家塾「吾妻漢学書

新井慎斎

院」に学んだ。新井慎斎は八百屋と質屋を営んでいたが、嘉永 7 年（1854） 4 月、木村卓堂の門に入り、儒学・書道・詩文を学んだ。

　新井慎斎は原町小学校設立には山口六平らと中心になったが、明治初期の洋学洋風（西洋化）偏重に対して、伝統的な漢学が疎外され始めたので、明治11年、儒者・貫名海雲を招き吾妻漢学書院を創設した。しかし、貫名海雲が没したため、同書院を家塾とし、漢学を教授した。当時、吾妻郡内に小学校以上の教育機関がなかったので、同書院は郡内の青年教育の中心教場となった。慎斎は妻に先立たれたため、教授の傍ら自ら炊事・洗濯と家事一切を行った。炊事の時刻に教授未了の生徒がいると、年長の生徒に代わって教えさせ、代理教授の者の読誦する声で誤りを知ると、大声で間違いを正したという。

　慎斎は八百屋から生糸貿易を経て、内国通運会社継立所や郵便局を開設し家業とし、明治24年、58歳で家業を養嗣子・常十郎に譲り、吾妻漢学書院を天神山上に新築し、教育に専念した。

　こうした新井慎斎や山口六平ら原町の有力者の姿が、後年、基隆市での石坂荘作の姿となった。

（3）吾妻郡の風土的特色

大塩平八郎門下・木村卓堂　　山口六平や新井慎斎の師である木村卓堂は、大塩平八郎の門弟であった。木村卓堂は文化 6 年（1809）薩摩国（鹿児島県）生まれの武士であった。蓮光院の住僧に儒学・仏学などを学び、詩文・書画、剣・槍・柔術・弓術などの武芸に秀で、挿花・茶の湯・箏・易・篆刻にも通じるという博学多芸の人であった。その人柄は廉潔、寡欲で「身長五尺七、八寸（175cm）の偉丈夫」であった。

　諸国遊歴し、大坂では大塩平八郎に陽明学を学び、江戸では塩谷宕陰（朱子学）、佐久間象山（蘭学）、亀田綾瀬（徂徠学）らにも教えを受けた。天保15年／弘化元年（1844）吾妻郡に入った。36歳であった。同年11月28日、原町字須郷沢で塾を開いた。入門者は文久 2 年（1862）までの20年余りの間に173人に上った。門人の家を回って教えることも行った。石坂が漢学を学んだ富澤弐琴（文哉）も卓堂の門人であった。

木村卓堂が講じた陽明学では、どこでも自分が置かれたところで修養することを「事上磨錬」といい、これを重んじた。石坂の基隆での活動は、石坂にとっては事上磨錬の実践であった[(6)]。

吾妻蘭学　　吾妻郡は逃亡した高野長英も庇護した土地柄であった。沢渡温泉（中之条町）の医師・福田宗禎（第5代、号は浩斎）は漢方医であったが、天保2年（1831）に高野長英を招き、蘭方医（洋医）に転向した。高橋景作、望月俊斎、高橋元貞、柳田禎蔵らの漢方医も高野長英のもとに集まり入門し、蘭方医になった。こうして吾妻郡に蘭学が広まった[(7)]。

　横尾村（中之条町）の高橋景作は、江戸で長英に師事し帰郷していた伊勢町（中之条町）の木暮俊庵の勧めで福田に招かれた長英に師事し、その年に長英の私塾「大観堂」（江戸貝坂）に入り、1年半ほどで塾頭になった。景作は長英が天保7年（1836）に『避疫要法』を著すと、その編集を担当した。万延元年（1860）には孫に天然痘予防のため種痘を試み成功した。

　長英は天保7年の大飢饉に際し『救荒二物考』を著した。これは福田宗禎がもてなした1年に3度取れる「早熟蕎麦」と伊勢町（中之条町）の柳田禎蔵が贈った「馬鈴薯」が凶作でも収穫があったことを知り、天下万民を救うとして著したものであった。禎蔵はその校訂を担当した。明治15年（1882）、群馬県令であった楫取素彦は同書を再版して県内外に配布した。版木は福田家から大正期に長英の同族である後藤新平に贈られた。

　天保9年の江戸大火で高野長英宅が類焼すると、福田宗禎、柳田禎蔵らが再建の用材を吾妻川から筏に組んで送った。また、長英はモリソン号事件に対し『戊戌夢物語』を著し、幕府の外交政策を批判したため、同10年「蛮社の獄」に連座し伝馬町の獄舎へ入獄した。そこへ、中之条と原町の市場紛争の中之条の責任者として町田明七と田村八十七が入獄した。二人は1ヵ月後には疑いが晴れ出獄できたが、長英から獄舎内で市場紛争の助言を得た。

　弘化元年（1844）6月、獄舎の火災をきっかけに長英は逃亡し潜伏生活に入った。翌2年10月に郷里の水沢に母を訪ねるまでの1年余りを、これまで述べた門人や支援者の力により吾妻郡内に潜伏した。郡内に長英潜伏の言い伝えのある場所が10カ所ほどある。

　石坂荘作が生まれ育った吾妻郡は、知の蓄積や伝統のある土地柄であった。

第2節　教員と日清戦争従軍

（1）草創期の初等・中等教育を担う

小学校教員　石坂荘作は明治22年から富澤羪琴に漢籍を学び、群馬県師範学校の講習会に出席し国語も学んだ。同年5月から原町尋常小学校教員となった。20歳であった。翌23年12月東京・近衛工兵中隊に入営し、工兵二等軍曹に進み在隊中に電気建築術を学んだ。

　明治26年には除隊となり、吾妻高等小学校（中之条町）教員となった。同校は校長の郡徳隣が熊本県出身、訓導の沢田義武も同県出身で吾妻教会の牧師であった。同校教員にはクリスチャンが多かった。

　吾妻高等小学校は教育令が改正され、明治19年4月に各郡に誕生した高等小学校の一つであった。吾妻郡は山間地域で郡域が広いため、郡内を東と西に分け、東部地域は中之条町に吾妻第一高等小学校、西部地域は長野原町に吾妻第二高等小学校を開校した。ところが、第二高等小学校は生徒が集まらず6月には閉校したため、吾妻第一高等小学校が、吾妻郡の最高学府となり「吾妻高等小学校」の愛称で、明治32年の廃校まで親しまれた。

　吾妻高等小学校の開校当時の教員は郡内から尋常小学校の校長を集めた。平均月給も尋常小学校教員の2倍であった。初代校長は青山師範学校から三好昌直を招いた。

高山昇と私立吾妻中学院　長崎県皇典講究分所教授を辞して帰郷した高山昇は、山口六平・木檜三四郎らと明治27年4月「私立吾妻中学院」を創立し、小学校卒業者に中学校程度の教育を施すことにした。院長は桑原雄司、教員は高山昇、田村直次郎（県立前橋中学校卒）・沢口蔦五郎（群馬県師範学校卒）・一宮（高山）幸麿（同）・桑原喜三郎（同）木檜三四郎（早稲田専門学校卒）・石坂荘作らであった。

　高山昇も石坂に影響を与えた個性的な人物であった[8]。高山は元治元年（1864）に吾妻郡原町の巖鼓神社の神職家に生まれ、群馬県尋

高山昇

常中学校に進んだ。同校初代校長は水戸学者の内藤耻叟であった。内藤校長は父・茂樹と「皇統一系の国に生れたる国民は又富に其家柄を尊重して」と昇を中途退学させ、東京の皇典講究所に入学させた。同19年12月に卒業すると、群馬県皇典講究分所の教授となり、県社・総社神社の祠官を兼ねた。

　所長の山田顕義が皇典講究所に教育機関として國学院を創設すると招かれ、学生取締役兼講師となった。雑誌『日本文学』を発行し国粋保存を主張する傍ら、同23年長崎県皇典講究分所教授となった。同教授をしながらキリスト教の東山学院、梅香崎女学校などでも教鞭をとった。キリスト教主義の学校で教えることは信条に反するのではないかと問われると、キリスト教の信条を視察するのに便利であると笑って答えたという。前述した通り、同26年帰郷し、敬神・尊皇・愛国の三大義を鼓吹する講社を設立し、同志を結集するとともに、翌年に「私立吾妻中学院」を創設した。

　当時の中等教育は一県一校の時代で、群馬県では群馬県尋常中学校が前橋にあるだけであった。そこで、同校で学べないものを収容し育英事業を行う目的で私立吾妻中学院を創設した。しかし、同院も創設者の高山昇が官幣大社浅間神社宮司（静岡県）に就任し、石坂荘作ら職員の異動もあり、明治29年には廃院となった。

（2）青年教育を実践

吾妻青年会と吾妻婦人会　石坂荘作は明治20年3月、原町の山口六平、尻高村の有馬俊平らが郡内の青年に呼び掛け「吾妻青年会」を創立すると入会した。明治20年代には「青年会」と称するものが全国的に誕生した。これもキリスト教布教の影響で、古くから集落ごとに存続してきた若衆組に代わって設立された。吾妻青年会は山口六平や有馬俊平などクリスチャンがその中心であったように、県内の多くの青年会のリーダーはクリスチャンであった。

　吾妻青年会は会頭・山口六平（39歳、県会議員）、副会頭・吉田庸橘（医師、県衛生局原町出張所）、幹事・桑原雄司（38歳、原町小学校長）、木檜三四郎（20歳、のち県会議員、衆議院議員）で、会員を町村別にまとめると表3のようになる。石坂荘作は18歳であった。金井幸佐久氏の研究によると[9]、会員の35％は教員で、クリスチャンも多かった。『上毛新聞』（明治20年3月7日）は次のように報じた。

表3　吾妻青年会員

町村	会員			
山田村	山田磯吉◎	岡田為吉（教員、◎）		
植栗村	樹下与平	茂木準十（教員、◎）	茂木宣衛	
岩井村	水野利一郎（教員）			
川戸村	丸橋麟逸（教員）	桑原雄司（教員）	加藤鍋作（教員）	加藤角太郎
金井村	町田清三（教員）			
中之条町	豊田宜（教員）	武井源十郎（教員）	郡徳隣（教員、◎）	
上沢渡村	福田和五郎	福田為吉（和五郎の兄）		
原町	湯浅誠作	一場良平（教員）	石坂荘作	矢島利三郎
	原沢仲太郎（教員）	萩原鍋吉	宮崎益太	新井常作
	新井忠弥	神沢平三郎	高橋亀太郎	一場保平
	向井伝次郎（教員）	佐藤純太郎	朝岡佐之吉◎	朝井浩之吉◎
	山口六平◎	吉田庸橘	木檜三四郎	新井孝作
	新井善七	矢島源七	富沢才次郎	矢島豊次郎
	木村七三郎	岩崎閑三（教員）		
尻高村	有馬俊平◎	関美喜八	都築為吉	飯塚文造

◎はクリスチャン。金井幸佐久『吾妻郡キリスト教史』より

　　県会議員山口六平氏、高等小学校教師豊田宜氏らの発起にて題号の会を開設せんと会則も出来て各村の有志へ配布せしに殊の外入会者も多く、本日第一土曜日に原町小学校に於いて開会せり。小会を開く。小会は演説討論あり。大会は親睦の為、会食し、野外運動を執行し、専ら交誼を厚くし、各自経験を交換し、徳義の念、有為の気象を養い、併せて弁論を修養するにあり。

　会の設立趣旨に「欧州の文明たる因由は、人々が一物の如く和している所にある。将来有為の青年は同胞相愛交誼を厚くし、国家有為の利器となり明治聖代の士に愧じざるよう努めることである」とあり、目的は「弁論を錬磨し知識を交換し、徳義の念有無の気象を養ひ、併せて交誼を厚うするにあり」（会則第二条）であった。

　吾妻青年会は、前橋の青年会が県内の青年会に呼び掛け「上毛青年会」が組織されると、同会と気脈を通じることを決議し、公娼廃止運動を展開した。

　翌21年2月には山口六平の斡旋で「吾妻婦人会」も誕生した。山口六平の妻・かくと新井浅次郎に嫁いだ六平・かく夫妻の長女きよが幹事となった。前後して同時期に前橋・高崎・松井田・原市・安中・藤岡にも婦人会が結成され

表4　吾妻婦人会修養会

年次		明治21	同22	同23	同24	同25	計
修養種別と開催回数	編物	8	8	12	16	2	46
	育児	1	2	0	0	0	3
	家政	3	4	0	0	0	7
	裁縫	0	2	3	0	0	5
	料理	0	3	3	1	0	7
	縫絵	0	0	5	7	1	13
	茶の湯	0	0	0	6	0	6
	挿花	0	0	0	3	0	3
	唱歌	3	0	0	0	0	3
	普通科	1	2	0	0	0	3
	演説	4	3	2	1	0	10
	無記	1	1	1	1	0	4
	計	21	25	26	35	3	110
開催名別	臨時会	0	8	9	7	1	25
	大会	0	1	0	0	0	1
	常会	10	10	10	12	1	43
	親睦会	0	1	0	0	0	1
	演説会	0	1	0	0	0	1
	計	10	21	19	19	2	71

金井幸佐久『吾妻郡キリスト教史』より

たが、ここにもキリスト教の影響があった。

　表4は吾妻婦人会の修養会をまとめたものである。編物などの実技科目が中心であるが、普通科として物理・地歴・算術も教授した。講師は吾妻高等小学校を中心とした教員であった。『上毛新聞』（明治21年3月27日）は次のように報じた。

　　去る二十日午後二時より原町精糸会社楼上にて開きたる同会の参集員は十二ヶ町村にて錚々の聞こえある婦人四十五名にて会頭や山口某子発会の主旨と併せて婦人の将来に向ってよる所の方針を演説し、尋で沢田義武（婦人は家畜に非るなり）、桑原雄司（婦人の務）両氏の演説あり、後毛糸織物、西洋料理、育児法等につき、会員相互に研究し六時頃解散したり。

また、『上毛新聞』（明治21年12月9日）は次のような興味深い報道をしている。

　　高等小学校訓導梅津氏には、昨秋より同夫人を、前橋へ派遣し、不破伝道師夫人につき、唱歌（讃美歌）、洋風裁縫、西洋料理等の伝習をうけしめ、このほど帰郷の上、近隣の児女にはもち論、有志の婦人に伝習せられおるは、教育者たるもの何れとかくありたきものなり。

　吾妻高等小学校訓導梅津喜一郎の夫人・もとは、吾妻婦人会の会員であった。不破唯次郎はすでに紹介したように熊本県出身で熊本洋学校から同志社に移り新島襄の教えを受けた。海老名の後任で前橋教会牧師となり前橋英和女学校、上毛共愛女学校の設立に尽力し校長を兼務した。不破の母・以津子は横井小楠家の出身であった。夫人の清子は神戸英和女学校（神戸女学院）第一回卒業生であった。

　吾妻婦人会では明治22年8月に夜学会を実施することを決議した。『上毛新聞』（明治23年9月15日）は、吾妻高等小学校教員で吾妻婦人会員の木村今子が東京へ遊学することを次のように報じた。

　　原町に寓する木村又三郎の娘今子には、今度東京芝の東京女学へ入学するため、去る七月出京せり。同子は吾妻高等学校へ職を奉ずること三年、子女を薫陶する親切丁寧、ために遠近聞きて入学せしむる者多く、同校女子就学の今日盛大を致したるは与りて力ありしのみならず、無教育社会の人民が彼此批難するにも拘らずして、自ら率先して女子教育の必要を説き、吾妻婦人会を起してこれと休戚を共にし、日夜呱々として(ママ)べん勉二年の永き、ほとんど一日の如くなりし等、教育上実に功労ありしを以て、去る五日、同子の為に、山口かく、山口もと、田中かの、富樫みやの四子発企にて、原町原沢楼において送別会を開けり、来会者は吾妻婦人会員及び高等小学校男女生徒無慮百七人にして、第一に発企者及び数人の讃美歌、第二に武井源十郎の聖書朗読、第三に山口とよ子（二十歳）の祈禱、第四に同じく山口とよ子の開会の主意。第五は祝辞及び送辞にして、高等小学校第二学年生徒代表青木わか、都所寿雄の祝辞、岩崎閑蔵、桑原雄司、郡徳隣、沢田義武、大石恒久、朝岡佐之吉等諸氏の送辞、第六に木村今子の答辞及び木村又三郎の謝辞、第七讃美歌、第八に伝道師大石恒久食前祈禱、第九会食、第十談話ありて散会せしは午後九時なりし。

　これまで述べてきたことから、金井幸佐久氏は吾妻教会を核にして吾妻青年会、吾妻婦人会、吾妻高等小学校は山口六平を核とするクリスチャンがその担い手で、明治初期の吾妻郡の教育・文化活動はキリスト教の一石により活動が展開されたことを指摘している。

**ミッション系
上級学校**
　吾妻教会や名久多教会の有力会員は豪農・豪商であった。山口六平は長男・六兵衛を同志社に、長女・きよと

次女・とよを神戸女学院に、有馬俊平は長男・嘉市を同志社に、松井貫一は長男・万緑を同志社へ、長女・ヤスをフェリス女学校、七女・シズエを日本女子大学校へ進学させたように、その子弟はミッション系の上級学校で学んだ。なお、シズエは在学中に愛媛県出身の軍人・澄田睞四郎（のち陸軍中将）と結婚。その長男・智が日本銀行第25代総裁である。

　ミッション系上級学校で学んだ子弟のほとんどは帰郷し、地方知識青年として活躍した。とくに明治26年に学友会雑誌『吾妻協愛会雑誌』（『吾妻学友会雑誌』、『学友志嚢』と改称）を発行し、出版文化活動に貢献した。当時、仏教勢力がキリスト教に反対運動を起こし「耶蘇教フミツブシ会」が開かれたが、同誌上で反駁する論陣を張った。

　さきに紹介した木村今子の送別会が行われた明治23年に石坂荘作は21歳で、原町小学校教員であった。同年12月に東京「近衛工兵中隊」に入隊し、陸軍工兵二等軍曹に昇進、3年後の同26年10月に除隊して吾妻高等小学校の教員となった。翌年に日清戦争に応召し、帰還後に同校に復職した。豪農・豪商の家に生まれなかった石坂は、県外の上級学校へ進むことができず、軍隊や従軍経験により見聞を広めた。

　吾妻婦人会は、石坂が基隆で婦人会を創設し運営する際の原体験となったことが分かる。

原町少年学友会　明治20年代になると各地に少年の修養の場として少年会がつくられた。原町でも山口六平が中心となって「原町少年学友会」が誕生した。目的は「徳義ヲ重ジ交誼ヲ厚シ、兼テ知能、弁論ヲ練磨スルニアリ」であった。諸学科の教授、学術・実学に関する演説と討論、会員同士の研究会を設け、智徳の修養に努めた。また、小学児童との連合運動会や茶話会、図書閲覧会を催した。明治30年には学友会10周年を迎え、名誉会員や賛助会員から基本金を募リ図書を購入、同35年の15周年記念には図書館を設立した。同会の創立に関わった新井信示は次のように回想している。

　　私が十二、三歳の頃、原町には青年会というものが発起された。そしてよく演説討論の会を催した。それに刺激されて私たち少年は、私より一、二歳年長の者を頭として原町学友会というものを組織し、五厘、一銭の会費を以って、これを維持し、学校の教室を先生に話してお借りして、通常会は夜を以て其所に開き、大会は民家を借りたり、又は昼間学校の休みの日に、学校の一室を借りたりして開会した。学校の有志先生は、よく出席して指導してくれた。私たちは有志者が演説し、それが終わると討論会を行った。討論題には随分、滑稽なものあり、突飛なものもあった。／例えば、フロシキとカ

バンと、何れが便なりやとか、原町繁栄の為には何をなすべきか、などというものが一、二の例である。私たちは少年学友会の発展の為に基本金設定を企て、有志先生の自宅や、町内有志者の許へ寄附をお願いに行った。遠くは三島の四戸へ武井源十郎先生方、高橋佐吉先生を訪れたりした。／…（略）…／私たちは、私たちより三歳位年長な山口六兵衛氏などが京都同志社から帰省せられた時には、請じて講演をしてもらったりした。／六兵衛さんは、同志社で雄弁術を学んで居られたと見え…と言うより牧師型の講話術に聞きなれ、又自然、学ぶ様になったと見え、それはそれは自ら感激感動して話されるので、私たちを恐ろしい迄に感ぜしめた。／今日でも覚えている事の一つに、山口氏が同志社から初めて帰省した年の夏、同志社には、日本国中から生徒が集まって来るので、九州男子はこう、奥州人はこう、とその特色を話されたことがある。私は十四歳頃の事であった。この少年学友会に、私は小学校卒業迄、会員として関係し、小学校卒業後は客員として関係した。／私は少年会に於いて、錬磨という程ではないが、話し習った弁論が生涯いく分、為になったと思っている。

　明治初期には新井信示の回想にあるように、少年会、青年会、婦人会、教育会などで討論会が盛んに行われ、地域の発展について議論された。石坂もこうした環境の中で育った。後に触れるが、台湾・基隆で商工会長になった石坂が、台湾人を含め有力者の基隆発展策を集めた『基隆繁昌論集』を刊行するのも、原体験がこうしたところにあったといえよう。

**初期県会と　　　　　群馬県内の教会は有力会員が豪農・豪商層で、教派
クリスチャン議員**　　を問わず牧師や信徒が他の教会や伝道地に出かけ応
援伝道を展開した。また、教会員がリーダーであった県内の青年会も活動や交流が活発であった。その影響で、群馬県では自由民権運動や廃娼運動が盛んであった。

　群馬県は自由民権運動の関東地方の一大拠点で、明治10年から16年までに、協同社（伊勢崎）・有信社（高崎）・盡節社（大間々）・精々社（前橋）・暢権社（同）・集義社（同）・大成社（同）・交親社（館林）・新田郡連合会（太田）・不羈社（同）・研智社（松井田）・共立社（子持）・明巳会（新町）・博詢社（七日市）などが誕生した。これらは士族中心で県会の足場を持たない上毛自由党と、豪農・豪商により県会議員中心の上毛協和会の二系統になっていった[10]。

　明治12年から群馬県会が開かれた。初期県会は次のようにキリスト者議員が多く、議長や副議長に選ばれ県会をリードした[11]。

　湯浅治郎（安中教会）、宮口二郎（原市教会）、斎藤寿雄（甘楽教会）、山口六平（吾妻教会）、野村藤太（伊勢崎教会）、竹内鼎三（新川教会）、星野長太郎（水沼教会）、岡田謹吾（西群馬教会）、天野宗忠（同）

湯浅治郎らのキリスト者議員が中心となって、①明治13年に県会に「郡長民選の建議」が提出された。これは、地方税で支弁している郡長を県令の任命でなく、郡内人民の投票によって決めたいという訴えであった。②同15年には「地方官（県令のちの知事、書記官）民選の建議」を提出した。これは県令、書記官の俸給を地方税で賄うから民選にせよとの要求であった。

　「郡長の民選」は同16年に内務卿通達で却下され、「地方官の民選」は県会に反対論があり激論の末、11対19で廃案になった。こうした群馬県会での地方自治制確立の試みは、当時の日本を通じても例を見ないものであった。

　また、これよりさき明治13年（1880）に湯浅治郎らキリスト者県議ら35人は廃娼に関する請願書を提出し、同26年に群馬県は全国初の公娼廃止県となった。その間、県当局も含め反対派の抵抗も激しく、これに対しては県内に誕生した青年会、婦人会が廃娼の世論を喚起するため、演説会をはじめとする活動を展開した。一夫一婦の家庭観や女性の解放とその地位の向上の思想は、このようにして普及し実現していった。

　石坂荘作も吾妻青年会員としてこうした思想の洗礼を受けた。石坂の思想のもとにあった儒教は「男尊女卑」の考えである。しかし、後に触れるように、石坂が基隆で婦人会を設立し、女性に男性と同等の人格を認め、その地位の向上に尽力したのも、キリスト教の影響による原体験があったからであろう。

湯浅治郎の便覧舎と吾妻漢学書院　　山口六平に影響を与えた湯浅治郎は、新島襄に出会う前の明治5年に「便覧舎」という私設図書館を開設した。福沢諭吉の書物は全部そろえてあった。同11年に湯浅ら30人（男16、女14）が便覧舎の2階に集まり、新島から洗礼を受け、ここに安中教会の歴史が始まった。湯浅は「慶應義塾ノ門ニ入リタルコト」も「同志社ニ学ビタルコトモ」なけれども、「福沢先生ノ門人、新島先生ノ弟子」と称した(12)。

　湯浅治郎のこうした行動を石坂荘作も聞いて知っていたであろう。また、石坂荘作が通った吾妻漢学書院は図書館のような役割を果たしていた。同書院に通った新井信示は次のように回想している。

　愈々、十七歳（※明治26年）の四月は来て、教員の職を解き放たれて自由の身となった。私は既定方針に従って独学自習の生活に入ったが、漢学書院の愼斎先生が慕わしくて、日々、天神山上の書院に通って教えを受けつゝ、漢籍以外の書物に目を通した。／当時、私の家には蔵書というものは殆どなかったので、書物は殆ど顕徳寺（※吾妻漢学書院は同寺で創設された）で借りた。十八史略、四書五経、古文真宝、文章軌範、八大家文、史記、文選、唐詩選、等々。／此の頃、私は初めて西国立志編、即ちスマイルス

のセルフ　ヘルプを中村敬宇博士の訳したものや、スキントン万国史の天野為之訳等を読んだが、まことに頭に入りにくい本だと思った。

　さらに、中之条町伊勢町青年会は明治29年 8 月 1 日に「中之条町伊勢町青年会図書縦覧所」を開設した。新聞雑誌を収集し無料で閲覧させ、「青年の知識を養成し、世界の大勢を知らしめ併せて無用の遊楽を有益なる休息に代へんがため」であった。吾妻郡内の図書館施設の嚆矢となった[13]。

　また日露戦争後に戦勝記念の一環として図書館がつくられるようになった。吾妻郡でも『吾妻教育会雑誌』第210号（明治39年 6 月 1 日）で、小池富次郎が「明治三十七、八年戦役記念につきて敢て町村有志諸賢に議る（紀念図書館設立の儀）」と題し、次のように図書館設立を呼び掛けた。

　　日露の大戦は実に空前の大戦であり、日本民族膨張史一頁を飾るものである。我々の兄弟・朋友は千軍万馬、屍（しかばね）をさらし、傷をつつんで奮闘二年、大局の勝利を制して今日の平和を見たということは、我々の忘るべからざるものである。已に将士の銅像や戦役記念碑の建立、紀念造林・紀念公園などをきくが、私は各町村に紀念図書館を設立したい。／紀念図書館というと一寸大げさに聞こえるが、私のいう紀念図書館は、蔵書幾十万部、図書室何十坪というような大々的なものではなく、簡易図書縦覧所の意味で、蔵書も十幾部という位を意味するもので、場所は小学校の一部を拝借してもよい程のものまでを意味するのです。私が何故この議を出したかというと、およそ、国の文明は、其国民の教育程度に比例する。／備付の書籍は、通俗的の理科・文学・地理・歴史等可成、誰でも分る程度として、閲覧方法は、其室限りなり、適宜方法を設けて、貸し出すなり、考えて頂きたいのであります。／終りに、戦役紀念としては、如何の方法、設備をなすか、左に愚見の二三を陳述します。其外（そのほか）ありましたら御高教を仰ぎたいのであります。／第一に紀念書類として可成此度の戦役に関するものを集める事。／第二、図書室（閲覧にてもよろし）に其町村の出征軍人の肖像（写真）を扁額にして掲げる事。／第三、出征軍人諸氏の戦役中の経歴を記したものを一部紀念帳として置きたいのであります。／第四、戦役中の殊勲の勇士乃木将軍の肖像を扁額として掲げること。かくして始めて戦後の好紀念ともなり、其軍人の尊むべき風□に接して、其当時を追憶する事が出来ますことと存じます。／以上のべましたことは大略にすぎません。要するに空前の大事たる戦役の紀念ともなり、加えて又、国民教育増進ともなるのを目的としたのであります。／私は銅像、又は記念碑を排斥するものではありません。がしかし、我現今の時勢を鑑（かんが）みて、此一挙両得の図書館の設立の方が、適切であり、又経済的であろうと信じます。／僅（わず）かなりとも、四五十部内外の書籍を集めて、先ず第一期の紀念図書館を創め、其後（そのご）着々、機を見て拡張したならば、別に莫大な力を要せずとも、成功するであろうと信じます。かくして小は一村の風を改め、大は国民の智識を増進することが出来たならば、将来如何程の利益がありましょう。不言の中に少なからぬ効果のあることと存じます。願くば町村の有志諸賢、幸に此機を賛成せられ村の為、国の為御尽力あらん事を切望してやまぬ次第であります。

こうして吾妻郡内の町村でも、図書館について関心と議論が深まり、各町村に図書館が設置されていった。小池富次郎は中之条尋常高等小学校の首席訓導であった。

　石坂荘作が基隆で石坂文庫を開設したのには、こうした郷里での体験や動きなども影響していたであろう。

（3）台湾に石坂荘作、樺太に高山小枝丸あり

原町の原体験　石坂荘作は師範学校を卒業したわけではないが、学ぶことや教えることが好きであった。こうした経験から学校教育、社会教育の教育者としての資質を形成し、台湾・基隆で実業家の傍ら教育者・研究者として活躍することになった。

　石坂荘作にとって原町に生まれたことが幸いであったことは、これまで述べたとおりである。原町は学問文化レベルの高い町であった。山口六平からは近代的な地域づくりを、新井慎斎からは儒学を、白石村治からはキリスト教と英語を、高山昇からは神道・国学を学ぶことができた。また、自由民権運動も盛んでその影響を受けた。

　これらの指導者とそこに集まった人々が、明治という時代に国家的課題であった「富国強兵」「殖産興業」を担える地域へと、原町（吾妻郡）の政治・経済・教育などの近代化を進めていった。その中に石坂荘作もいた。石坂は台湾に渡り基隆に居を定め、郷里の原町で明治初期に行った実践と同じように、基隆の近代化を進めたのである。石坂が基隆で実践したことの原点のすべては原町時代の体験にあった。

　とくに石坂が台湾で青年教育を重視したのも、これまで見てきたように石坂は経済的に恵まれない家庭環境で育ったため、上級学校に進めず、私塾や青年会、婦人会などで学んだ原体験があったからである。

日清戦争に従軍　明治27年日清戦争が勃発すると、石坂は近衛兵站電信隊第一建築長となり11月に出征。翌28年一等軍曹に昇進、7月に凱旋し、勲八等を叙せられた。日清戦争に原町からは13人が従軍し、戦病死者はなく全員が凱旋した。

　石坂は吾妻高等小学校教員に復職したが、明治29年3月、大志を抱き教え子に見送られ、フィリピンに渡るため、郷里を離れた[(14)]。27歳であった。

　金井幸佐久氏の研究によると、石坂荘作が勤めた吾妻高等小学校の卒業生は、上級学校に進むものが多かった。吾妻高等小学校の卒業生が上級学校であ

る群馬県中学校に入学するにあたり、同校の教師が贈った言葉を在校生の綿貫形次郎が次のように日記に書き記していた。

　　予君ト同校ニアルコト二年。君予ヲ遇スルニ甚ダ愛。欣喜タトエル物ナシ。然レドモ予ソノ方ノ一ニモ報ユル能ハザルナリ。君今日、ソノ業ヲ卒ヘ本校ヲ去ラントス。惜別ニ堪エザルナリ。君ノ前進ハ遥カナリ。ココヲ去リテ中学ニ入ラントス。コレ、即チ旧日本ヲ出帆シテ新日本ニ航セントスルナリ。君ノ新日本ニ着スヤ、尚一層ノ勉苦ヲ積ミ、君ノ学識ハ彼ノ富士山ヨリ高ク、吾妻ヲシテ開化シ進歩セシムベシ。コレ今日ノ離別ハ却テ他日ノ欣喜ト言フベシ。君ハ新日本ニ航スルニ当リ、途中ニ怒濤激浪アリテ君ノ進歩ヲ防ゲルコトアラン。君屈セズ勇進取為ノ志ヲ以テ新日本ノ港ニ到達セヨ。若シ激浪ヲ恐レ半途ニシテ還ラバ即チ井中ノ蛙大海ヲ知ラザルノ議ヲ免レズ。尚特ニ君ニ告ゲン。君ハ身体ヲ健康ニシテ、忍耐以テ身ヲ修メ、他日学成リ業ヲ遂ゲ、錦ヲ郷ニ飾ランコトヲ刮目シテ待ツモノナリ。聊カ別ニ臨ミテ勧告ス。

　石坂荘作が吾妻高等小学校に勤務するのはこの数年後であったが、同校はこうした気風に満ちていた。この気風に刺激され教員であった石坂が海外に目を向けたとしても不思議ではない。

　私立吾妻中学院を創設した高山昇には幸麿・大枝丸・小枝丸の弟がいた。大枝丸と小枝丸は双子であった。明治5年生まれで、石坂荘作より2歳年少であった。大枝丸は原町小学校教員を経て、近衛騎兵として日清戦争に従軍。旅順口攻略軍に参加。復帰後は鑿井業に従事した。小枝丸は開業医となったが、石坂荘作の台湾での活躍ぶりに感激し、日露戦争後に領有した樺太に渡リ、樺太庁の公医となって医療に従事する傍ら、島の築港、漁業施設、各種事業の振興開発に尽力した。昭和天皇が皇太子時代に樺太に行啓すると拝謁を賜った。昭和6年1月60歳で没したが、島民から敬愛され同15年12月頌徳碑が建立された。

　原町では日本の新領土開拓に尽力した者「南方の台湾に石坂荘作あり、北地の樺太に高山小枝丸あり」とたたえられた。

第3節　台湾へ渡る

（1）アジア主義と号「図南」

芝山巌事件と六氏先生

石坂荘作はフィリピンに向かう途中、台湾に寄った。台湾では前年の明治28年5月21日から

日本統治が始まったばかりで、ゲリラ（匪賊）による襲来がしばしば起こった。

　文部官僚の伊沢修二は、初代台湾総督に内定した樺山資紀に台湾統治には教育を最優先すべきであることを説き、これが受け入れられ台湾総督府学務部長心得となった。同年６月台北北部の芝山巌に芝山巌学堂（小学校）を設立し、７人の日本人教師と日本語を教え始めた。台湾征討近衛師団長として出征した北白川宮能久親王は、台湾でマラリアにかかり病没した。まだ、台湾全土平定前であったため、その死は秘匿され遺体は日本に運ばれた。伊沢と教師の一人である山田耕造は親王の棺とともに一時帰国した。

　伊沢が帰国中の明治29年１月１日、６人の教師と用務員（小林清吉）が100人ほどのゲリラに襲われる事件が勃発した。６人の教師はゲリラを説諭したが聞き入れられず、応戦したが全員が惨殺された。ゲリラは「日本人の首を取ったら賞金がもらえる」という流言を真に受け襲撃した。これを芝山巌事件という[15]。

　６人の教師は、楫取道明（山口県出身、38歳）・関口長太郎（愛知県出身、37歳）・中島長吉（群馬県出身、25歳）・桂金太郎（東京府出身、27歳）・井原順之助（山口県出身、23歳）・平井数馬（熊本県出身、17歳）であった。

　芝山巌の周辺住民は日本人教師に避難を進めたが、年長者の楫取道明は「死して余栄あり、実に死に甲斐あり」と答えた。亡くなった６人の教師は「六士先生」（現在は六氏先生と表記される）と称され、台湾教育に生命をささげた聖職者となり、芝山巌は台湾教育の聖地となった。命をかけて教育に当たる「芝山巌精神」が敗戦まで日本統治時代の台湾教育界の指針となった。

　６人の教師のうち、楫取道明は男爵・楫取素彦の次男で、幼少期に叔父久坂玄瑞・文夫妻の養子になった。また、父・素彦が群馬県令在職中に同県に在住し裁判所に勤めたこともあった。中島長吉は碓氷郡五料村出身（安中市松井田町）であった。

　石坂荘作が台湾へ立ち寄ったのは、芝山巌事件の余韻の残る２ヵ月後のことであった。そこで、台湾南部の匪賊討伐隊に参加し、その後、縦貫鉄道予定測量隊に加わり、台湾東部（台東）方面の探検も行った。こうして台湾へ渡って１年が過ぎた。

曽根俊虎と章炳麟　　フィリピンに向かった石坂荘作が台湾に立ち寄ったのは、船中で曽根俊虎と出会ったからであった。米沢藩士であった曽根は石坂より23歳も年長であった。

　曽根家は代々、藩主・上杉家に仕え、父・敬一郎は米沢藩の儒者であった。

曽根俊虎は藩校・興譲館で学び、雲井龍雄の感化を受けた。雲井は戊辰戦争で
奥羽越列藩同盟を画策した人物であった。戊辰戦争で父を失ったあと、曽根は
米沢で渡辺洪基に英語を学んだ。渡辺は福井藩士であったが、慶応義塾で福沢
諭吉に学び会津で英学校を開き、戊辰戦争には幕府軍として参戦した。のちに
帝国大学初代総長、両毛鉄道社長、衆・貴両院議員などを歴任した人物であっ
た。

　曽根は江戸に出て慶応義塾で福沢諭吉に学び、勝海舟・副島種臣らの支援で
海軍に入った。明治5年（1872）に少尉に任じられ、日清修好条規の批准書
交換の特命全権大使で外務卿・副島種臣の随員として清国に渡った。帰国後に
中尉、同12年に大尉に昇任した。翌年に日本で最初のアジア主義団体とされ
る「興亜会」（同16年亜細亜協会と改称、同33年東亜同文会に吸収合併）を
創立した。東北地方の米沢藩出身で非藩閥の曽根は海軍では傍流を歩いた。し
かし、在職中に6回にわたり清国に派遣され、孫文はじめ多くの革命分子と
交友したことから、孫文を宮崎滔天に引き合わせる役割を担った。

　近代日本史におけるアジア主義の最重要人物といわれる曽根の主張は、欧米
列強諸国の侵略に対して、アジア内部の対等関係を前提にして団結・提携を唱
えるものであり、「一国の政治は民の安定した生活を保証することに責任を負
うものでなければならないとする儒学の基本的教義」に立つものであった(16)。

　曽根は明治19年に『法越交兵記』を著し、ベトナムやアジアに対する政府
の無政府な態度を批判し、同21年に筆禍事件で免官。無罪となったが同24年
に退職した。その後は落魄の晩年を送ったと言われるが、明治29年4月30日
付で台湾総督府撫墾署主事に任じられ、5月25日には台東撫墾署長となっ
た。石坂は曽根の部下となった。

　撫墾署は、もともと清朝時代に原住民を管理するため「撫墾局」として8
カ所に置いていた行政機関であった。領台後に台湾総督府が「撫墾署」と改
め、8人の主事（奏任）が民政局長の指揮監督のもと、撫墾署長として①蕃
民撫育・授産・取締に関する事務、②蕃地開墾に関する事務、③山林・樟脳製
造に関する事務―に従事した。11カ所に増やされたが、明治31年に廃止され
た。

　ところで、石坂荘作の号「図南」について、宇治郷氏はその著書で次のよう
に述べている。

　　日清戦争への従軍が石坂にもつ意味は大きかった。山国育ちであった石坂にとって、
　初めて大海を見、初めて外国を見た体験は、海外雄飛の思いを強めることになったと思

われる。石坂は、その思いを「図南」の号に託している。

　曽根俊虎は石坂より一世代上の人物であるが、石坂は曽根のように儒学と英語を学んで自己形成をはかった。石坂が「図南」と号し海外に出たのは、アジア主義への共鳴であったと思われる。明治20年に山口六平を会頭に組織され、石坂も会員となった吾妻青年会の会員に福田和五郎がいた。福田和五郎（1867－1927）は石坂より6歳年長であった。22歳で湯浅治郎の紹介により義弟・徳富蘇峰の民友社に入り、『国民之友』『国民新聞』の編集に従事したのち、『二六新報』主筆となった。近衛篤麿らとアジア主義の団体「東亜同文会」を組織。大正4年（1915）に国民外交同盟会を結成し、翌年1月に排袁運動を展開し、大隈重信首相に爆弾を投げつける暗殺未遂事件を起こしたことで知られる。福田和五郎もアジア主義者であった[17]。

　石坂荘作は台湾に渡って3年目に最初の著書『臺嶋踏査實記』を刊行した。曽根俊虎とともに 章 炳麟 が序文を寄せていることに注目したい。章炳麟（1869－1936）は年齢でいうと石坂より1歳年上であった。中国浙江省余杭県倉前鎮の地主知識人の家に生まれた。幼少期に清朝の圧迫と漢族の抵抗を記録した歴史書を読み、拝満の志を抱いた。日清戦争後の清国は植民地化の危機がさらに進んだ。帝国主義列強の侵略によって危機にさらされた中国を救うためには、漢民族主義革命により清朝異民族支配を打倒しなければならないと主張し、アジア諸民族は相互扶助して独立自由をかちとれ、と呼び掛けた[18]。

　章炳麟が石坂に序文を書いた時期は、光緒帝が上から実行した戊戌変法が西太后の政変で圧殺され、章は台湾へ逃れ、日本に渡って 梁 啓 超 の紹介で、孫文に会い、上海に帰ったころであった。章炳麟は孫文・黄興とともに「革命三尊」と呼ばれたアジア主義の革命思想家であった。

『臺灣に於ける農民の天国』　石坂は大正4年（1915）に『臺灣に於ける農民の天国』（台湾日日新報社）を著し、自序で次のことを明らかにしている。

　石坂が『臺嶋踏査實記』（明治33年）を著したときは、「思想堅固なる大和民族を本島に扶 殖 し、此處に民族的集団を形成して祖国の藩屏となり、進んで南清さては南洋に雄飛すべしとの理想」を抱いていた。曽根俊虎はそれに賛同し、同書に序文を寄せた。しかし、曽根の政見は総督府首脳に受け入れられず、台湾を去った。

　そこで、石坂は「爾来十有余年空しく陋巷に蟄居し、僅 に夜学校と文庫とを創設して其理想の一端を試みたり」と、基隆夜学校と石坂文庫を創設した。

夜学校と文庫の創設はアジア主義の具現化であった。このことは次項で紹介する陳其寅の石坂に対する言及に通底しているといえよう。

石坂は大正3年（1914）、墓参のため群馬県に帰省したついでに農村の内情を視察すると、過剰人口を抱え農村は疲弊していた。

…内地の各所を巡遊し、或は有識の士を叩き、或は親しく農村を訪問して、近時母国農民の過剰が、土地に対し人口頗る多く又其負担が年々歳々驚くべき勢を以て嵩み、疲憊惨憺の状に陥れるを見聞し、之が善後の策を劃せんには、此過剰の人口を駆って他の方面に移住せしむりより以外、他に途なきを思へり。幸に我台湾は、沃野千里天与の宝庫にして、実に農事に好適の楽園なれば、先づ此民衆を此處に招徠するに如くはなしと断じたり。…

そこで、解決策には台湾への移住が、日本の農村の救済と南進経営の観点から最も緊切であると改めて痛感した。

…如斯は啻に移住者の幸福のみに止まらずして、母国農村の疲弊を救済する根本義なると同時に、帝国の南進経営上最も緊切にして且つ重要なる案件なりと信ぜり。…

このように石坂荘作は熱烈な国家主義者であった。号の「図南」は「版図」（領土）と「南洋」からとったもので、石坂のアジア主義を示したものであろう。

アジア主義　　狭間直樹氏によれば、ヨーロッパに対抗して団結・提携しようとするアジア主義は、曽根俊虎が興亜会を創設した明治13年（1880）から昭和20年（1945）の敗戦まで65年間の歴史があり、初期・中期・晩期に区分することができる。アジア主義は初期には国家間の関係が基本的に対等であったものが、中期には列強間の協調の枠を守りながら日本の優越を軸とするものに変わり、晩期には日本を頂点とし日本だけの利益をめざすものとなり、本来の団結・提携を求めるアジア主義の本質を失い、言葉だけのものに化した。その移行の画期は、初期から中期が明治33年（1900）の義和団事件と八カ国連合軍の共同出兵、中期から晩期が昭和3年（1928）の第二次山東出兵であった[19]。

石坂のアジア主義は曽根俊虎と同じ初期のものである。石坂が「基隆聖人」と呼ばれるようになる活動の根底には、良質のアジア主義があった。そのアジア主義は、台湾で親交を持った顔雲年・国年兄弟、そして、石坂の学校を戦後に引き継いだ顔欽賢にも流れていた。

現在の基隆市で石坂荘作研究の第一人者で郷土史家である陳青松氏の祖父・陳其寅（1902－1996）は、基隆市文献委員会常任委員に就任し、同委員会

で『基隆市誌・人物篇』（1959年）を発行した。石坂荘作については陳其寅が執筆し、その全文は次のように宇治郷毅氏の『石坂荘作の教育事業』（12－13頁）で紹介されている。

> 石坂荘作は日本群馬県原町の人。幼くして漢学を学び、孔孟の教えに深く帰依した。アジア黄色人種が力を合せて、白人に対抗すべきだとする高邁な志をもっていた。1929年に台湾に来て、基隆に居を構えた独力で基隆夜学校を経営し、貧しい家庭の子弟を教育した。また私財をもって図書館を建てた。古ato跡の碑記をよく蒐集した。今本市が多くの文献を残しているのは、石坂氏の力にあずかるところが大きい。その他、公園を開き、産業を振興し、衛星を改良するなど多大な貢献をした。石坂氏は穏やかな性格であったが、正義のためには勇敢に戦った。けだし台湾に来たほとんどの日本人が横暴の限りを尽くし、征服者顔をしていたが、石坂氏ひとり徳を守り、正義を行うことを胸中に抱いていた。それゆえ市民は石坂氏を懐かしみ、今もなお追慕し続けている。

　陳其寅も石坂荘作が初期アジア主義者であったことを指摘している。石坂は先に紹介した『臺灣に於ける農民の天国』の自序で、植民地の独立運動には「翻て輓近に於ける時代の思潮を各国殖民地の状勢に鑑みるに、社会の進運に伴ふ人類自然の本能は、民族的自覚の危険思想を萌芽し」と警戒的であった。石坂のアジア主義も変質する可能性を内包していた。しかし、変質しなかったのは、基隆夜学校や石坂文庫などを創設・運営し、台湾での貧しい日本人や台湾人の生活を直視し、その是正に努め続けたからであろう。

　石坂にも思想の葛藤や相克があった。大正4年に著した『臺灣に於ける農民の天国』と同15年に著した『御賜之余香』を読み比べると、そのことが分かる。石坂は世界の中の日本という視点を持ち続けた。

（2）顔雲年・国年兄弟と新聞記者

顔雲年・国年兄弟との出会い　石坂は渡台の2年目には油田の探検や砂金採取など鉱山師になった。このとき、顔雲年・国年兄弟と生涯にわたる運命的な出会いをすることになった。石坂は28歳、顔雲年は24歳、国年は12歳であった。顔雲年はのちに「台湾の鉱業王」といわれる人物であるが、大正12年（1923）50歳で、チフスにより志半ばで病没した。

　1年後に『顔雲年翁小伝』（非売品、発行人久保田章、発行所台湾日日新報社）と題する追悼集が出された[20]。石坂荘作は「紅顔の奇才子（友聲会）」と題する次の追悼文を寄せた。

落英地に委して復還らず。旧知顔雲年氏逝きて茲に一歳。追悼哀惜轉た切なるものあり。余の氏と相知るに至れるは、氏が僅かに二十四才の時に属す。余や素と少壮気を負ふて渡台し、男子四方の志を延べんと欲せしも、徒に事志と違ひ、明治三十年六月基隆溪畔に蟄居し、砂金採取に従事せしことあり。然も宿志尚ほ消磨し盡さず。交友を四方に求めしが、雲年氏と相知るに至れるも亦此時なりき。即ち筐底を捜り、昔日の手記を見るに「基隆港の東一嶺を越へ里許、基隆溪の右岸に盆地あり、鰈魚坑と云ふ。此処に豪農顔正春と称する人物あり。七庄（鰈魚坑、大蓁、頂坪、坑内、滴水仔、尫仔上天、八份蓁）の総理たり。彼は財産と人望とを併せ有し、名遠近に鳴る。其侄雲年、年二十四、是又紅顔の奇才子なり。今歳六月瑞芳洗金所主任として此地に駐在せり。余雲年氏を友とし好し。常に卓を挟んで国事を談す。…顔氏の祖先は元南支那安溪の産、壮にして渡台し、祖父玉蘭公此地に移り、荊棘を拓き榛莽を刈り、田を起し水を通じ、遂に基礎を鰈魚坑に定め、此土を開拓するを己の任とす。其子斗猛公又好く父翁の遺図を継ぐ。其子正春に至り七庄の総理となり、家族五十余人、富巨万を重ね」と。斯くて余は一年有半此地に在留せしも、風土病に冒され、遂に台北に引き揚ぐるの已むなくに至れるが、別れに臨み雲年氏の寄せられたる詩稿今尚ほ筐底に存す。即ち

邂逅幾時欲別群　驪歌唱到不堪聞
臨岐握手情偏重　婉轉慇勤各自分
道範薫人徳萃都　攀轅不住涙紛紛
相知此別無他贈　祇藉青山遠送君

其後氏も基隆に出て事業を経営し、余も亦基隆に移るに及び、爾来交友旧の如く、公私共に厚誼に預るもの多きかりき。然るに客歳病魔の冒す処となり、半生の知己雲年氏物故せらる。追懐禁ずる能はず。追悼録を上梓せらるゝに際し、即ち往時の思い出を記して故人を弔す。

　雲年が急逝した後、弟の国年が事業を引き継ぎ拡張していった。その国年も昭和12年（1937）4月30日に52歳で病没した。雲年と同じように追悼録『顔国年君小伝』（非売品、編輯兼発行人長濱實、印刷所台湾日日新報社）が2年後の同14年4月に発行された。石坂荘作は同書にも「追懐」と題して次の追悼文を寄せた[21]。

　顔国年君逝いて爰に八閲月、余今病床に在り。秋風瀟々殺虫聲喞々轉々、故人を憶ふの情切なるものあり。君は温厚篤実の君子人なり。外に在ては能く人に譲り、衆人に愛敬せられ、内に在ては伯父顔正春翁に事へ、令兄顔雲年氏に対しては、唯一參謀役として、張良蕭何の任に当るも敢て自ら居らず、令兄をして其大をなさしめたることは夙に世人の敬服する所なり。／不幸令兄は大正十二年病で不帰の客となるや、其事業を踏襲し、蘊蓄せる経綸を傾倒して台湾の事業界に乗り出し、短時日の間に今日の大成を博したることは洵に偉と云ふべし。余の顔家と相知れるは明治三十年以来にして、其五月余基隆川砂金採取に染手し、顔家の一屋に仮寓したるに始まる。当時雲年君二十二歳、瑞芳駐屯の皇軍より召されて重く用ひられ、良匪を甄別し誠心誠意、軍民の間に立ちて彼我の意思疎通に盡力したり。時に国年君年齢僅に十二歳の快少年にして、書房に

勉学中なりしが出藍の誉あり。郷党に推服せらる。余は業間君と手を携へて、山に狡兎を追ひ、川に細鱗を漁り、或時は村社の祭に招かれ三更月を踏みて帰りしこともありき。慥か其年七月十七日かと記憶す。余は晩餐を了り、独り籐椅子に仰臥して萬斛の涼味を満喫し居たりしが、突然大寮庄の背後、十份寮山腹に炬火の蜿蜒点滅せるを認め、隣人に告げたるに寂寞たる桃源洞裏も四囲忽ち騒然として、各警戒する所ありたるも、其夜は別に何事もなく、明けて十八日大寮土民匪徒五人を捕縛し来れるあり。此に於て庄長正春翁は身を支那服に固め、頭に冠を戴き学士椅子に倚り吹煙台を手にして、威厳を正し、悠揚迫らず静に糾問を初めたるとき、余は国年君と共に堵列して、此光景を目睹せることもありて、今尚昨の如く深く脳裡に存せり。或る休みの日、余は翁の居室を訪ひ四方山の話の末、顔家の経歴を問ひたるに、翁は之れに答へて、祖先は南支那安谿にして、嘉慶年間中部台湾に遠征を試みたるも、其事業を断念し、転じて北上し基隆港より暖々に入り、碇内に於て艸莽を拓き荊莿を刈り、水路を通じ水田をつくり、遂に鱶魚坑に居を卜し、此地方の拓殖を以て顔家の任とし、三代を経て自分（正春）に至り、財裕に七庄の総理となり、家族既に五十有余人に及べりと。其後余は事業思はしからざるにより、之を断念し台湾日報社に転ずることゝなり。同年九月雲年君より送別の詩（雲年氏伝所載）を餞せられ、国年氏と固き握手を交して同地を引き揚げ、台北に帰りたるが、後余は社務を帯び基隆に移居するに及び、翁は基隆に出づる毎に必ず国年君を伴ひ余が寓居なる哨船頭を訪づれ打寛いで、台湾料理に舌鼓を打ちて已往を談り、旧誼を温むるを常とせり。斯くて親交年と共に深く今日に及べり。然かも当時の快少年国年君其才腕を振ひ世に大なる足跡を残して今や既に亡し。往事を顧みれば真に茫として夢の如し。悲哉。曩に正春翁永眠し、雲年氏逝き、更に今春四月余が病臥中国年氏を喪ふ。余誰と伴に琴瑟を共にせん嗚呼。／昭和丁丑歳神無月旬一日病床に於て記す。

　二つの追悼文から、台湾に渡った直後の石坂は苦しい日々を送っていたことが分かる。苦境時代の救いが顔雲年・国年兄弟（顔家）との出会いであった。

　石坂は昭和15年（1940）1月に病没するが、顔国年への追悼文から同12年頃には体調を崩していたことも分かる。

台湾日報社から
台湾日日新報社へ　　　石坂は風土病にかかったことがきっかけで、明治31年台北に出て、台湾日報社の会計主任・庶務主任の職を得た。同年、台湾日報社が台湾新報社と合併し、「台湾日日新報社」となると、その会計主任になった。

　台湾での新聞の発行は、初代台湾総督樺山資紀と同郷（薩摩＝鹿児島県）の山下秀実により『台湾新報』が明治29年（1896）に創刊された。同紙は植民地となった台湾経営は、人心掌握のため台湾総督府の意思伝達が必要であることから発行が許され、補助金が年間4,800円出され、台湾総督府の官報とされた。

　第2代総督に桂太郎が就任すると、日刊新聞を発行することを目的に、桂

と同郷（長州＝山口県）の河村隆実（軍用商達）に新聞発行が依頼され、『台湾日報』が発行された。総督府から年間2万5,000円の補助金を受けた。

　台湾では日本植民地初期に、政府系の対内用（日本内地）『台湾新報』と対外用（世界諸国）『台湾日報』の二大新聞が誕生したが、その誕生の経緯から薩摩系と長州系とみなされ、両紙は競争関係になり、記者同志の乱闘も起きるようになった。

　第4代総督児玉源太郎のもとで民政局長（のち民政長官）を勤めた後藤新平は、両紙の競争を止めさせるため、旧知の守屋善兵衛に指示し、両紙を買収させ、明治31年（1898）5月『台湾日日新報』が発行されることになった。

新聞人尾崎秀真と
羽鳥重郎医学博士　尾崎秀真は石坂が台湾日日新報入社以来、終生親しくした人物であった。尾崎は『改訂　台湾人物名鑑』（台湾日報社、昭和12年）で次のように紹介されている。

尾崎秀真（古邨）

　台湾総督府嘱託　（現）台北市児玉町四ノ五一
　【経歴】明治七年十一月二十一日岐阜県加茂郡西白川村ニ生ル　報知新聞記者ヲ十年モ勤メタル後台湾日々新聞記者　漢文台湾日々新報主筆ヲ務ムルコト二十五年　都合三十五年間ノ記者生活ヲナセリ　ソノ間台湾総督府嘱託ヲ兼務シテ現ニ至ル氏ハ曾ツテ私立台北中学会ノ校長タリシコトアリ　又台湾ニ於ケル著名ナル考古学者トシテ知ラル氏ノ次男尾崎秀実ハ我国ニ於ケル有数ノ支那通ニシテ　現ニ大阪朝日新聞支那部長トシテ　ヂャーナリズム界ニ活躍シ居ルハ周知ノ事実ナリ　【家庭】長男秀波　大阪住友伸銅所勤務　次男秀実　大阪朝日新聞支那部長

　尾崎と群馬県勢多郡富士見村出身の羽鳥重郎医学博士は家族ぐるみの付き合いをした。羽鳥重郎・花兄夫妻の長女の林松子さんは昭和62年（1987）の80歳の時に自分史『神の御手に守られて』を書き、長男の林茂夫さんと長女の高原和子さんが活字化し製本した。同書によると、松子さんは、当時、父・重郎が基隆海港検疫所で検疫医官をしていて、仙頭にある検疫医官舎で明治40年2月23日に生まれた。同日、重郎の部下である医員笹本献策と尾崎秀真の姪の結婚式が重郎の官舎で挙げられた。基隆の「産婆」は間に合わず、重郎が尾崎夫人の助力を得て取り上げ、尾崎が「松子」と命名した。翌41年に重郎は基隆病院長になったので、一家は基隆の町の院長官舎に引っ越した。と同時に重郎は婦人病院が開設され、基隆婦人病院長を兼任した。同43年に重郎は台湾総督府防疫医官となり、台北市児玉町に引っ越したが、尾崎家とは隣同士で「兄弟のようなお付合だった」という。次男・秀実がゾルゲ事件に関与し

たことを知ると「何とも云えぬ悲しみがこみあげ、今もって信じられぬ出来事」であったという。また、重郎の弟・正雄は台湾日日新報の写真部に勤めた。

　羽鳥重郎は敗戦後に引き揚げ、自叙伝『眠鰐自叙回想録―台湾医事衛生小誌―』（眠鰐自叙回想録刊行会、昭和39年）を刊行した。残念ながら同書や林松子さん自分史に石坂荘作のことは出てこないが、『石坂文庫年報』を見ると、台北から羽鳥重郎は石坂文庫に図書を寄贈している。羽鳥重郎―尾崎秀真―石坂荘作という交流があったと思われる。

第4節　基隆の人となる

（1）「雨港」の名士に

　　　　　　石坂荘作は明治32年4月に台湾日日新報社から特派員として基
基隆港　　隆に派遣された。すると9月に新聞社を辞め、11月に度量衡器、たばこ元売捌業を柱とする石坂商店を開業した。翌33年9月には尾崎富四郎（岐阜県士族）の長女・つね（つ子・津ね子）と東京で結婚式を挙げた。石坂31歳であった。

　新聞社を退社し石坂商店を開業すると、石坂は基隆の有力な経済人の一人として、積極的にまちづくりに関わるようになった。ところで、石坂が生涯をささげた基隆とはどのようなところであったのであろうか（表5）。

　アヘン戦争（1842年）などの対外戦争の結果、清国は1860年に台湾北部の淡水と南部の安平を、さらに63年には北部の基隆と南部の打狗（高雄）を海港地として外国勢力に開放した。それを契機に台湾では北部に茶業、南部に砂糖業の勃興をみた。茶・砂糖二大輸出産業の発達を反映して、台湾の対外貿易は増大し、とくに淡水・基隆の二港は茶輸出により発展した[(22)]。入江曉風『基隆風土記』（昭和8年）によれば光緒元年（1875）に「台北分防通判」という役所が置かれたとき、この地が繁昌するように「基地昌隆」の意味で、基隆と名付けられたという。

　日本統治時代になると、台湾において基隆は北部の、高雄は南部の要商港となった。基隆は天然の良港である上に出入り船舶の燃料資源である石炭の産出が豊富であった。基隆は台湾の表玄関で「港都基隆」といわれた。宮川次郎『新台湾の人々』（拓殖通信社、大正15年）によれば、基隆は台湾の玄関口

表5 基隆市街戸数・人口の推移

年次	戸数	戸数内訳		人口	人口内訳		男／女構成	人口比率
明治36年	2,864	内地人	708	14,458	内地人	4,808	2875/1933	33.25%
		本島人	2,124		本島人	9,272	4935/4337	64.13%
		清国人	32		清国人	378	346/32	2.61%
明治41年	4,536	内地人	1,436	17,796	内地人	4,442	2608/1834	24.96
		本島人	3,000		本島人	12,885	6755/6110	72.4
		清国人	99		清国人	489	449/40	2.47
大正元年	4,502	内地人	1,508	17,562	内地人	4,864	2737/2127	27.7
		本島人	2,816		本島人	11,816	6019/5797	67.3
		清国人	178		清国人	870	767/103	4.95
大正5年	4,683	内地人	1,723	18,810	内地人	5,722	3123/2599	30.4
		本島人	2,759		本島人	12,044	6070/5974	64
		清国人	201		清国人	1,044	897/147	5.6

石坂荘作編纂『基隆港改訂五版』より作成

で、東京の横浜、大阪の神戸の位置にあり、日本から渡航する者は必ず基隆を通過する関門で「港都」と呼ばれ、雨量世界一と称せられたことから「雨港」とも呼ばれた。

大正時代には吾妻郡の名士に　大正天皇の即位を記念して、大正4年（1915）11月に吾妻郡の「名士篤行者の伝記」である『上毛吾妻百家傳（かでん）』が発行された。著者は島田齋胤、発行所は百華社（吾妻郡中之条町942番地、群馬新聞社支局内）、定価5円であった。著者の島田は編纂の理由を「自序」で次のように述べた。

　夫れ（それ）町村は一国の根元なり、此（こ）の根元を培養して始めて一国の花を美にし実を大にす、町村の事忽諸（こつしょ）に附すべからざるなり。／編者、曩（さきに）に深く感憤するあり、郡内功労者の小伝を物し之を上梓（じょうし）して左右に頒（わか）ち以て後進を誘導するの料を為すもの亦（また）是れ町村根元の一培養ならむやと思考し爾来（じらい）此の意を連継して稿を作製せしもの積んで座右に堆（うずたか）きを致せり、…（略）…吾妻の後進諸氏覧て以て幾分発奮の資料と為すあらば編者の本懐之れに過ぐるものなし矣。…

そこで、「吾妻郡内の在籍者にして労功多き人々、又は同郡出身者にして後進の模範たるべき人々のみを選択（せんたく）」した。同書は群馬県内の官公衙、図書館と

吾妻郡内の官公衙、各学校に即位大礼記念出版とし
て配られた。100人の中に石坂荘作も選ばれ、次の
ように紹介された。

　基隆地方税調査委員、基隆公益社理事、基隆商工会理
事、台湾建物敷地審査委員、基隆防疫組合委員／石坂文庫
主、商業家／勲八等／**石坂荘作君**／台北庁基隆堡基隆街義
重橋四十七番地、明治三年三月六日生
　富強進展の結果として祖国の版図海外に伸び彼の台湾の
曾て我が有となりしや或は一攫万金を夢み或は新事業を肚
蔵して之に赴き軽挙失敗を嘆ぜしの妄躁多き中に在て毅
然として前途の推運を達観し極めて真面目なる志想の下に
漸進的理想の業務を開始し傍ら人文の開発を念として崇
高なる国家的事業に貢献しつゝある石坂荘作君（図南と号す）の如きは寔に当世稀に
見るの君子的商業家として大に天下に吹称すべきの模範者なりと謂ふべし。／君は本
郡原町大字原町甲第千二百六十六番地農石坂太源次氏の長男として生れ頴悟群童に傑出
するもの多かりしが丁年に達して兵役の義務に応じ、二十七八年役に従軍して功あり勲
八等に叙せられたり帰郷後吾妻高等小学校に体操教師として勤務せしことありけるが幾
何もなくして新領土台湾に航し三十二年十一月より基隆港基隆街に居を卜し該地を吾が
牙城と定めて商業を開始し漸次其の発展を見るに及んで余財を以て夜学校を起し又私
立石坂文庫を創設し着々成功を収めて今や大規模なる商店及び同地唯一なる文庫を現出
するに至りしが尚ほ君の理想としては前途の目的実に遠大なるものありつるより今は纔
かに成功の初一歩に足を入れたるに過ぎざるべしと語りつゝあり、君の抱負夫れ大なる
哉略歴左の如し。／明治廿三年十二月近衛工兵隊に入営、同廿六年十月帰休除隊に際し
善行証書及下士適任証書を附与さる、同廿七八戦役に従軍し陸軍工兵軍曹に任ぜられ勲
八等に叙し年金三十六円下賜さる、同廿九年三月渡台、翌三十年一月台湾縦貫鉄道隊附
となり四月解隊に付解任、同三十二年三月台湾を広く内外に紹介するの目的を以て
『台湾踏査実記』を著す。同三十六年二月基隆夜学校を設立す、同三十七年四月基隆地
方税調査委員を任命さる、同四十年三月『台湾写真帖』を著す。同四十二年十月私立石
坂文庫を設立す、同四十四年五月基隆公益社理事に推挙さる、大正二年六月基隆商工会
理事に挙げらるる、同三年十二月台湾建物敷地審査委員嘱託さる、同四年基隆防疫組合
委員任命さる、同年九月『台湾に於ける農民の天国』を著す／又受賞の主なるものは／明
治廿七年三月吾妻高等小学校へ木銃壹百挺寄附に付群馬県知事より木杯、同年六月同校
へ自製大日本帝国模型一基寄附に付知事より木杯、同年九月同校へ清国遼東地方土人の
使用せし雑品及び草木類標本寄附に付県庁より賞状、同三十一年十二月群馬県師範学校
へ台湾に於ける植物標本日用雑品、著人使用の器具二百十種、衣類説明書刀槍等寄附に
付知事より木杯、同三十八年七月基隆尋常高等小学校へ木銃壹百挺寄附に付木杯、同四
十年十一月同校へ金八十円寄附に付木杯、大正三年八月瑪錬公学校へ金五十円寄附に付
木杯、同四年六月台湾総督府より褒状等孰れも授与せらる、右褒状左の如し。

　斯くの如くにして常に教育事業に心を寄せらるゝ君は一面商業界に雄飛し大なる成功
を収め今やに日常従事しつゝある営業の種目なるものを挙ぐれば諸官衙御用達、台湾度
量衡器特許販売、銃砲火薬爆竹類特許販売、東京山田金庫台湾一手販売、台湾日日新報
売捌広告基隆一手取次、東京製綱株式会社製品特約販売、吉川製クレオソート基隆一販
売、日本ペイント製造株式会社特約店、各種印刷及印刷材料並に船具類販売、帝国生命
保険株式会社基隆代理店等にして其の盛況察するに難からざりけるが昨春より更に石油
採掘事業に手を染め成功を予期しつゝあり。／而して茲に特に君の篤行として教育界の
為めに感謝し且つ其の善行を世に紹介せむと欲するは夜学校の設立、文庫の創始なりと
す、由来新領土の通弊として文事の進歩甚だ遅々たるものあるは古今の史乗に徴して
明かなる所なるが此の事理に通ぜる君は宜しく之が速進の衝に当らむと為し明治三十六
年二月時の小学校長故佐藤謙太郎氏と謀り基隆夜学校なるものを起し以て青年子弟の薫
陶に資する所ありしが更に文庫を設立して一般衆庶の読書趣味を喚起せむと為し之が実
現を左右の有志家に議りしこともありつれど容易に其の進捗を見る能はず荏苒数年を
徒過せしが同四十二年に及んで断然他力の依頼心を放擲し自費を投じて之を設立せり、
総経費金三千五百五拾余円、洵に美なるの壮挙たりしなり、爾来単独之を経営して図
書購入其の他の経費毎年六百円乃至七百円を要すべきもの悉く之を自弁支出して文運
開発の為に尽力貢献しつゝある君の如きは全く国家的誠心を具備せらるゝ巨人にして
区々たる私利の為めに齷齪蹇々渡台の望みを尽くせし小人輩と同一視すべからざるの模
範者なりとす。

　この文章から著者の島田は、石坂と書簡を通して或いは石坂が帰省の折など
に意見を交わしていたことが分かる。石坂の自著『臺灣に於ける農民の天国』
によれば、大正3年に石坂は墓参に帰省し、農村の内情を視察しているの
で、このとき意見交換をしたと思われる。島田が『上毛吾妻百華傳』を出版し
たのは翌4年であった。

　島田は石坂を国家的事業に貢献した「君子的商業家と称すべき模範者」と評
価した。これが最も早い石坂の伝記であり評価であろう。本書のはじめに紹介
した『躍進群馬県誌』は昭和15年（1940）に書かれたものであるから、それ
よりも25年も早い。石坂は台湾に渡り勤倹力行20年で、吾妻郡を代表する名
士に数えられるようになった。

　同書には109人が紹介されている。その内訳は吾妻郡内92人、県内（前橋

市）1人、東京府3人、神奈川県1人、千葉県2人、新潟県1人、秋田県1人、岩手県1人、奈良県1人、兵庫県1人、台湾1人、朝鮮1人、中国1人、米国1人、海軍1人であった。

　島田の文章から①石坂が吾妻高等小学校時代は体操教師であったこと、②石坂の小学校などへの公的寄付は台湾へ渡る前から始まっていたこと、③石坂の実業は各種事業を基隆で一手に扱い「諸官衙御用達」として成功を収めたこと、④石坂文庫創設のための総額3550円を投じ、毎年600〜700円の図書購入費を支払っていることなどが分かる。

　教育や文化分野への公的事業が遅れていることを痛感した石坂は、基隆の有志者に協力を求め、夜学校と図書館を設立しようとした。郷里の原町など吾妻郡内の町村では、有力者が協力して小学校などの教育機関や図書館などの充実に努めた経験から、それを基隆でも試みようとしたのであった。

社会学者の綿貫哲雄と石坂商店に勤めた弟・耕

　東京文理科大学教授などを歴任した社会学者の綿貫哲雄は、吾妻高等小学校時代の石坂荘作の教え子の一人であった。綿貫は明治18年（1885）8月3日に吾妻郡伊参村（中之条町）で農業を営む綿貫四平の長男として生まれた。伊参尋常小学校から中之条町にあった吾妻高等小学校に進んだ。そのときに「桑原音次郎、柳田阿三郎、石坂荘作等の諸師に拠て多大の薫陶感化を受けた」と、『上毛吾妻百家傳』の著者である島田斎胤に語ったという[23]。

　綿貫は群馬県師範学校から東京高等師範学校に進み、さらに東京帝国大学で社会学を専攻した。成績抜群で大正3年7月の卒業には恩賜の銀時計を与えられた。同7年東京高等師範学校教授となり欧米に留学、同10年に帰国し同11年東京文理科大学教授、同26年に中央大学教授となった。

　綿貫哲雄は東京高等師範学校長・嘉納治五郎の長女・範子と結婚したため、嘉納が千葉県我孫子の天神山に別荘を構えたので、そこに住んだ。嘉納の甥が民芸運動を始めた柳宗悦であった。

　『上毛吾妻百家傳』で「君の令弟は実業に志して今台湾石坂図南氏の下にあり」というように弟・耕は石坂商店で働いた。綿貫哲雄の弟のように石坂商店で働いたり、石坂を頼って基隆に行ったりした吾妻郡出身者がいたと思われる。基隆の石坂商店の近くには「吾妻」という料亭もあった。

（2）『御賜之余香』と社会事業

皇室からの下賜金と社会事業　石坂荘作の著書に『御賜之余香』（台湾日日新報社、大正15年）がある。同書によると、石坂は日清戦争に従軍したことにより「年金下賜の恩典に浴した」。これを蓄積して台湾初の図書館となる「石坂文庫」を明治42年（1909）に創設する資金に充てた。

　また、石坂が明治36年（1903）に台湾最初の私立職業学校「基隆夜学会」を創設し、同会が基隆夜学校に発展すると、大正年間に3回にわたり下賜金を支給された。「御下賜金は有事の費に之を充当せんとして蓄積し」同校の校舎増築費に当て、大正14年8月に落成した。

　昭和天皇のご成婚に当たり「多年社会事業に盡力し功績顕著」により、大正13年1月に下賜金を支給されると、10月にこれをもとに基隆社寮島「蕃字洞」の保護施設（門扉）を建設した。蕃字洞はオランダ人が台湾を拠点に活躍していた時代に洞窟岩面に記念して氏名を刻んだもので、台湾の史跡として貴重なものであったが、風化や人的破損などによる劣化が進んでいた。そこで、史跡保存のため門扉を設置したものであった。

　皇太子時代の昭和天皇は、大正12年4月に台湾を行啓した。同月16日に御召艦「金剛」で基隆に上陸してから27日まで台湾各地を巡啓した。16日に巡啓に当たり台湾各地の功労者への叙勲褒賞の発表があった。基隆市では殖産興業功労者として吉井治藤太に緑綬褒章が下賜された。教育功労者として石坂荘作に金杯御菓子が下賜された。また、基隆医師古山昌雄夫人・のぶ子が単独拝謁を許された。

　石坂は皇室からの下賜金を社会事業に充て、「聖恩」に応えようとする皇室主義者であった。

著書『御賜之余香』　石坂荘作は台湾に渡り、多くの著作を残した。その中で教育者、社会事業家としての石坂を知るのに重要なのが『御賜之余香』である。同書は前述したように「御下賜金の恩典に接したる」ことに応えるために書かれたもので、次のような挿入写真（口絵）と章立てになっている。

　挿入写真
　　基隆夜学校誕生家屋　第一回新築校舎／暴風雨にて校舎倒壊の惨状　第二回新築校舎／増築後の校舎全景／門扉新設の蕃字洞　洞内の石文／石坂文庫全景　石坂文庫図書閲覧室

　同書は大正15年2月に書かれているため、昭和期の石坂の教育・社会事業活動を知ることができない。同様な著書を石坂が遺さなかったことは、石坂荘作研究にとって残念なことである。

　『御賜之余香』は、石坂の声そのものであるので、石坂の人とその思想に直接触れることのできる格好の素材である。そこで、本文中にできるだけ引用した。

石坂の平等主義　　石坂は基隆夜学校を創設すると日本人でも台湾人でも一緒に学べる共学制を採用した。共学制を採用した平等主義の理由が、『御賜之余香』に次のように述べられている（35－36頁）。

　…内台人生徒は共に親しみ、何等の隔意なく、今日に至る迄種族的反目、僻見等嘗て是なかりき。同級生徒相互の感化は、教養上看過する能ざるものにして、一級に極めて篤学のものもあれば、全級挙つて篤学熱心の風に化し、又粗暴不良のものあれば、全級之に倣ふを常とするものにして、内台人共学に於ても、亦相互影響する處多し。二十余年間の経験に徴するに、内台同化の実を挙ぐるに効果多きを認むるものなり。内地人生徒は現在並に将来本島に在住し、各種の職業に従事し、本島人との交渉も一層頻繁を加ふるものにして、本島人の気風性情等をも詳知する必要あるが、共学制は此点に於て便益多く、且本島人生徒に於ても同様、内地人の気風に親しむと共に、国語の練習も不知不識の間に行はれ、内地人に顔る好感を有するに至る。此相互の了解は将来内台人の合同化を促進するために大なる効果あるべく、尚相互民族の長所短所を自得し、長所を倣ひ短所を捨て、自然の間に其修養に資すること大なるものあり。本島人卒業生にして、内地人と互し随所に活動しつゝあるは明かに此事実を証するものにして、殊に彼等は其家族及隣人に迄其風を及ぼすに至る見るは誠に愉快なる現象にして、内地人卒業生又本島人に交りて、円満に各種業務を進めつゝあるも、等しく其効果の一端たるを窺ふに足る。即ち共学制は民族相互の長所を学び、相互を了解し、植民地統治上に多大の好影響を與ふるは勿論なり。

「共学制は民族相互の長所を学び、相互を了解」するものであった。石坂は

青少年教育の役割を「社会の感化偉大なるものあれば、社会は悪影響を與ふるものをさけ、教養に資するものは之を施設せざるべからず、是れ後継子弟に対する一般社会の義務なればなり。積極的施設としては図書館、青年会、青少年に対する講演会、体育場としての公園等種々あるべし」（同書41頁）とした。

石坂にとって基隆夜学校は平等主義の拠点であった。平等主義を「校庭に培ふと共に、漸次校外に移植せん」（同書30頁）と、基隆夜学校から石坂文庫、基隆技芸女学校、基隆婦人会、石坂公園へと広げていったのである。

人格の平等、教育の平等　　さらに石坂は天賦人権論から「人格の平等」「教育の平等」を次のように主張した（『御賜之余香』152頁）。

今日生を此世に受くるものは、平等に人格を認めらるゝを、文明国の通則とする。昔は人格を認められざる奴隷なるものあり。牛馬と撰ぶ處なく之を酷使し、其脱走を防ぐ為めに之を檻し、雇主否奴隷の所有主は殺生與奪の権を有し、一の財産権として売買の目的物たりしなり。等しく之れ人類にして、天賦の人権を蹂躙せられ、奴隷となりて同じく他の人類より酷使せらるゝは、誠にあり得べからざる悲惨事にして、奴隷制度は背自然の悪法たるは勿論なり。彼の「リンコルン」が奴隷制度廃止を絶叫して、米国南北戦争となり、正義の勝利に帰したる以来、人類は凡て人格者として平等なるべしとの思想確立し、今日に於ては之を当然のことゝ考へられ、奴隷制度の如きは誠に不可思議極まる古き歴史として遺され。即ち道徳観念の前に、各人凡て平等なり。／我帝国憲法にも、臣民の自由権を規定し、法律に定むる所以外に個人の自由は侵害せられざる旨を明言し、吾々国民は老幼男女貧富を問はず、人格者として法律の前に凡て平等なり。然ば其人格を陶冶する教育も、亦民衆に平等に行はるゝを理論当然の帰結とす。

しかし、現実には経済的な理由により帝国憲法でも保障された「人格の平等」「教育の平等」が次のように実現していないと指摘する（同書153－154頁）。

然るに義務教育を終りたるものにして、肝心なる青年好学の期を、資力なき為め空了するは、其不遇誠に同情に堪へず。等しく生を此世に享け、一は富めるの故を以て智能の発育を満足せしめ、他は貧しきの故を以て、其発育を虐げられ、人格の平等、教育の平等たるべき見地より考ふれば甚しき不條理にして、本人の不幸之に過ぎず。昔時の奴隷は肉体上の自由を束縛せられ虐使せられたるが教育上の不平等は恰も金銭の為めに束縛せられたる精神上の奴隷として虐げらるゝにも等しかるべし．

石坂には日本人と台湾人の別はなかった。「人格の平等」「教育の平等」が実現していない不条理を、植民地であった台湾・基隆から解決しようと、平等主義の実現に向け、その生涯をささげたのであった。経済的格差から生まれる教育上の不平等という問題は、今日でも大きな問題である。石坂は120年も前からこの問題と真正面から取り組んだのであった。

（3）台湾図書館の父

台湾文庫と石坂荘作　台湾で最初の図書館は、明治34年（1901）1月に台北で設立された私立「台湾文庫」であった。しかし、5年後の同39年には閉館されてしまった。

　石坂文庫に触れる前に、台湾文庫と石坂の関係を指摘しておきたい。台湾文庫は同31年（1898）、石坂の同僚であった台湾日報記者の栃内正六が、同社社長の守屋善兵衛の賛同と蔵書の寄贈を得て図書館開設運動を開始し、民政長官後藤新平の官邸前で台北図書館発起人会が開催された。発起人は石塚英蔵、藤田嗣章、堀内文次郎、松岡弁、木村匡、町田則文、栃内正六、草場謹三郎、守屋善兵衛、木下新三郎、大島邦太郎、児玉善八であった。

　翌32年、募金や図書寄贈運動が展開され、石坂も蔵書を寄贈した。石坂は同年4月に台湾へ渡って最初の著書『臺嶋踏査實記』を刊行し、4月に同新聞社から基隆に派遣され、度量衡器やたばこ専売の石坂商店を開業し、9月に同新聞社を退社した。

　『臺嶋踏査實記』には台湾文庫の発起人である石塚英蔵、木下新三郎が序文を寄せている。同34年（1901）に台湾文庫淡水館が開館した。台湾文庫の設立の目的が「台湾民衆の知識が後進的で公衆道徳に欠如している現況を改善する」ことであったことを考えると、石坂文庫もその延長上に誕生したことを指摘できるであろう。

清教徒とアメリカ大陸と図書館　石坂にとって図書館は欧米列強諸国に対峙する国家経営の重要な柱であった。清教徒（ピューリタン）がアメリカ大陸に移住し、図書館を設立していったことを次のように賛美した（『御賜之余香』70−71頁）。

　　由来亜米利加人は、読書の国民なりと云ふ、其始め彼等の彼の地に移住するや、皆幾何かの書籍を携へ来り、朝に暁天の是を戴きて、曠漠たる原野に秣ひ、夕に円満なる家庭の食卓を終へて、後唯一の慰藉を読書に求む、彼等は之に依りて清き精神界に遊びで、終日の疲労を慰し、物質的研鑽をなしては、各自の職業に資する所ありたり。而して彼等が将来せる翩々たる冊子は、遂に積りて彼處に一庫、此處に一館を建設し、今や全米に互りて一萬八千の公私立図書館を有するに至れりと云ふ。

　これに対して台湾へ渡る日本人は次のようであった（同書84−85頁）。

　　渡来せる内地人に於ても所謂一獲千金を夢み忽忙として安定せず、従つて永久的計画或は社会の内容改善等に就ては、多くは顧みらるゝ處なし、況や直接効果の得て見る

べきものなき図書館事業経営の如きは、全然其念頭に浮ぶ處に非ず、実に全島に通じ一の図書館の影だに認むる能はざりき。

私立石坂文庫

石坂文庫外観・内部

そこで、石坂は同36年2月に基隆夜学会を設立すると、「夜学会生徒の参考修養に供する」とともに「熱帯殖民地の常態として少壮輩の多くは淫逸に流れ悪習に慣れ易きを慮り、更に読書趣味を喚起し、以て風教を矯正する」ため図書館を設立する計画を立て、基隆の有志者に訴えたが、協力が得られなかった。

そのため、石坂は単独で図書館を設立することを決意したが「文庫設立の業は決して容易の事に非ず、即相当の資産を投ずると共に、之を永久に持続せしむる確実の基礎を立てざる可らず」と「百方苦慮」した結果、次の資金を原資とすることにした。原資は石坂の商売の利益からではなかった。

① 明治36年に基隆に居を定めてから、基隆庁地方税調査委員に公選され、手当てを毎年50円支給されていた。これを貯蓄し公共のために使おうとしていたところ、日露戦争が勃発したので、「挙国尚武」のため基隆小学校に木銃百挺を寄贈したが、残金が200円余あった。

② 明治40年10月台湾縦貫鉄道全通式に来賓の一人として曹洞宗管長・石川素堂もやって来た。長い間紛糾している同宗所有地問題で石坂が尽力したことに感謝して寄付金をもらった。

③ 石坂は日清戦争に従軍し下賜金をもらい、それを「厳父養老の資」としていたが、明治37年1月に父が病没したため、以後、下賜金を「有益の事業に投ずる目的を以て蓄積」していた。

図書については石坂が購入した私蔵書籍が1500冊を超えていた。そこで、この貯蓄金（原資）と図書をもって開館することにし、明治42年6月1日石坂文庫設立の趣旨を発表、4日に文庫設立届を基隆庁長に提出。翌5日に起工、9月30日に竣工し10月1日に開館した。

場所は義重橋47番地（のち地名変更し日新町1丁目3番地、現在の基隆市立文化センター隣）。建物構造は「間口四間奥行三間総二階建て」「階下は石造セメント塗、階上は木造ペンキ塗、屋根はスレート葺」。2階は書庫及び閲覧

室、1階は玄関と喫煙談話室であった。

　こうしてスタートした石坂文庫が、大正13年に財団法人基隆公益社に移管されるまでの概要は、次の通りであった。

　明治45年1月20日に撃剣道具を備え付け、図書閲覧者で希望する者に無料貸与を開始。6月6日に大阪商船会社の撫順丸の観光団員に船中閲覧用に200冊余りを貸し出し。7月1日から巡回文庫を開始。巡回文庫は中国の福州、沖縄八重山、台湾の台南、花蓮、金山などで行われた。

　大正4年2月には出火により屋根の一部を焼失したため、修復を兼ねて増築。2月17日から7月31日まで火事見舞いとして28人から147円50銭が集まった。このうち群馬県からは槌屋峯次郎1円、霞波平1円。また群馬県出身者の久米民之助（東京）が10円を寄付した。久米の経営する建築事務所は、台湾の鉄道敷設工事などを請け負った。

　同年2月に玉田第一支館（分館）を開設した。同地区は「基隆の貧民窟」というべきところで、その境遇に同情し玉田街奠斎宮の一室を借り入れ「無名庵」と名付け、新聞・新刊雑誌・小説など500冊余りを無料閲覧とした。室内正面には天皇の肖像、漢訳教育勅語の軸、朱熹の書、「孝悌忠信廉恥の聯幅」を掲げ、その傍らに「至此處　至尊之前不論何人宜最敬禮」と記した。また閲覧室には「慈善桶」と称するものを置き、本館で図書整理の際に不用となった新聞・雑誌及び廃本を入れ、桶の正面に「此桶中物品自家所必需者可隋意持帰」と書き、提供したところ歓迎された。

　同年3月には基隆駅前に「石坂名産物陳列場」を開設したので、その中に「新店第二支館」（分館）を開設した。本館の中から台湾に関する書籍200冊余り・内外新聞・雑誌40種類余りを揃え縦覧に供した。基隆港に出入りする内外人が主な対象であった。しかし、大正9年には同建物が果物検査所に使用されることになり、立ち退きを余儀なくされ閉館した。

　大正11年3月3日、基隆駅前公設待合所内に、新聞雑誌縦覧所を設け、自由閲覧とした。同12年4月9日、図書閲覧者、夜学校生徒のために庭内に「角力場、金棒体操場等」を新設。4月23日、文庫として『北台湾之古碑』を刊行。基隆夜学校に夜間は閲覧室を提供した。

　大正13年9月1日、基隆街三沙湾弘法寺内に「三沙湾支館」を開設。12月3日、石坂文庫を財団法人基隆公益社に経営移管し閉館。支館、巡回文庫も廃止。この間、石坂文庫では蔵書整理して重複しているものについては、ほかの図書館（友館）に寄付した。

　宇治郷毅氏は、石坂文庫が1910年から20年代に果たした成果を次の6点と

して挙げている。

① 日本人、台湾人に平等に公開された。

② 無料で資料を利用できた。

③ 独自の建物、設備、資料、職員及び法規を有した。

④ 台湾内だけでなく、中国沿海都市及び沖縄にも館外貸し出しサービスを
行った。

⑤ 三つの分館と一つの新聞雑誌縦覧所を有した。分館の一つは台湾人居住
区に設置された。

⑥ 13年間にわたり内容の充実した年報を発行した。

台湾総督府図書館の設立が大正 3 年（1914）のことであるので、私立「石
坂文庫」は台湾最初の近代図書館となり、石坂が「台湾図書館の父」と称され
ることになった。

石坂文庫は午前 9 時から午後 4 時まで無料で開放された（文庫規定第 3 ・
4 条）。受付に置かれた「閲覧証」に氏名などを記入し、閲覧図書目録を検索
し、資料請求ができた（同第 4 条）。館外への貸し出しは行わなかった（同第
5 条）。寄贈図書の運賃は石坂文庫が負担し、寄贈図書簿に寄贈者の氏名を登
録して感謝の意を永久に表した（同第 8 ・ 9 条）。

蔵書数などその概要は表 6 の通りであった。休館日は三大節（四方拝＝ 1
月 1 日、紀元節＝ 2 月11日、天長節＝天皇誕生日）、始政記念日（台湾総督
府開庁： 6 月17日）、台湾神社例祭日（10月28日）、本館記念日、年末・年
始、曝書掃除日であった（同第 3 条）。

宇治郷氏は石坂文庫の特筆すべき事業は①巡回文庫、②分館設立、③年報の
発行で、すべてが台湾図書館史最初の事業で、その後の台湾の図書館活動のモ

表 6 石坂文庫蔵書など統計

		明治42／1909	大正 5／1916	大正12／1923
蔵書数	図書	5,648	12,113	19,291
	雑誌	6,627	8,489	5,679
開館日数		349	350	347
閲覧人員		359	2,275	6,367
閲覧図書数		1,110	5,005	12,088
1 日平均閲覧人員		1	6.5	18.35

宇治郷毅『石坂荘作の教育事業』113頁より

デルとなったと評価した。

石坂文庫年報　　石坂文庫では基隆公益社に引き継がれるまでの15年間に『石坂文庫年報』が13回発行された。付録として次のような著名人による図書館館論が収録された。新渡戸稲造「石坂文庫に就いて」（第二年報）／内田嘉吉「図書館に就いて」（第四年報）／伊能嘉矩「台湾図書館小史」（第五年報）／伊能嘉矩「台湾の読書法」（第七年報）／下村宏「石坂文庫に寄す」（第十年報）／内田銀蔵「東航雑談（カナダ及合衆国に於ける見聞の一二）」（第十年報）／石坂荘作「台湾図書館事業の不振を慨して敢て世人に訴ふ」（第十二年報）／田原天南「英米独の図書館と文化関係」（第十三年報）。

　新渡戸稲造は教育者・農業経済学者、明治34年に台湾総督府に招かれ民政部殖産局長心得などに就任、台湾の糖業発展の基礎を築いた。一高、東大教授や国際連盟事務次長などを歴任。内田嘉吉は逓信官僚で、明治43年に台湾総督府民政長官を務め、逓信次官から大正12年に第9代台湾総督に就任。伊能嘉矩は東京帝国大学で坪井正五郎から人類学を学び、台湾総督府雇員となり台湾原住民の調査研究を行い、柳田國男により遺稿が『台湾文化志』（昭和3年）として発行された。下村宏は大正4年に台湾総督府民政長官になり、同8年には同府総務長官となり、退官後に朝日新聞社に入社。貴族院議員、内閣情報局総裁などを歴任した。内田銀蔵は京都帝国大学教授で、日本経済史学・日本近世史学の創始者といわれた。田原天南（禎次郎）は台湾日日新報主筆、京津日日新聞社（北京、日華新聞）を創設したジャーナリストであった。

石坂の図書館観　　ところで、15年間にわたり図書館事業を行った石坂の図書館観はどのようなものであったろうか。それは次のような「一国文化の程度は図書館の多少を以て之を卜するに足るべし」というもので、「図書館の簇立を叫び社会に訴ふる」ため、「余が微力を以てして本文庫を起すに至れるは貧者の一燈として私かに任じたる所」であった（『御賜之余香』84－87頁）。

　　今日図書館事業の使命及び其効果に就ては、一般に知らるゝに至れるも、社会実際は猶閑人の閑事業視せらるゝ傾向あり、多くは眼前の小利を収むるに急にして、図書館事業の如き社会的永久の施設を怠るは、国家将来の為めに取らざる所なり。国家の発展も所詮は国民素養の向上によるものにして、国民教育は一国発展の核心をなすものといふべし、国民教育の機関としては、学校の設置も必要あるが、尚在学中の者にも卒業後の者にも、或は学校に入らざる者の為めにも、又は各種職務に従事する者の為めにも、将又老幼男女一般民衆の前に、読書研究の機関として図書館の必要あるは勿論なり。多少

の余暇だにあれば、如何なる人に於ても随時に図書館に出入して、自己の智見を拡むることを得、教師なく金なく多くの余暇なき人の為めにも、図書館は開放せられて聖賢の道を教ふるべく、最新の科学を教ふるべし。過去幾千万我等が先人の努力したる智識の宝庫は、吾人の前に展開せられ、吾人は読書によりて先人の多年苦心の結晶たる総てを易々として了得することを得べし。吾人の進歩は実に先人の智見を受け伝へて、更に之を利用して研鑽を加ふるによりて得らるゝものなれば、読書研鑽は即ち先人の智見を窺ふ唯一の方法手段なり。然して各種図書を網羅し簡易に自由に之を閲覧する図書館は、云ふ迄もなく、社会教育上尤も重要なる機関なり。欧米各国に於ける図書館事業の盛なるは、誠に美望に堪へざるものあり、今日一国文化の程度は図書館の多少を以て之をトするに足るべし、概言すれば図書館は先人智見の宝庫にして、民衆教育の使命を有するものといふべし、即ち図書館事業の普及は民衆の知能を普遍的に向上しめ文化に目を開かしむるものにして、人類福祉の為めに将た国の興隆の為めに学校教育と共に盛に設置せられ利用せらるべきものなるを信ず。

　大正14年（1925）5月7日、石坂文庫は明治43年に創設された財団法人基隆公益社に受け継がれ「私立基隆文庫」となり、昭和7年（1932）2月25日には基隆市に移管され「基隆市立基隆図書館」として6月1日に市役所3階で開館した。しかし、建物が狭く、昭和10年6月4日、もとの「石坂文庫」建物に移転した。

　開館時間は延長され成人対象の「一般室」が4月〜10月が午前8時から午後9時まで、11月〜3月が午前9時から午後9時までとなった。また、小学校及び公学校の尋常科、高等科の児童を対象に「児童室」が午後1時から午後4時まで開設された。さらに、12歳以上の基隆市在住者を対象に個人への館外貸出が実施された。

　昭和12年（1937）には最大の閲覧者数（年間5万4874人、1日平均164人）を記録したが、同20年5月のアメリカ軍の基隆空襲により、建物や資料など一切を焼失した。

　基隆市で図書館活動が再開されたのは、1948年であったが、独自の建物は持てず、小学校舎や民間の建物を借り、1985年6月「基隆市立文化センター」が落成し、同センターの2、3階が図書館となり、「基隆市立文化センター図書館」として現在に至っている。同館は「石坂文庫」を前身として位置付けている[24]。

愛児と慈父　　石坂荘作は石坂文庫を閉館するにあたり「終焉所感」を書き、石坂文庫終焉の辞とした。その文章は次のように結ばれている（『御賜之余香』88−89頁）。

　即ち今後の活動は微力なる余が独自の経営を以てしては充分なる能はざるにより、有

力なる基隆の社交機関たる財団法人基隆公益社に全部を挙げて之を提供し、以て図書館使命の積極的活動を希求したる所以なり。即ち石坂文庫は終焉を告げたるも、今後却つて図書館事業の活動を一層自由ならしめ、其使命を完ふせしめんとする衷情に出でたるものにして、寧ろ石坂文庫の生命を更新し之を永遠に盛ならしむるものと云ふべし。十五箇年間覆育の愛児を貧弱なる親元より養ふよりは、寧ろ有力なる養家に嫁せしむるは、愛児将来の発展を期待する親の慈悲にして又真情なり、即ち余は生みの親として石坂文庫を少年期を養へるに過ぎず、茲に養家の愛児の健全なる発達を祈願して石坂文庫終焉の辞とす。

　石坂は図書館を「愛児」として養育した。図書館を基隆公益社に託することは、その発展を期待する親の「慈悲」からであった。慈悲という言葉の「慈」は才能を伸ばす、「悲」は救うという意味がある。子どもを叱りながらその才能を伸ばすので「慈父」、子どもを無条件に受け入れ救うので「悲母」だと教えられたことがある。石坂はまさに図書館の慈父であったといえよう。

群馬県からの図書の寄贈と寄贈金　　　『石坂文庫年報』には「寄贈金」「図書の寄贈」の項目があった。それを見ると、大隈重信・後藤新平・徳富蘇峰・柳田國男・下村宏・福沢桃介・石川素堂・田中義一・竹越与三郎などの著名人や全国各地から寄贈金や図書の寄贈があったことが分かる。

　そうした中で、石坂の郷里の吾妻郡を中心に群馬県からも寄贈金や図書が贈られたことから、群馬県からの寄贈金、図書の寄贈を通して、石坂と郷里との交流の一端に触れることができるので、ここで取り上げたい。

　すでに紹介した綿貫哲雄は恩師で東京高等師範学校長・嘉納治五郎の長女と結婚し千葉県我孫子に住んでいたので、千葉県から図書の寄贈を行った。弟の耕は石坂商店で働いていて、そのときから図書の寄贈を行い、アメリカのワシントンに渡る記念に寄贈金、ワシントンからさらに南米に渡っても寄贈金を投じた。

　群馬県吾妻郡から町田崇山、田村直次郎、桑原雄司、金子國平。ほかに群馬県からは虻田善三、豊国義孝が図書を寄贈した。また朝比奈巳幸は大正元年11月から雑誌『農業之日本』を、柳田阿三郎は大正３年１月から『吾妻郡教育会雑誌』を、一場一太郎は『群馬県中之条農業学校々友会報』を、それぞれ寄贈した。

　島田齊胤からは『上毛吾妻百家傳』を寄贈された。吾妻郡の名士の一人として台湾で活躍している石坂荘作のことが紹介されているので、同書の寄贈は石坂としてもうれしかったに違いない。厳島神社の宮司となった高山昇も広島県から図書を寄贈した。

吾妻郡の図書寄贈者を簡単に紹介しよう。町田崇山は明治17年（1884）中之条町の「チギリー」と呼ばれる商家に生まれた。県立前橋中学校を卒業し第四高等学校を経て第八高等学校を卒業し、大正4年（1915）に東京帝国大学薬科を卒業した。同10年町会議員、同14年町長を経て昭和3年（1928）に県会議員（立憲民政党）に当選し4期務めた。一草の号で俳句を嗜んだ⁽²⁵⁾。前橋中学校同級生の金子昌太郎は札幌農学校を卒業し、新渡戸稲造の台湾での製糖業に従事し、外国品種にまさる独自の品種づくりに成功し「台湾精糖の始祖」とたたえられた。昭和12年に帰国すると、町田の敷地に寄寓した。

　田村直次郎は明治4年原町に生まれた。石坂より1歳下で幼馴染であった。明治24年に群馬県中学校を卒業、吾妻高等小学校、吾妻中学院で教員を歴任し、原町農会長、町会議員、吾妻郡書記、原町長などを歴任した⁽²⁶⁾。

　柳田阿三郎は明治7年中之条町に生まれた。祖父は高野長英が逃亡し吾妻郡に入ると匿った。慶応義塾に学び、吾妻郡書記、中之条町助役、同町長、郡会議員などを歴任した。明治35年中之条信用組合を創立し組合長理事、同42年吾妻温泉馬車軌道株式会社（のち吾妻軌道株式会社）の設立に尽力した⁽²⁷⁾。

　桑原雄司は嘉永2年川戸村（原町）に生まれた。明治12年に群馬県師範学校を卒業以来、教員や校長を歴任し、同27年から同35年まで私立吾妻教育会長を務めた。同42年に川戸村田中組報徳会を設立、川戸村の青年指導のため夜学会を設立し、明治45年に会員による製作物品評会を開き実業奨励に努めた。大正3年には金川信用組合を設立し組合長、翌4年原町名誉助役などを歴任した⁽²⁸⁾。

　朝比奈巳幸は明治14年川戸村（原町川戸）に生まれた。同24年から28年に吾妻高等小学校（中之条町）に学んでいるので、石坂の教え子の一人であった。藤岡町の順気社で養蚕飼育方法を学び、上京して明治法律学校に学んだが家情が許さず、帰郷し農業を営んだ。同37年に吾妻教育会で木下尚江の講演を聴き、翌年に吾妻郡役所の書記となったが、東京平民社に社会主義者の森近運平を訪ね、森近の著書『産業組合手引』に社会主義者と記した。同40年2月にクリスチャンになるとともに農村改良のため報徳会を結成。農民の自覚を促すため同41年に『農村新聞』を発行。同43年に大逆事件が起こると取り調べを受けた。翌44年に東京麻布永坂町に「田園生活社」を開業し、月刊誌『田園生活』を編集販売。併せて日本農業研究会を始め、日本農務講義録を刊行した。大正元年に社名を「農業の日本」、月刊誌『農業之日本』と改名した。しかし、同4年に発病し生家で療養したが、翌5年に36歳で病没し

た[29]。朝比奈は苦労の末、創刊した『農業之日本』を恩師でもある石坂に送り届け、同誌を通して台湾の農業に貢献しようとしたことが分かる。

　群馬県の団体では上野教育会が明治42年9月から機関紙『上野教育会雑誌』を、上毛新聞社が大正11年2月から同紙を、豊国義孝（覚堂）が主宰した「上毛郷土史研究会」も機関誌『上毛及上毛人』を大正6年10月から、前橋市立図書館も館報を第47号から、それぞれ寄贈した。

　石坂も豊国の寄贈に応えて『石坂文庫年報』を贈った。『上毛及上毛人』（第14号、大正6年11月5日）に次の記事がある。

　　○石坂文庫第八年報
　　臺灣基隆の全文庫は本縣出身者の石坂荘作氏の主宰する所なるが、已に第八年報を発刊するに至り。其事業は年と共に整頓し、且つ進歩の痕あるを見る。

　上毛郷土史研究会の会員は『上毛及上毛人　第99号』（大正14年7月1日）にその名簿が掲載されている。会員が即ち機関誌の購読者で1034人いた。そのうち台湾11人、朝鮮3人、大連11人であった。台湾の11人の中で、「阿緱街黒鐵町　阿久澤胖」は筆者の母方の祖母の実家・阿久澤家（勢多郡富士見村小沢）の者である。明治41年に同級生の羽鳥重郎医学博士を頼り台湾へ渡り、台湾製脳株式会社、高砂製糖株式会社などを経て、大正4年に「阿久澤商行」を構えるようになった。阿久澤商行は屏東市に本店を置き、台北、高雄、屏東の3市に支店を設け、一族で経営陣の中枢を固め、すでに紹介した『躍進群馬県誌』でも「台湾一流の豪商として牢固たる地盤の下に活躍」と紹介された。阿久澤胖は一門の誉れであった。

　郷里からの雑誌や新聞の寄贈は、石坂自身が何よりも心待ちにして、喜んで読んだに違いない。吾妻郡からの寄贈者は郡内町村の近代化のリーダーで、石坂と刺激し合い、吾妻郡内と台湾基隆で地域のために貢献したことが分かる。

**中川友次郎と
中川小十郎**　　中川友次郎は台湾財務局長時代、また群馬県知事に転じてからも図書の寄贈を行った。こうした点から、石坂荘作が顔欽賢の県立高崎中学校への入学を勧めたというのも確かな気がする。

　吾妻郡長をした鳥山無可が福島県から図書を寄贈した。顔国年も図書を寄贈した。台湾銀行副頭取・頭取を歴任した立命館大学の創設者である中川小十郎も、石坂文庫には寄付金30円を贈った。それをもとに「中川小十郎氏寄贈図書」として30件の書籍が購入された。

　中川小十郎も図書館を重視した。創設した立命館大学のために、本屋を回っては貴重な本を蒐集し、「立命館大学図書」「中川小十郎寄付」という捺印をし

て同大学に寄贈した。

日本の図書館を育てた群馬の四先人　群馬県立図書館（調査相談室）では、平成22年（2010）1月6日から「日本の図書館を育てた群馬の先人達　関連資料展」を開催した。その趣旨は次のように説明されている。

　明治の初め、日本各地で新しい時代の図書館実現に高い指導力を発揮し、近代図書館の発展に大きく貢献した群馬の先人達が居たことはあまり知られていません。／今回は、図書館の黎明期に全国から注目される業績を遺した三人の先人達、湯浅治郎、湯浅吉郎（半月）、佐野友三郎の関連資料を展示します。／彼らの先進的な取り組みはそれぞれの地で受け継がれ、現在も先駆者として高く評価されています。

　群馬県立図書館では、湯浅治郎、その弟の湯浅吉郎、佐野友三郎を「日本の図書館を育てた群馬の三偉人」としている。湯浅治郎については前述したので、湯浅吉郎、佐野友三郎について簡単に紹介したい。

　湯浅吉郎は安政5年（1858）に上野国碓氷郡安中宿（群馬県安中市）で生まれた。明治5年（1872）に兄・治郎のつくった私立図書館「便覧舎」を手伝い、兄と共に新島襄から洗礼を受け、同10年に同志社普通科に入学し、同神学科を卒業。卒業式では新体詩の先駆となった「十二の石塚」を発表した。アメリカに留学しオーバリン大学、イエール大学で旧約聖書や古典ヘブライ語を学び、博士号を修めた。帰国し同志社の教壇に立ったが、同35年にアメリカに再び渡り図書館学について研究した。同37年に京都府知事大森鐘一の知遇を得て、京都府立図書館長に就任し、大正5年（1916）まで勤めた。この間、十進分類法の採用、図書の館外貸出、児童図書室の開設、郷土誌展覧会の開催、『京都叢書』の編纂・刊行などを実施した。雅号は半月。昭和18年（1943）没。

　佐野友三郎は元治元年（1864）に武蔵国川越（埼玉県川越市）で生まれた。佐野家は藩主松平大和守家に仕えた。松平大和守家は前橋藩主であったが、利根川の城内への浸食などにより廃城し川越へ移封した。しかし、佐野が誕生する前年に前橋城再建が認められ、藩主の帰城とともに藩士も前橋に移ったので、佐野の本籍地は前橋となった。明治15年（1882）に群馬県中学校（県立前橋高等学校）を卒業し、東京大学予備門に進み、同文学部、法科大学、文科大学に学んだ。同23年に山形県米沢中学校の英語の教師となった。その後、大分県、広島県で中学校教員をしたのち、台湾総督府に採用された。台北県弁務署長まで昇進したが、同32年の人員整理を目的とした文官分限令により休職扱いとなった。翌33年に大学時代の友人であった秋田県知事・武

田千代三郎から秋田県立秋田図書館の初代館長に招かれた。同35年にアメリカのメルヴィル・デューイが始めた巡回文庫にならい「巡回文庫」構想を発表。江戸時代の農学者・佐藤信淵の著作の蒐集事業や郡立図書館の設置にも尽力した。しかし、武田知事が山口県へ転任となると、新設する山口県立山口図書館長に就任することを求められ同行した。

　同館長となった佐野は、巡回文庫や夜間開館、日本最初の児童図書館である「児童閲覧室」などを実現させた。同42年にはデューイ十進分類法と日本既存の「八門分類表」を参考にした「十門分類表」（山口県立図書館分類表）を作成したが、大正９年に退任し自裁という謎の死を遂げた。

　昭和58年（1983）10月26日から３日間、山口県山口市で第69回全国図書館大会が開かれた。大会事務局から参加者に『初代館長佐野友三郎氏の業績』（山口県教育財団発行）と題する冊子が配布された。同冊子は山口県立図書館創立40年を記念して昭和18年に刊行されたものの復刻で、同冊子の筆者は職員として佐野の薫陶を受けた田村盛一であった。田村は佐野の業績として①巡回書庫（巡回文庫）、②図書館設置普及運動、③郷土史料の収集、④書架の公開、⑤児童室の経営を挙げている。これらの事業は公立図書館の基本的な業務となっているが、全国に先駆けて取り入れた先見性が改めて評価された。

　『上毛新聞』も昭和58年11月８日付で「図書館運営の礎築く　脚光を浴びる佐野友三郎（前橋出身）　先見性に高い評価」の見出しで佐野を紹介したが、同紙は「湯浅半月と並び発展に尽力」と、湯浅半月と佐野友三郎が日本の図書館を育てた群馬の二偉人と位置付けた。

　しかし、今後は「台湾図書館の父・石坂荘作」を加えて、湯浅治郎は群馬県で、湯浅半月は京都府で、佐野友三郎は秋田県と山口県で、石坂荘作は台湾で、日本の図書館を育てた群馬の四先人として評価すべきであろう。

　佐野友三郎が館長であった山口県立図書館も目録や年報などを石坂文庫に寄贈した。

（4）婦人会と女学校

平等主義と基隆婦人会　　石坂の平等主義は男女間にも貫かれた。石坂が基隆婦人会を創設したのも、その現れで、日本人と台湾人の有力者の夫人が会員の中心であった（『御賜之余香』108－109頁）。

婦人問題の根本義は、婦人の地位の向上、言ひ換へますれば、男子同様婦人も人格を認められなければならぬと云ふ点にあります。従来女性は道理なく其（その）人格を認めらることが薄く、社会は只だ男性の為の社会として存在し、女性は単に其隷属に過ぎないやうな地位に置かれましたのは甚（はなは）だ理由なきことで、近代思潮は婦人と男子と同様社会的に人格者たるべきであると云ふ見解に基き、婦人の地位を昂（たか）めたのであります。即ち今後の婦人は男子と共に社会の為めに立働かねばなりませぬ。最も両性其体質性情を異にして居りますから、其適所に従ふのが自然の道理でありますが、従来のように婦人が社会に何等の理解なく交渉なく、一切を男子にのみ任かすと云ふことは婦人としての責任を怠るものといはなければなりません。宜（よろ）しく社会的にも婦人は、目醒（めざ）むる必要があらうと思はれます。尚婦人の地位の向上を認められた以上、女性各自の自覚を最も必要と致します。折角認められた婦人の地位も自らの修養を怠るに於て婦人としての天分を盡すこと能（あた）はず。従来の如く男性の隷属たる地位に落つることとなります。婦人の地位の向下は男子の横暴によるに非ずして結局婦人自身の罪と云はなければなりません。

　石坂は基隆婦人会を母体として、基隆高等女学校の設置を実現したり、基隆裁縫講習所を私立基隆技芸女学校と発展させて女子の職業教育にも力を入れたり、女性の地位向上にも尽力した。

基隆婦人会　基隆婦人会は、財団法人基隆公益社社長に在任中であった石坂が提唱し、発会したものであった。次のように第1次世界大戦後に日本が戦勝国となり五大帝国の仲間入りをしたという時代認識からであった（『御賜之余香』90頁）。

　殊に婦人に関する問題は、西洋ではかなり早くから研究されて居るのでありますが、我が日本では近頃迄（ちかごろまでほと）殆んど閑却されて居つたようであります。併し乍（しか）ら（なが）現在世界の五大強国の一に列した我が帝国に於ては、永く此（この）無覚醒裡に彷徨（ほうこう）（ゆる）することは容されません。おつきあいとしても、共に此世界の問題にたづさはらねばならぬ仕儀となり、田中孝子女史が世界の舞台に押し出し、議論壇上の人と成らねばならぬ時代に成つた以上は、我国一般婦人の自覚が当然必要ではあるまいかと思はれます。

　文中の田中孝子は、大正8年（1919）10月29日から11月29日までワシントンで開催された第1回国際労働会議（ILO）に日本政府婦人顧問と出席した。旧姓は高梨で渋沢栄一の姪にあたり、日本女子大学校教授で夫は早稲田大学教授の田中王堂であった。

　それとともに石坂は日本の台湾統治が成功したのは女性の力が大きかったと評価し、今後は「両性ともども御国の為めに盡瘁（じんすい）すること」が必要であると痛感し、基隆婦人会の設立を提唱した（同書92頁）。

　私は今日治台（ちたい）成功の隠れたる一面は、慥（たし）かに婦人の力に依れる事を信ずると同時に、今後は、より以上ご婦人方の力に待つ所多からんことを庶幾（こいねが）ふのであります。殊に雨勝（がち）

にして陰鬱なる基隆の社交界には、是非共御婦人方の和気藹々たるお力を発揮して戴き、活溌にして円満なる、新しき社交界を形成して欲しいのであります。愈々御婦人方の御盡力に依り、之を実現さるゝ事となれば、社会各方面に與ふる改善や融和に依りて新生面を開き、自然当局統治上に好影響を見ることゝと信じます。斯くして両性ともども御国の為めに盡瘁することは、今日吾々が努むべき最も緊要の事と存じます。此故をもちまして、未だ嘗て基隆に無かつた婦人会を、敢て提唱する所以であります。

　大正 8 年11月30日、基隆婦人会は基隆倶楽部で発会式を挙げた。提唱者として石坂は、当分の間は会則を設けず、毎月 1 回会合し、有益な談話を交換し、また名士を招いて講演会を開き広く会員以外にも聞かせ、社会奉仕の一端としたいとあいさつするとともに、次の「信條三則」を発表した。
　①　本会は社会奉仕に立脚し、其主張を一般社会に及ぼす様に努めたし。
　②　本会は精神的社交に立脚し、不必要たる贈答虚礼は一切之を避くる様にしたし。
　③　本会は所言実行に立脚し、各自時間の励行に力め、又此会合が将来服装の競進会とならざる様注意したし。
　また、次の『非常変災要務』を「先づ家庭を整へ、其余力を以て人類相愛の至情を発揮して、国家に対する任務や、罹災者救済に努力したい」との趣旨から設けた（同書93、94頁）。
　①　非常時又は天災地変の際は、正式に相談も通知もなし得ない場合が多いので、臨機本会臨時出張所の看板を適当の 處 に掲げますから、会員より会員に伝へて参集のこと。
　②　事変に處する手段手法は、市役所と交渉して、出張所に集れる会員に於て各部署を定め、臨機応変の処置を取ること。
　③　本会に使用する人夫は、左腕に基婦（基隆婦人会）の徽 章 を附けますから、会のためには自由に使用せらるゝこと。
　④　一切の費用は、会長の指図を受け、事務担当者之を決行し、事定りて後、正式に会の承認を求めること。
　大正 9 年 2 月10日、 5 月から会員 1 人50銭を会費として諸経費や社会事業費にすることを決定。 4 月21日、シベリア出兵軍人に対し慰問袋を、日本赤十字社台湾支部を通して贈った。 9 月15日、会員礼服を「紬 地五つ紋付」にすることを協定。大正11年 3 月15日、会員小野伝夫人から「渡台第十二年祝意の意を以て」百円の寄付を受け、これをもとに会名義で、基隆駅構内に無料貸傘を設置した。

基隆高等女学校設立運動　基隆婦人会長であった石坂にとって同会の大きな目標は、「台北州立基隆高等女学校」の設置であった（同書96－99頁）。台湾において高等女学校は台湾総督府高等女学校官制によって台北市と台南市に設置されていたが、大正8年（1919）4月1日に「台湾公立高等女学校官制（勅令第68号）」が公布され、地方税支弁の高等女学校の新設が認められ、台湾公立台北高等女学校と台湾公立台中高等女学校が設置された。公立高等女学校は「内地人ノ女子ニ高等普通教育ヲ施シ主トシテ家政ニ関スル知識技能ヲ授クル」ことを目的とした。

　同10年4月1日高等女学校と女子高等普通学校が州に移管され、翌11年2月6日台湾教育令により、中等学校以上の学校では内台人の共学制となった。高等女学校が州立となったことにより、基隆婦人会では台北州庁に対して「州立基隆高等女学校設立運動」を開始した。

　大正12年4月16日から23日に皇太子（のち昭和天皇）の基隆への行啓があった。これを記念し「基隆高等女学校設置速成」を期すため、趣意書の配布、賛助者の拠金など活動を本格化させた。また、技芸研究部を設置し、裁縫・編物・造花などの手芸研究を目的とし、会員の親睦を図ると共に製作品の収益を、社会事業費に充てた。7月26、27日には基隆公会堂で「慈善市」を開催した。技芸研究部の製作品、市内各商店の協力で模擬店を連ね、夜間はダンス、筑前琵琶などの余興を行い、384円69銭の純益を得た。この純益を「基隆高等女学校設立賛助金」に組み入れた。9月4日には関東大震災の義援金500円を、23、24日には在郷軍人基隆分会、基隆青年会、基隆同風会などの各種団体と協力し、衣類を集め罹災者に寄贈した。罹災者で台湾へ渡って来た者に対して基隆停車場で慰問を行った。

　大正13年1月26日には「皇太子殿下御成婚奉祝」の意を表し、「花の日会」を催し、基隆街に花売りを行い、275円の収益金を得て、「基隆高等女学校設立基金」に組み入れた。3月11、12日には基隆高等女学校設立基金の充実を図るため「バザー」を市内の各種団体と連携して行い、508円71銭の収益金を得て基金に組み入れた。

　こうした努力の結果、基隆高等女学校設立基金も5,250円に達し、同校設立も決定したため、3月27日に総会を開き、会長名義で基隆街長宛てに寄付の手続きを行った。4月24日、台北州立基隆高等女学校が開校式を挙げた。大正13年10月14日にも第二次基隆高等女学校設立基金212円18銭を寄付した。

　当時の州立高等女学校は表7の通り、11校で基隆高等女学校は新竹高等女学校、高雄高等女学校と並んで9番目に古い高等女学校となった。

表7　台湾の州立高等女学校

校名	所在地	修業年限	設立団体	設置認可など
台北第一高等女学校	台北市文武町	4年	台北州	大正10年4月25日設置認可
台北第二高等女学校	台北市幸町	4年及び2年		大正8年4月1日設置、同10年4月1日台湾公立台北高等女学校と改称。
台北第三高等女学校	台北市上埤頭	4年		大正8年4月1日設置、同10年4月1日台湾公立台北女子高等普通学校と改称、同11年4月1日高等女学校と改称
基隆高等女学校	基隆市田寮港	4年		大正13年4月1日設置認可
新竹高等女学校	新竹市錦町	4年	新竹州	大正13年4月1日設置認可
台中高等女学校	台中市明治町	4年	台中州	大正8年4月1日設置、同10年4月1日台湾公立台中高等女学校と改称
彰化高等女学校	彰化市彰化字東門	4年		大正8年4月1日設置、同10年台湾公立彰化女子高等普通学校に改称、同11年4月1日高等女学校と改称。
台南第一高等女学校	台南市緑町	4年	台南州	大正10年4月25日設置認可、同11年4月1日台南州立台南高等女学校と改称
台南第二高等女学校	台南市桶盤浅	4年		大正10年4月25日設置認可、同11年4月1日台南州立台南女子高等普通学校を高等女学校と改称
嘉義高等女学校	嘉義市玉川町	4年		大正11年4月1日設置認可
高雄高等女学校	高雄市苓雅寮	4年	高雄州	大正13年4月1日設置認可

『台湾教育沿革誌』869－870頁より作成

方面委員と基隆婦人会の協力　　基隆高等女学校の設置の次に取り組んだのは、義重橋畔に「労働者 溜 所」を新設することであった（『御賜之余香』100－101頁）。これは方面委員からの懇請により大正14年2月16日の例会で協議し、次のように決議したものであった。

　　毎朝義重橋畔に群集する労働者の多くは、基隆最下級の労働者にして、 殆 ど一定の住所なく、朝夕生活の不安に 脅 かさるゝも、風雨の際は其附近に彼等の休息すべく場所なきを以て、空腹を抱へながら出動を 躊 躇 するものあり。 洵 に同情に堪へざれば之を救済すると共に、一面怪しき 行 装 をなして街頭を徘徊するの不体裁を防ぎ、又漸次彼等を善導し、生活の向上安定を計らしめんとする主意に出づるものなり。

労働者溜所は同年5月10日に落成した。そこで、所内に次の掲示を行い、利用案内とした。

某方面委員の斡旋で、皆様の御便宜を計るべく本館を立てましたから、御互に次の事共気を付けました、永久に本館を利用下さるやう希望致します。
大正十四年大婚二十五年祝日建設　　基隆婦人会
一、お互い親切第一に心掛け、譲り合ひませう。
一、お互い清潔第一に、身体と本館とを綺麗にしませう。
一、お互い勤倹第一に、不時の要に備へませう。

　基隆婦人会では、創立以来、毎月1回例会を開き、名士を招いての講演会も開催した。『御賜之余香』には8年間の「講演者と演題」が記されている（102−105頁）。会長の石坂は5回と最も多く講演を行っている。このうち「基隆に高等女学校を設置する必要なきか（第一回）」「基隆に高等女学校を設置する必要なきか（第二回）」「三たび基隆高等女学校設置問題に就て」と3回にわたり、基隆高等女学校設立の必要性を訴えた。あとの2回は「水道の話」と「方面委員と婦人会」であった。

　このように石坂が提唱してつくった基隆婦人会の活動を見ると、私立基隆技芸女学校も方面委員と婦人会の活動の上に誕生したことが分かる。同校はまず方面委員が「和洋裁縫講習所」として発足したものを、基隆婦人会が「基隆裁縫講習所」として引き継ぎ、校舎は石坂が校主であった基隆夜学校を利用し、教師は基隆高等女学校教員や同婦人会員が務めた。基隆高等女学校設立の実績のある同婦人会では、さらに同校に進学できない女性に対しても教育を施そうとしたのであった。

　表8と表9は基隆婦人会員の家業と出身地を示したものである。会員では基隆出身者＝台湾人が最も多い。家業でも鉱業家家族が11人いて、鉱山業が基隆を支えていることが分かるが、この中に顔家もいた。大正13年11月14日には顔家邸園で例会を開催している。会員の出身を見ると、台湾と日本国内27県で構成されていた。後に触れるが基隆夜学校生徒が台湾人と日本国内各地出身者から構成され、生まれも成育環境も違って、創立初期にはそのまとまりに苦心したが、まさに基隆婦人会もそのようであったと思われる。そうした会を指導した石坂は多様性を認める包容力を備えた人物であったことが分かる。

私立基隆技芸女学校から市立基隆家政女学校へ

入江曉風は『基隆風土記』で基隆裁縫講習所について次のように記している[(30)]。

表8　基隆婦人会会員家業別

雑貨商家族	33
官吏家族	18
交通業者家族	18
工業家家族	11
鉱業家家族	11
医師家族	8
銀行家家族	6
教育家家族	5
水産業者家族	4
新聞記者家族	4
僧侶家族	4
軍人家族	3
裁縫業	1
生花師匠	1
産婆	1
無職	4
その他	3
計	135

大正15年1月調
『御賜之余香』105頁

表9　基隆婦人会員出身県別

基隆（本島人）	13	鳥取	2
広島	10	奈良	2
東京	9	富山	2
愛知	8	福島	2
大阪	6	岐阜	2
岡山	6	京都	2
兵庫	5	群馬	1
三重	5	長野	1
山口	5	静岡	1
佐賀	4	北海道	1
熊本	4	栃木	1
石川	4	徳島	1
鹿児島	4	島根	1
福岡	3	山梨	1
愛媛	3	宮崎	1
和歌山	3	埼玉	1
大分	3	香川	1
佐賀	3	福井	1
秋田	3	山形	1
宮城	2	高知	1
新潟	2	沖縄	1
長崎	2	計	（ママ）135

大正15年1月調　『御賜之余香』106頁

　港都基隆は台湾の表玄関である處（ところ）から本島が全般的に発達して行くにつれ、基隆港を経由する幾多の事物は歳毎に繁栄の道程にあり、従つて基隆の人にも年々三千有余名の増加率を示してゐる。就中海運事業と漁業従事者の多い関係から家庭に留守する婦女子は男子に比して有閑である。それは社会政策上の見地から悦ばしき現象ではない。且つ時勢の進運に伴ひ子女教養上にも人は人として相当の教養を授ける必要がある。而（しこう）して既に学校を卒へ又は家庭にある人達のためとすれば、勢ひ婦女の手に適当の職業か又は裁縫業を選ぶにありと方面委員中にも入船町の中島克巳氏が此の点卒先して割合に此の種の人々の多き入船町付近の婦女子に網の修繕或（あるい）は網縫ひ又は釣り針結びなぞに従事せしめて日常男子の補助業に就かしめた事がある。此間中島氏は全く熱誠を罩

めての奉仕であつた。處が方面委員中にも此の議に一歩を進めて方面委員独持にて一種の社会教化事業を為さんとの議熟し幾度か出北し州当局より補助金若干を得、基隆方面委員会の名に於て和洋裁縫講習所と云ふ名札の下に愈々開所式を挙行したのは昭和五年二月一日であつた。固より事茲に至るに就ては幾多の曲折を経なければならぬ。先ず和洋裁縫に得意の教師を得る事が先決問題とされてゐた時、偶々鹿児島県人で其の道の正規の専門学校卒業者にして且つ母校の教員を務めてゐた、中村キク女史を適任として招聘した。更に此の義挙に賛同し援助の意味にて哨船頭明照寺所属の一部にて授業する事に住職明山師の厚意あり茲に大に力を得て、附近の婦女子を募集し無料教授を開始せり。而して第一回期講習会を終了したのが昭和六年三月末である。然るに本年度末を以て方面委員の社会事業としては都合上解散する事とはなつた。されど教師中村女史にあつては折角第一歩の基礎学を手に染めたばかりの満一箇年丈けで本講習所を閉鎖するに忍びず又生徒達に対しても憐憫の情、禁ずる能はざるものありしにや、奮然として起ち自己独力を以て事業の性質上且つは最初、社会事業として市民に声明した会の面目上継続せざる可らずとなし、引続き明山師の御厚意の下に授業を辛くも継続してゐた時、青天の霹靂の如く、福音の訪つれを得た…／即ち基隆婦人会の蹶起である。基隆婦人会は創立以来十三箇年の星霜を経て、今や堅実なる団結力を有し、時勢の趨向する處、社会教化事業を営み以て聊か奉公の実を挙げざる可らずとの議起り、永年会長たりし築港所長松本夫人すみ子女史の躍進となりそこに幹部長濱、岸田、宇田、古山、藤村、加藤、小野、加藤氏の令夫人又大に陣頭に立つ事となり更に加藤市尹の有力なる後援ありて愈々婦人会の事業として開始する事と決し昭和六年五月始め基隆裁縫講習所として基隆神社御境内なる基隆夜学校々舎を借る事となり日中之れを使用し夜は夜学校と二部式利用法にて教授を始めた。元より専任教師は令聞ある中村キク女史之れに当り家政科は築港工事部藤村技師の母堂は兼て高等女学校の教職にありし人にて老躯をも厭はず人生最後の御奉公を国家社会に盡すことの尊き信念より進んで御務めになる事となり、又基隆高等女学校教頭新美先生又精神方面の担任となり会員それぞれ役割を担任し全くの奉仕的に、生徒募集、教材の準備等を犠牲的に盡力されし結果、多数の講習生を収容し着々功績を進めて行つた事は、基隆市組織の上にても実に有意義の社会事業なり。昭和七年夜学校々舎二階建広壮優美の新築あり引続き階上を利用し奏功著しく進行の途上にあり…／因みに本講習所設置に就ては、婦人会事務取扱ひと共に夜学校主石坂荘作氏の盡砕師導の賜もの與つて大に力あり。今は身分上隠退されし中村女史の基礎付けられし辛酸なる努力、当初の発案者にして又産婆役の中島克巳翁、明照寺住職明山師の面々、今は昔の隠れたる偉大なる功労は本講習所が馥郁の香を放ちつゝ栄へ行く将来と共に相携へて昔日の恩恵余光は光栄ある社会事業として之れを祝福するものなり。

　方面委員の中島克巳、中村キクや明照寺住職明山らの始めた社会事業を基隆婦人会が立ち上がり、昭和6年5月に引き継いだ。教場は石坂の経営する基隆夜学校を借用し同校の二部式利用法で、夜学校が開校されていない昼間に授業が行われ、昭和9年「基隆和洋裁縫講習所」と改称した。のちに触れる川村善七が群馬県原町から昭和8年に台湾旅行をして、基隆夜学校を視察した際、昼間は「婦人会の裁縫教室として利用」と、その紀行文に記している通り

である（98頁）。

　昭和11年（1936）7月に台湾総督府の認可を得て「私立基隆技芸女学校」となり、石坂荘作が校長となった。宇治郷毅氏の研究によると、講習所時代からの教員であった小園愛子は、昇格した喜びを次のように述べたという。

　　皆の努力が実を結び、皆さまの奉仕の尽力と援助、そこにはなみなみならぬ学校に仕上げる希望に燃えた努力がつづけられた。ようやく総督府の認可が下りた。皆の喜び、まして生徒の喜び、それはただただ感慨無量であった。二百人の生徒を堂々歩かせた基隆のかの道、この浜、その校旗の下に私たちが定めた制服で、基隆高女に続いた旗行列、提灯行列と練り歩いた数々。努力していただいた皆さま、多喜教育課長の心からのご支援は、今もって何としても忘れることができない。また石坂荘作先生、古山夫人、岸田夫人の尽くされた数々の功績を声を大にして叫び、感謝する次第である。

　入学資格は尋常小学校及び公学校卒業程度以上、修学年数は3年、学科は修身公民科、国語、国史、裁縫、手芸、家事、図画、音楽、体操、英語、生花、茶の湯であった。宇治郷氏の研究によると、石坂は基隆夜学校（昭和12年に基隆商業専修学校と改称）と両立することは難しいと考え、女学校だけでも公立へ移管したいと努力したという。

　その結果、昭和14年4月1日、「台湾公立実業補習学校規則」（昭和10年府令第19号）によって基隆市立の「基隆家政女学校」となった。しかし、独立した校舎はなく、基隆商業専修学校（基隆夜学校）を間借りした。石坂は校長を退き、翌年に新校舎が基隆市緑町50番地に建設された。

　榎本美由紀氏の研究により、基隆家政女学校の台湾における家政女学校の位置付けを見るためにまとめたものが表10である。台湾の主要都市には昭和期（1930年代から）に入ると、市立の家政女学校がつくられた。基隆市は石坂が校長であった昭和11年創設の私立基隆技芸女学校が同14年に市立基隆家政女学校となった。同じように翌15年には新竹市で前年に誕生した新竹家政女学校が市立となった。私立の家政女学校が公立に移管されたのは、この2例だけであった。また入学者数をまとめたものが表11である[31]。

　昭和19年（1944）4月1日には「市立基隆商業実践学校」と改称した。戦時体制に即応するため、公立・私立を問わず家政学校の一部は商業実践学校、農業実践学校に改編した施策に沿ったものであった。翌20年5月19日、アメリカ軍の爆撃により校舎は全焼し、資料は灰燼に帰した。

　敗戦後は1945年12月に基隆高等小学校と基隆商業実践学校合併し「基隆市立女子初級学校」が設立された。校舎は基隆高等小学校の建物を使用した。以後、校名は変遷を繰り返し、1968年8月に現在の「基隆市立銘傳国民中学」

表10　家政学校の設立

和暦	西暦	私立	市立	街庄組合立、街庄立
大正8	1919		公立台北高等女学校 （1922年から普通科のみ）	
大正9	1920	台北女子職業学校		
昭和4	1929	台南家政裁縫講習会		
昭和5	1930	吉見裁縫学院		
昭和9	1934	台南家政女学院（←台南家政裁縫講習会）	嘉義女子技芸学校	
		静修女学校・特別科	台南女子技芸学校	
昭和10	1935	私立愛国高等技芸女学校（←台北女子職）	台中家政女学校	草屯農業家政専修学校
昭和11	1936	基隆技芸女学校	高雄女子技芸学校	員林家政女学院
昭和12	1937	台南家政女学院が財団法人に	台北市立家政女学校	
			嘉義家政女学校（←嘉義女技）	
			高雄市立淑徳女学校（←嘉義女技）	
昭和13	1938			東石実践女学校
				北港実践女学校
				曾文家政女学校
				豊原家政女学校
昭和14	1939	新竹家政女学校	基隆家政女学校（←私立基隆技芸女学校）	斗六家政女学校
昭和15	1940		彰化市立家政女学校	潮州淑徳女学校
			花蓮港家政女学校	新営家政女学校
			新竹家政女学校（←私立）	大甲家政女学校
			台南家政女学校（←台南女技）	中壢家政女学校
				新化家政女学校
				虎尾家政女学校
昭和16	1941			北斗家政女学校
				北門家政女学校
				苗栗家政女学校
昭和17	1942			埔里家政女学校

榎本美由紀「日本統治期台湾の家政教育」より

（基隆市劉銘傳路132号）となった。

宇治郷毅氏は基隆市立基隆家政女学校の評価の一つに「この学校は中等教育機関として家政科目以外にも歴史、地理、数学、生物、音楽、書道などについての高等普通教育を教授し、女性の教養向上に寄与した」ことを挙げている。

この点は、同校の前身である私立基隆技芸女学校を基隆婦人会が運営したことを含め、のちに紹介する新島襄の地方教育論が、石坂荘作を通して台湾・基隆市で実践されたといってよいであろう。

表11　日本人・台湾人入学者数

	年度	日／台	人数
私立基隆技芸女学校	昭和11	日本人	46
		台湾人	16
	昭和12	日本人	44
		台湾人	30
	昭和13	日本人	54
		台湾人	33
基隆市立家政女学校	昭和14	日本人	56
		台湾人	
	昭和15	日本人	42
		台湾人	14
	昭和16	日本人	58
		台湾人	

榎本美由紀「日本統治期台湾の家政教育」より

第 5 節　基隆聖人

（1）台湾で活躍した日本人の評価基準

石坂荘作の立ち位置　平成30年（2018）2月25日、石坂荘作の郷里である群馬県吾妻郡東吾妻町では平成29年度東吾妻町教養講座「石坂荘作氏の功績を学ぼう」を開催した（主催・東吾妻町教育委員会、共催・石坂荘作顕彰会、後援・東吾妻町文化協会、会場は東吾妻町公民館）。

講演は筆者が「群馬と台湾の絆―台湾で敬愛される上州人」というテーマで、戦前の台湾で活躍し台湾人に敬愛されている上州人（群馬県人）を紹介した。取り上げた上州人は、医学博士・羽鳥重郎（前橋市出身）、台南市長・羽鳥又男（同）、台湾紅茶の父・新井耕吉郎（沼田市出身）、六氏先生の一人である教育者・中島長吉（安中市出身）で、基隆聖人と称された石坂荘作のことは宇治郷毅氏が話されるので省略した。

筆者の次に宇治郷氏が「石坂荘作の現代的意義」と題し講演された。その冒頭で宇治郷氏は筆者が取り上げた4人は官の立場の人で石坂だけは民間の人である。その点に大きな違いがあり、石坂の立派さがあると強調された。同氏

の著書『石坂荘作の教育事業』の序章でも次のように述べている。

　　…彼のなした業績は広範囲多岐に及ぶが、日本統治期の50年間でこのように長期にわ
　たり、官にたよらず個人の力で台湾社会の近代化と地域住民の福利増進に貢献した人物
　を他に見出すことは困難である。

　筆者は宇治郷氏の研究による石坂の業績やその評価を否定しないが、官と民
の違いを強調する点には違和感を覚える。これまで述べてきたことでも分かる
通り、石坂は「官にたよらず個人の力」だけで基隆夜学校、石坂文庫などの事
業を行ったのではなかった。
　表12は、宇治郷氏の研究により石坂荘作の編著書をまとめたものであ
る(32)。石坂は台湾で多くの専門書を執筆した最大の民間学者と評価されてい
る。しかし、その題字や序文を台湾総督府の歴代総督（児玉源太郎、佐久間左
馬太、安藤貞美ら）や総督府参事、民政官など官の関係者が書いているよう
に、石坂の立ち位置は官と極めて近い立場にあった。だからといって、そのこ
とが石坂の評価を傷つけるものではないことはあとで触れる。
　そこで、まず台湾での民の立場について検討してみたい。台湾で民間の日本
人実業家という場合、「地場日本資本の創始者」ということになる。涂照彦氏
は『日本帝国主義下の台湾』の中で、その出自を次のように分類している(33)。
　①　台湾総督府から土木建築工事の請負に従事して、みずからの事業を築き
　　　あげた者―古賀三千人、後宮信太郎、柵瀬軍之佐、賀田金太郎ら。
　②　日本銀行台北支店または台湾銀行に入社し、それを踏台にして実業界に
　　　入った者―坂本素魯哉、邨松一造、桂二郎ら。
　③　樟脳、材木、採鉱など総督府の許可を必要とする事業によって富を蓄積
　　　した者―赤司初太郎、近江時五郎ら。
　④　御用新聞社から事業界へ転出した者―木村泰治（もと台湾日日新聞社か
　　　ら建物会社へ入社）ら。
　⑤　外商代理人から進出した者―荒井泰治（もとサミュル商会から塩水港製
　　　糖会社長に就任）ら。
　この分類によれば、石坂荘作は御用新聞の台湾日日新聞社から実業界へ転職
したので④に分類されるだろう。さらに石坂商店は煙草や度量衡器具という総
督府の許可を必要とする事業によって成功を収めたので③にも分類される。
　大正４年（1915）に石坂の郷里・吾妻郡で出版された『上毛吾妻百家傳』
は、先に紹介したように石坂の事業の中心は「諸官衙御用達、台湾度量衡器特
許販売、鉄砲火薬爆竹類特許販売…」と記されている。

表12　石坂荘作の著作

分類	書名	発行所	刊行年	内容	総督府との関係
台湾事情を紹介	臺嶋踏査實記	台湾日日新報社	明治32年(1899)	明治29〜同31年にかけて台湾を調査したことをもとにした台湾案内	台湾総督児玉源太郎の題字、台湾総督府参事石塚英蔵、曽根俊虎海軍大尉、木下新三郎、章炳麟、上田元胤の序文
	臺灣写真帖	台湾日日新報社	明治37年(1904)	台湾各地の写真97点と解説	台湾総督佐久間左馬太、台湾総督府民政長官大島久満次の題字
政策提言	臺灣に於ける農民の天国	台湾日日新報社	大正4年(1915)	日本の過剰人口を台湾に移住し、国内農村の疲弊を救い、南進経営に寄与するという植民論	
	天勝つ乎人勝つ乎ー台北洪水の惨禍と治水策		昭和5年(1930)	明治31年に体験した台風による台北一帯の洪水の惨禍とその後の淡水河の洪水の見聞から、台湾の首都台北の洪水対策を訴えた	
	非常時臺灣・台湾における外國交渉事件	台湾日日新報社	昭和8年(1933)	英米国などとの戦争を予想して台湾防衛についての提言・日本植民地以後の台湾の主な外交事件を年代順に解説	
考古・歴史関係	北臺灣の古碑		大正12年(1923)	北台湾の記念碑、墓碑、標などを調査し、49碑について記録	
	臺灣古代文化の謎	台湾日日新報社	昭和10年(1935)	台湾の古代文化についての考えを記述	尾崎秀眞の序文
基隆に関するもの	基隆港	台湾日日新報社	大正5年(1916)	基隆を内外に紹介。基隆について最初の本格的な書籍	台湾総督安東貞美が題字、台湾総督府民政長官下村宏が序文
	おらが基隆港	台湾日日新報社	昭和7年(1932)	『基隆港』の全面改訂版。大正5年以降の基隆の発展がめざましかったための改定	
	基隆信用組合誌稿		大正15年(1926)	基隆信用組合設立の明治41年(1908)から大正15年(1926)までの経緯と業績	
	基隆繁昌策集	基隆商工会	大正7年(1918)	基隆在住の石坂を含む有力者22人（日本人20人、台湾人2人）による22編の基隆発展策	石坂荘作編集
	御賜之餘香	台湾日日新報社	大正15年(1926)	私立基隆夜学校が大正14年(1925)に増築落成したのを記念して、同校だけでなく石坂文庫・基隆婦人会の歴史や活動をまとめた	
	私立石坂文庫年報第一年報〜十三年報	石坂文庫	明治44年(1911)〜大正11年(1922)	石坂文庫の各年度の事業報告	
その他	嗚呼義人頼順良	台湾日日新報社	昭和14年(1939)	台湾総督府編纂の公学校用国語読本に台湾人を教材としたものがないと、日本植民地直後に起こった現地人反乱に際し、日本軍を救うため犠牲になった青年を教材するため、その母にも取材	

平成17年（2005）に制作されたDVDの中で、石坂が校長であった基隆商業専修学校の卒業生である黄希賢氏は、石坂荘作研究者の陳青松氏のインタビューに応えて、次のように発言している。

記（陳青松氏）：校長先生はその時、病気でしたか。

黄：はい。病気がちょっとよくなった。校長先生はドアから出て私たちに挨拶した。その時、私は先生の顔がとても慈悲深そうな顔だと思った。年寄って、ちょっと日本の映画での水戸黄門さんに似ていた。先生は教育に着眼し、それが終生の願望だったと思う。先生は、子どもがいないし、夫婦二人だけだった。だから、儲けたお金はすべて教育の振興のために使った。台湾の青年に高校のレベルの教育を与えた、最初の頃は、彼は自宅で教えた。石坂商店いう店で、台秤、尺などを売って、これは特許事業だよ。基隆で彼しか売ることができないよ。基隆の地方では彼のところしか売ることができない。だから、要るなら、必ず彼のところで買うしかない。彼だけしか売ることができないから、本当にわずかな資本で巨利を得ることができたんだよ。彼は儲けたお金が台湾の青年の教育のために使った。教育に着眼したところが偉いと思う。

　大正4年の書籍と平成17年のDVDによっても、石坂が官の周縁にいたことが確認できる。尾崎秀真と同じような立場にいたのが石坂であった。表13は、石坂が就任した公的な役職である。支給された手当などを貯蓄し、基隆夜学校、石坂文庫、石坂公園などに投じたのであった。

日本統治期の台湾に生きた日本人の立ち位置　宇治郷毅氏は、日本統治期の台湾に生きた日本人の立ち位置（立場）は、台湾総督府を頂点とする権力への距離の取り方、植民地支配に対する対応の仕方、台湾人や台湾文化への対応の仕方によって、4つの在り方があったと評する。この分類はあくまでも図式的であり個人によって濃淡があるのは当然としたうえで、次の4つに分類している。

　第1の立場は「日本の台湾支配を肯定し、植民地政策を積極的に推進した立場」。「台湾総督府の統治機構に参画し、行政にたずさわった者は、主観的な思いは別として、すべてこの立場に立つものとみなさざるを得ない。行政官僚はもちろん、植民地教育を遂行した公教育の場でいえば、その末端につながる小学校・公学校の教員に至るまでこの範疇に属していると言わざるを得ない」。

　第2の立場は「日本の台湾支配を肯定し、その庇護のもとで生活した民間における大部分の日本人大衆である」。「日本国家への忠誠心を維持し、日本文化の優越性を信じ、台湾文化に関心をあまり示さなかった層」。

　第3の立場は「日本の台湾支配は肯定し、植民地支配も一応認めるが、台湾人に対する差別を認めない立場」「日本統治期においてこの立場を堅持し

表13 石坂荘作の公的な役職

和暦	西暦	年齢	役職
明治35年9月	1902	33	大日本武徳会基隆庁地方委員
明治37年11月	1904	35	地方税調査委員（〜昭和2年）
明治38年8月	1905	36	帝国義勇艦隊建設台湾委員（明治40年1月同特別委員）
			基隆曹洞宗信徒総代
明治41年7月	1908	39	ペスト予防組合長
明治44年3月	1911	42	帝国在郷軍人会特別会員
明治44年5月			基隆公益社理事（大正7年社長、同9年社長退任し理事）
大正2年6月	1913	44	基隆商工会理事（大正5年4月会長、同7年6月辞任）
大正3年12月	1914	45	台湾建物敷地審査員
大正4年3月	1915	46	基隆防疫組合委員
大正8年10月	1919	50	故明石総督葬儀委員会評議員
大正8年11月			基隆婦人会を結成し、名誉会長に就任。
大正9年10月	1920	51	台北州協議会会員
大正11年7月	1922	53	台湾総督府史料編纂委員会編纂顧問（大正13年12月同会廃止）
大正12年1月	1923	54	基隆方面委員（昭和4年9月から顧問）
大正14年11月	1925	56	基隆信用組合組合長に就任
大正15年7月	1926	57	基隆市町名改正調査委員
大正15年8月			基隆神社氏子総代常務（昭和10年2月総代委員、3月基隆神社奉賛会副会長）
昭和2年12月	1927	58	基隆市区計画調査委員
昭和3年10月	1928	59	台湾社会事業協会創立評議員
昭和4年2月	1929	60	台北州施設事項調査会学校教育社会教育委員
昭和5年2月	1930	61	台湾婦人慈善会相談役
昭和6年12月	1931	62	台湾図書館協会評議員
昭和7年2月	1932	63	基隆市教化連合会副会長
昭和8年6月	1933	64	愛国婦人会台湾本部台北州支部基隆市分会顧問
昭和8年11月			財団法人台湾癩予防協会台北支部委員
昭和9年1月	1934	65	台北州国防議会評議員
昭和9年8月			基隆郷土館顧問
昭和10年3月	1935	66	基隆市愛護会顧問
昭和10年4月			始政四十周年記念台湾博覧会協賛会
昭和10年6月			台北旅行倶楽部基隆支部長
昭和11年1月	1936	67	基隆市史編纂評議員

昭和11年8月			基隆市防衛委員
昭和11年11月			台北州会議員
昭和12年2月	1937	68	基隆市救護連盟理事
昭和12年10月			国民精神総動員台北支部参与
昭和13年4月	1938	69	基隆市防諜聯盟顧問
昭和13年6月			台北州農会会員。国防婦人会基隆分会顧問

宇治郷毅『石坂荘作の教育事業』「石坂荘作」略年譜より作成

た、あるいは追求した日本人は極めて少なかったと言えるだろう」。

第4の立場は「日本の台湾支配を拒否し、台湾総督の統治に真っ向から反対する立場」。

宇治郷氏は、石坂は第3の立場をとった人物として次のように評した。

　石坂が当時の一般の日本人と決定的に違っていたところは台湾人を決して差別しなかったことである。いやそれどころか常に台湾人、中でも貧しい台湾人大衆に深い愛情をもって接したことであった。石坂は実践の人であった。単に口先だけで台湾大衆に同情を示したのではない。台湾の大衆に常に寄り添った人であった。

その上で、民の立場の石坂を次のように高く評価した。

　石坂の卓越したところは、生涯にわたり多くの事業を展開したが決して官の力に頼らなかったことである。石坂は官からわずかの補助金を受けたが、決して官の禄をはむことはなかった。逆に石坂が私財をつぎ込んで実践した社会事業は地域とそこに生きた多くの台湾人に利益をもたらした。また教育事業は、貧しい日本人の勤労青年に教育の機会を与えただけでなく、さらに恵まれない台湾の青少年に教育の機会を平等に提供した。また公学校を卒業し、上級学校への門戸を塞がれていた女子にも家政教育の場を提供し、近代意識をもった女性の養育に貢献した。さらに石坂が創立した図書館は日本人だけでなく台湾人にも平等に公開され、知識への道を拡大した。しかもこのような事業において、石坂の眼は台湾社会の最底辺にいる台湾人労働者にそそがれていた。

石坂の経済的基盤は、「諸官衙御用達」で台湾総督府の特許事業であり、基隆の各種代理店事業で、官と密接な関係にあったことは、すでに述べた通りである。また、台北州協議会員など多くの公職に就き、積極的に植民地経営に参画した。

一方、筆者が上げた羽鳥重郎、羽鳥又男、新井耕吉郎、中島長吉は台湾総督府の統治機構に参画したが、台湾人を差別することはなかった。

したがって、その立場が官であっても民であっても、宇治郷氏も指摘する

「台湾人を決して差別しない、台湾文化を尊重し、台湾人に寄り添った」ということが重要なことであると思う。

"守徳履義、胞與為義"の人 　平成17年（2005）に制作されたDVDの中で、陳青松氏は祖父の陳其寅が石坂と接した経験があったことに触れ、祖父が基隆市文献委員会の委員の一人として出版した『基隆市史・人物編』（基隆市文献委員会、1959年）の中で、石坂を「石坂氏は"守徳履義、胞與為懐"の人である。台湾の人民に対するのに、日本の人民に対するのと平等にして、少しの差別もなかった」と書いたことを紹介した。

　筆者が取り上げた羽鳥重郎、羽鳥又男、新井耕吉郎、中島長吉は台湾総督府の統治機構に参画したが、台湾人を差別せず、台湾文化を尊重した「守徳履義、胞與為義の人」であった。石坂荘作と同じであった4人の上州人（群馬県人）について簡単に紹介しよう[(34)]。石坂を含む5人は、石坂荘作が明治3年、中島長吉と羽鳥重郎が翌4年生まれで、石坂と中島は日清戦争の従軍経験者。この3人は明治国家の近代教育制度の草創期に育った世代であった。羽鳥又男は明治25年生まれ、新井耕吉郎は明治37年生まれであった。

（2）台湾で敬愛される上州人群像

台湾ツツガムシ病発見者・羽鳥重郎医学博士 　羽鳥 重郎（は とりじゅうろう）については先に紹介したので、重複しないようにしたい。羽鳥重郎は明治4年（1871）に勢多郡石井村（前橋市富士見町石井）に生まれた。羽鳥家は重郎の曾祖父・治右衛門が繭糸の商売で資産を成し、長男ながら分家し本家に対して「前羽鳥」と称した。羽鳥重郎と又男は一族であるが、重郎が分家、羽鳥又男が本家の系統であった。

　重郎の次兄・文吉（のち布美衣と改称）は、群馬県医学校から東京済生舎に学び、明治20年（1887）に医術開業試験に合格し、前橋病院での勤務を経て前橋市内に「城陽病院」を開業し、宮城村（前橋市）の国学者で医師の齋藤多須久の養子となった。実子・齋藤玉男（1880－1972）は東京帝国大学医学部を卒業し、東京府巣鴨病院などに勤務し、大正12年

羽鳥重郎

（1923）に品川区で精神科のゼームス坂病院を開業。同院には詩人・高村光太郎夫人・智恵子が入院し、主治医として治療に当たった。巣鴨病院時代の後輩に歌人となる齋藤茂吉がいて、終生親交を結んだ。

　重郎は明治14年に群馬県尋常中学校に進んだ。同校の5年生に鈴木貫太郎（のち海軍大将、内閣総理大臣）、4年生にその弟の孝雄（のち陸軍大将）がいた。しかし、同校は同18年に廃校となったため、開業した兄・文吉のもとで調剤などの手伝いを行った。ところが、名医と評判の兄が過労で亡くなったので、前橋病院薬局で調剤に従事する傍ら、独学で医術開業試験に合格し、同28年に医師となった。

　前橋市出身で青森県農事試験場長をしていた齋藤近三が重郎の将来を見込み、三女・花兄（はなえ）の婿になることを条件に大学に入れ、医学を修めさせたいと言ってきたため、同29年に東京帝国大学医学部内科選科生の試験に合格した。学友となった宮尾信治の兄・舜治は後に後藤新平傘下の俊才として台湾殖産局長を務めた。

　明治30年（1897）東京市立駒込病院（伝染病）が、医務を東京帝国大学医学部に委嘱したため、同院勤務となった。当時、赤痢が全国的に流行し、同院にも患者が多数運ばれた。そこで、重郎は宮尾信治と協力し研究に没頭し赤痢菌を発見した。共著で論文を『東京医学会雑誌』明治31年1月号に発表した。ところが、伝染病研究所の志賀潔が『細菌学雑誌』明治30年12月号に赤痢菌発見の論文を発表したため、論文掲載雑誌の発行の差で赤痢菌発見者第1号になれなかった。重郎も志賀も28歳であった。

　明治32年に台湾総督府が公医を募集していることを新聞広告で知り応募し、台北衛生試験室に勤務することになった。主な仕事は斃鼠（へいそ）に対するペスト菌検出と熱帯地方特有の毒蛇の鑑定であった。7年間は実験と読書の繰り返しであった。後藤新平長官の方針によりコレラ撲滅のため神戸から高木友枝医学博士が迎えられた。台湾の公医は台湾語を半年間習得し、熱帯医学を修めなければならなかった。重郎は細菌学を講義したことで、多くの公医と親しくなった。重郎の妻・花兄の姉婿の齋藤順四郎の兄である萩原孝三郎は弁護士で、台湾民報も経営していた。同39年3月、基隆海港検疫所長・山田寅之助にその努力が認められ、同所の検疫医官に迎えられた。翌40年には基隆医院長代理兼伝染病医院長に就任した。

　明治42年、台湾総督府は重点政策として伝染病対策に取り掛かった。ペスト・チフス・マラリアの徹底的防遏（ぼうあつ）で、倉岡彦助（ペスト）・荒井恵（チフス）・羽鳥重郎（マラリア）を任命し、総督府研究所を新築した。重郎は蚊の

分布調査を実施した。採集蚊の中に新種を発見し「台東アノフェレス」（ア・ラロドロイド）と命名したが、小泉丹医学博士が重郎の名誉をたたえ「ア・ハトリー」と命名した。重郎は自らの名を付けるような名誉欲の強い人ではなかった。重郎のマラリア防遏方針は、マラリア原虫保有者を検明することを先決し、まず台北庁北投庄で実施。キニーネ錠を1カ月18日間強制服用させ、蚊帳の励行・家屋内外の排水・除草を勧め、アノフェレス棲息の源を絶つようにした。

　その結果、短期間で原虫保有者絶無に成功。重郎は自信を深め、翌年にはマラリア流行地区である花蓮に防遏事務所を開設。第三は璞石閣（ポシコ）地区（玉里鎮）。マラリア防遏は成果が上がり、大正2年（1913）から事業が地方庁に移された。重郎は同6年には台湾全島に出張し、同事業に従事した。

　花蓮・鳳林の密林地帯や木瓜溪地方に熱性病（不明熱）があり、地名を取って「木瓜熱」「鳳林熱」と呼ばれた。重郎は臨床的観察をするうちに、信濃川沿いに発生するツツガムシ（恙虫）病を思い出し、患者の身体検査をすると赤虫を発見。その原因が赤虫であることを突き止めた（台湾ツツガムシ病の発見）。大正8年にイギリスのリバプール医学学校誌に大正3年以来の「台湾恙虫病」の研究論文が掲載された。

　田健治郎が総督として赴任すると、大正9年に地方制度大改革が断行され、全島が5州3庁となり、州に知事、庁に長官が置かれた。重郎は台北州技師・衛生課長に就任し、台北州細菌検査所を設立した。同検査所には鼠族研究所、保菌者収容所も併設した。保菌者収容所は、チフス回復期にある者、健康な人でも半永久的にチフス菌を保有する者を無菌とするまで、家族と共に隔離収容する施設で、定期検便をして月々の生活費も補給する制度を備えていた。これは重郎の宿願で世界初の施設であった。同15年（1926）7月、ツツガムシ病を主とした学位論文により新潟医科大学から医学博士の学位を受けた。同年、任官以来20年を過ぎたことから退官。退官後は台北市の稲江病院と仁斎病院で内科を担当した。

　昭和5年（1930）には台南済生医院に招かれ赴任したが、翌6年に花蓮の指宿医院を継承してほしいとの依頼があった。重郎は同年1月16日で還暦を迎えた。普通ならば悠々自適の生活に入るところであるが、台湾で最も衛生状態の良くない地域で医療活動に当たるのは、医師として本懐であると、同地で10年間余り開業医を続けた。重郎は「医療救治」という言葉を使っている。その時の心境を託したのが次の短歌である。

　山高く　海深きほとり　花蓮港に　骨うずめんと　悔いぬ我なり

昭和 6 年11月 3 日、花岡山公会堂に官民200人が招かれ、羽鳥医院開業披露宴が行われた。花蓮の人々の喜びの大きさが分かる。だが、同14年 1 月 5 日、隣家の菓子屋から出火し、羽鳥病院は全焼。再建を図って医療を続けたが、長女の林松子さんによると、松子さんの夫・恒夫（軍医少佐）が同15年に戦死すると落胆した重郎は廃院を決意し、花兄夫人とともに翌16年台北に帰った。しかし、太平洋戦争が始まると、台湾総督府からシンガポール・タイ・南部仏印（ベトナム）などの熱帯地域の風土病調査を依頼され、調査団に加わった。そして、敗戦を迎えた。台湾は中華民国政府が支配することになり、重郎は熱帯医学研究所で中日薬学史の調査研究を命じられた。昭和21年（1946）11月24日「中日薬学史」を脱稿し、台湾を離れ12月26日に長崎県佐世保に入港。翌年 1 月 4 日に群馬県富士見村石井の生家に到着した。77歳であった。

　晩年を長男が開業した愛媛県今治市で過ごし、昭和32年87歳で亡くなった。重郎の生涯は台湾の衛生・医療に捧げられた。立身出世、名誉栄達は眼中になく、エネルギーは「医療救治」に注がれた。重郎にとって官民の差などなかった。

　昨年（2019年）、梅桜校友会代表松本洽盛編『むかし「日本人」いま『台湾人』』（明日香出版社）が出版された。日本の台湾統治の末期の15年ほどを青少年期として体験した85歳から101歳までの20人の体験談を集めたものである。残念ながら、石坂荘作、羽鳥又男、新井耕吉郎、中島長吉は語られていないが、羽鳥重郎については、座談会の廖高仁さんと謝風輝さんの話の中で、次のように出てくる（51－52頁）。

　　廖　…（略）…東台湾には農業移民が多かったわけですが、日本人が開拓移民としてやってきた頃の苦労は、もっと大変なものだったようです。／移民者には政府から土地が与えられたとはいえ、藪と石ころだらけの荒れ地。食べるものといったら毎日芋ばかり。しかも、日中は共同溝などの工事に駆り出されるから、自分の田んぼを耕す時間さえない。仕方ないから、真っ暗闇の中、手探りで石ころを拾い、雑草を刈り、畑づくりをする。毎日毎日、真夜中まで夫婦二人でね。／移民開拓の資料を読むと、当時の移民開拓がどれほど大変だったかがわかります。吉野移民村だけでも、開村30年間の犠牲者が1007名、生存者は1500名です。死因は病気です。いちばん多いのはマラリア、次いでツツガムシ病、それに赤痢ね。衛生状態が悪いから伝染病が多い、加えて医療が行き届いていない。

　　謝　ツツガムシ病は別名「鳳林病」ともいわれた。花蓮港で開業医をしていた羽鳥重郎医師がその原因を突き止めて治療の道を拓いた。

　廖高仁さんは1933年（昭和 8 ）苗栗生まれ。86歳。白川国民学校、鳳林中

学・花蓮師範学院初教系卒業。46年にわたり教員・教導主任・校長を歴任。鳳林鎮在住。

謝風輝さんは1933年（昭和8）瑞穂生まれ。86歳。白川国民学校、鳳林中学・花蓮師範学校卒業。教員生活を経て花蓮県観光ガイド。花蓮市在住。

台南市長・羽鳥又男

羽鳥又男は明治25年（1892）4月20日、群馬県勢多郡富士見村大字石井（前橋市富士見町）に生まれた。父・多三は第2代富士見村長であった。石井尋常小学校を卒業すると東京私立正則予備学校に学んだが、病気により帰郷。検定で准教員の免許を取得し、16歳で母校の准訓導となった。

同校にキリスト教主義の共愛女学校長・青柳新米を招き修養会を開催したことから、キリスト教に関心を持つようになった。青柳校長は講演で新島襄やその高弟である海老名弾正の話をして「一里の行役を強いられなば、二里共に行け」と積極的な生き方を説いた。そこで、又男は大正5年（1916）に羽鳥重郎医学博士を頼って台湾に渡った。同年、台湾で開かれた伝道集会で海老名弾正の説教に感動し、台北教会で翌年1月に受洗した。25歳であった。

又男は同年、台湾総督府中央研究所職員となった。用務員のような仕事から始め、その実直な仕事ぶりが認められ、大正11年には総督府属官に抜擢された。昭和3年（1928）には総督府官房秘書課に転任し、同9年には総督府秘書官室理事官兼人事課理事官に昇進した。

又男はクリスチャンとしても台北教会の長谷川直吉牧師に「洗礼は卒業ではない、これからの心がけ次第」と言われ、社会的実践を台湾YMCA（キリスト教青年会）に求め、台湾総督の側近官吏となってもYMCAの活動には熱心であった。

又男は人事主任官として台湾全区域の主要官吏の任免、異動、処遇などに関わった。私心無き公正な人事は「羽鳥人事」とたたえられた。又男が就任するまでの人事主任官のポストは、総督が代わるたびに更迭があった。しかし、公正な人事をして信望を得ていた又男は、南弘・中川健蔵・小林躋造・長谷川清の四代の総督に仕えた。長谷川総督に評価され、昭和17年4月台南市長に栄転し、敗戦まで最後の日本人市長として市政を担当した。

又男が台南市長となったのは太平洋戦争真っただ中のことであった。当時の台南市の人口は17万人

羽鳥又男

で、うち日本人が1万7千人。台湾人は日本人官吏に不満がないわけではないが、口に出せない状況であった。台南市にはクリスチャンも多く、ミッションスクールもあり、女学校の台南神社不参拝問題も起こった直後で、クリスチャン市長の動向に市民も注目していた。

又男市長は意欲的に各区を巡視し民情や史跡を視察した。台湾では官庁の職員は午後5時に退庁した。台湾は日が長いので午後8時までは明るかった。そこで、又男市長はこの3時間余りを使って各区を回り歩いた。又男はキリスト教の愛の精神で職務に当たったため、この視察は「愛の行脚」と呼ばれた。

当時の台南市は不衛生で、特に下町は紙くず、豚や魚の骨、野菜くずなどが下水に投げ捨てられ、下水工事が不完全なため、水はけが悪く、悪臭がひどかった。そこで、又男市長は環境整備をモットーに清掃コンクールを実施した。市長の愛の行脚により市民も水道課の職員も緊張し、区長などの陣頭指揮ぶりも目覚ましく、衛生環境が大いに改善された。

また、日本語普及のため国語塾や補習塾も見て回った。台湾では昭和18年（1943）から同20年には就学率が90％を超えた。しかし、中年以上の人や日本語教育を受けていない人は、日本語が話せず苦労していた。それが国語塾や補習塾への愛の行脚となった。

愛の行脚から戦時下の文化財保護行政が生まれた。これが又男市長の善政として今でも語り継がれている。そのことを示す格好の資料が、1992年（平成4）4月20日に発行された台湾の大手日刊紙『中国時報』（朝刊）の特集記事「末代市長・羽鳥又男」である。同特集は次の文章（日本語訳）で始まる。

> 50年前に台南市長をつとめた羽鳥又男は、日本の台湾植民地における最後の市長であり、今日は、故人となられた氏の100歳の誕生日である。台南の年配の市民は、今でも限りなく氏を敬慕している。「侵略者」を代表しているにもかかわらず、市民はなぜ心から氏を敬愛しているのであろうか。

『中国時報』はこの文章の後に、又男市長の業績として4点を挙げている。それに加筆してまとめると次のようになる。

①　台湾の最高位である台南の孔子廟の拝殿に、神棚が置かれていたのを見て、廟内に神棚を祀る必要はないと撤去させた。

又男が市長に就任する前年に、日本政府は皇民化運動の促進を図り、日本名への改名、日本語常用、和服着用、日本式結婚式などを奨励し、各家庭に神棚を設け、天照大神を祀るよう強制した。又男市長は非国民と呼ばれても怯まな

かった。

　②　孔子廟が老朽化し、市民が心を痛めていると知るや、費用を捻出し外観を修理させ、伝統的儀礼による祭礼を復活させ、祭礼用具・楽器などを修繕させた。

　現在もある孔子廟の南門路のそばにある「台南孔子廟」の碑は、孔子廟修築を記念して又男市長が揮毫したものである。

　③　台南には台湾の歴史を象徴する建物である赤嵌楼(せっかんろう)がある。これはオランダ人がプロビンシャ城（赤毛城）として築いたものを、鄭成功が攻略して承天府(てんぷ)と改称し、政治の中枢とした建物であった。長い間修繕を施さなかったので、破損が至る所に見られるようになった。特に文昌閣は倒壊しそうな状態で、大修復をしなければならないと決意した。

　しかし、戦時中であったため台湾総督府も地方官庁も、軍部や警防団関係者など日本人（内地人）は修復に反対であった。軍部からは疑いをかけられ、又男市長は台南憲兵隊に1日1晩拘留されることもあったが、台南州知事・宮尾五郎を説得し、直接、長谷川総督に会って懇願した。長谷川総督は「君、大分反対があるようだ。投書も来ているし、憲兵隊長からの報告もある。なかなか問題だね」と言った。又男市長は「大多数の民衆の心を掌握しない政治は、内に爆弾を抱いて戦っているようなものである」と力説した。すると、長谷川総督は「君、やり給え」と賛意を表した。すかさず又男市長は「それでは金一封を」とねだって秘書官から受け取ると、台南へ帰り新聞に発表した。長谷川総督の鶴の一声で、反対騒動は鳴りをひそめた。

　又男市長は、寺院・廟建築の権威で台南工業専門学校建築科長の千々岩助太郎(ちぢいわすけた)を招聘し、台南の名匠を総動員するプロジェクトチームを組織した。工事は昭和18年（1943）3月1日に開始され、工期は1年10カ月にもおよび翌年12月20日に終了した。総工費6万5000円で、市が半額負担し残りは市民からの寄付であったが、たちどころに集まった。又男市長は修復の完成を祝し、参観者の参考に供するため「赤嵌楼修復記」を建てた。台南市政府編集『台南市志』は「新装なりし赤嵌楼は堂々として生まれ変わりたる如く、金碧に輝き気象萬千の相を呈す。これ正に羽鳥市長の一大功績なり」とたたえている。

　④　開元寺の古鐘を戦時供出から守った。同寺は1680年に鄭成功の子・鄭経(てい)が母の為に建てた別荘が、1690年改築し海会寺となり、1800年に開元寺と改称された。鐘は1695年（清・康熙34）に鋳造された台湾最古の釣鐘(こうき)で、その名も「古鐘」と称されていた。戦争末期の金属類回収令により、この鐘も供出された。しかし、これを知った又男市長は「台湾人の信仰は尊重しなけれ

ばならず、寺の象徴である古鐘は貴重な文化的な遺産だから」寺へ返すよう命じた。鐘はまさに溶鉱炉に放り込まれようとしているところであった。

　又男市長は、台湾の文化を尊重し全力で文化財を保護した。この点は石坂荘作とも共通している。又男市長は台南市が日本でいえば奈良や京都のようなところで、台湾の歴史そのもので、台湾人の文化的な聖地であるという歴史認識を持っていた。

　敗戦後の昭和20年（1945）11月、台南州接収委員会主任委員・韓聯和一行が台南市へやって来た。又男市長は在留日本人を代表し表敬の辞を述べるとともに、市政に対して進言を行い、市長退任のあいさつをした。

　又男市長の戦時下の文化財保護をはじめとする日本人と台湾人（内台人）の差別是正政策は、敗戦直後の台湾人の日本人に対する態度に反映した。植民地の支配者から一転して敗戦国民となった日本人であったが、台南では報復気運は起こらず、それまでどおりの平穏な生活が送れた。敗戦の年の12月には日本人も加わって軍官民合同クリスマスが市公会堂で開かれた。同公会堂は数カ月前まで決戦集会が開かれた場所であった。羽鳥又男は新市長、軍司令官、駐在外交官らと共に壇上に列して、日本人を代表して祝辞を述べたが、感極まって、しばらく声を発することができなかった。敗戦国民となって不安におののいていた日本人の中にも嗚咽する者がいた。敗戦後に日本人が加わって外地で公的集会が行われたのは、台南市だけであった。

　又男は敗戦によって市長の任を解かれたが、「日胞互助会」を組織した。日本人の送還が始まると、同会は「日僑服務社」に改められ、引き揚げ事業一切を担当することになり、又男は台南市服務員として送還事業を委託された。敗戦時の台南市内の在住日本人は官民合わせて約2万5千人。引き揚げは昭和21年1月から始まり3月までに2万人余りを帰還させた。

　又男が日本人送還の仕事をしていたときに事件が起こった。服務社の職員10人ほどが、敗戦後の日本の状況を知るためラジオを聴いていると、突如、憲兵隊が現れ、責任者である又男の説明も聞かずに逮捕した。憲兵は日本人が不法に集会を開いてスパイ行為を行い、台湾人と密接な関係を結んだと嫌疑をかけた。台北に護送された又男は、一般囚人と共に市内を引きずり回された。これを目撃した台湾人青年が、ただちに台南と台北の友人に連絡し、嫌疑の無実立証と釈放を要求する運動が繰り広げられた。運動は軍部の理解するところとなり、10日後に又男は釈放された。

　引き揚げ作業が完了すると、又男は昭和21年（1946）12月22日に帰国した。しかし、伝染病の発生で佐世保沖に長く留まり、上陸は翌年1月であっ

た。佐世保停泊中に、引揚援護院長官・斎藤惣一（日本 YMCA 同盟総主事）から「帰国先は郷里群馬でなく東京にするよう」電報が入った。国際基督教大学（ICU）の創設準備に当たるためであった。又男は大学建設募金の責任者となって、山本忠興委員長に目標金額 1 億5000万円と後援会長に一萬田尚登日本銀行総裁を推す案を進言した。寄付金は目標額を超える 1 億6000万円余が集まり、同25年中島飛行機三鷹研究所と泰山荘を買い入れ、同研究所の建物を大学本部棟に泰山荘を教職員住宅や学生会館として、同28年 4 月に国際基督教大学が開学した。又男は同大学事務局に勤務しその運営を支えた。同41年庶務部長で退職し、創立十五周年記念事業後援会事務局長などに任命され、同50年 9 月30日に心臓発作のため83歳の生涯を閉じた。葬儀は10月 3 日国際基督教大学教会で営まれた。

**台湾紅茶の父・
新井耕吉郎**　新井耕吉郎は明治37年（1904） 2 月26日、利根郡東村園原（沼田市）に新井松五郎の三男として生まれた。大正10年（1921） 3 月 8 日県立沼田中学校（沼田高等学校）を卒業し、同14年 3 月31日に北海道帝国大学農学部農学実科を卒業した。一年志願兵として栃木県宇都宮市にあった歩兵第五十九聯隊に入営し、翌15年 2 月満期除隊し、台湾総督府中央研究所技手になり、平鎮茶業試験支所に勤務することになった。

　着任以来、耕吉郎は紅茶生産に適した土地を求め、世界中の茶木から台湾に合う品質を探した。昭和10年（1936）魚池紅茶試験支所の創設に対して、茶畑の地理的環境（土壌、気候調査）、品質などの評価に参画し、「海抜八〇〇メートルのこの盆地が、台湾紅茶の一大産地になる」と確信。台湾中部の湖・日月潭の湖畔の水社村猫蘭山に支所を開設することを決め、ここを台湾紅茶研究の拠点とした。斜面には茶畑が開かれ、セイロン式の製茶工場も操業を開始した。

新井耕吉郎

　昭和16年 3 月31日台湾総督府農業試験場技師となり、魚池紅茶試験支所の最後の日本人支所長となった。12月には太平洋戦争が始まったため、支所は資金がひっ迫した上、徴兵により労働力も欠く有様であった。過酷な条件下にありながらも、中央研究所で培った実績と経験を生かし研究を進め、独自の「台湾紅茶」を作り上げていった。敗戦を迎えたが、家族を日本に帰し、一人台湾に残って研究を続けた。ところが、不幸にもマラリアにかかり、昭

和21年（1946）６月19日に42歳の若さで亡くなった。

　耕吉郎が亡くなった後も、紅茶の研究は台湾人同僚により引き継がれた。戦後に魚池紅茶試験支所の初代支所長となった陳為禎は、耕吉郎の業績を知ると、同年に耕吉郎が台湾紅茶産業の発展に貢献したことを次のように記す記念碑を、試験場茶畑に建立した。

　　　中華民国三十八年九月
　　　故技師新井耕吉郎紀念碑
　　　台湾茶業公司総経理陳為禎敬題

　記念碑は、国民党政権下にあっても、歴代の分場長や職員によって守り続けられた。台湾紅茶は「渋味を抑えたまろやかな味」で、1960年代まで隆盛を極めた。残念なことに、70年代に粗悪品が出回り、80年代に市場から姿を消したという。ところが、99年に台湾大地震が発生し、震災の復興策として紅茶の生産が再開され、再び耕吉郎の存在が脚光を浴びるようになった。

　耕吉郎が支所長を務めた魚池紅茶試験支所は、現在、茶業改良場魚池分場となっている。同分場も世代が若くなるにつれ、耕吉郎を知る人も少なくなり「話で聞く」存在となった。ところが、平成19年（2007）１月に耕吉郎の部下であった竹下貝吉氏（当時83歳）が分場を訪れ、日本時代の資料を持参すると、職員たちは「新井耕吉郎がどんな人物か、顔も含めてハッキリ分かった」と感激した。

　そこで、同場長・林金池氏らは「故新井耕吉郎紀念碑」の隣に、耕吉郎の顔写真を入れた説明版「台湾紅茶的守護者　新井耕吉郎」を建てた。説明版は漢文、英文、和文の三言語で、耕吉郎の功績が表記された。和文は次の通りである。

　　新井耕吉郎は日本・群馬県生まれ。一九二六年、台湾総督府中央研究所平鎮茶業試験支所に着任。魚池茶試験支所が創設される前の一九三六年、新井は新たな茶畑の地理的環境、土壌、気候調査および製品品質等の評価選定に参画。ついに海抜八〇〇余メートルの日月潭湖畔・水社村猫蘭山に支所の設置を定め、台湾紅茶産業の発展に寄与した。／新井は魚池紅茶試験支所の最後の日本人支所長となったが、その在任中に、第二次世界大戦が勃発、台湾経済は大きく揺さぶられ、支所は徴兵によって労働力を欠き、資金も逼迫した。しかしそうした過酷な状況下にありながら、彼が紅茶の様ざまな研究を推し進め、業務を執り行ったことに対し、我われは敬服の念を禁じ得ない。／新井支所長は一九四七年病により死去。陳為禎台湾紅茶業公司総経理（戦後魚池紅茶試験所の初代支所長を務める）は、新井支所長の台湾の台湾紅茶産業発展に貢献した事を記念し、一九四六年試験場茶畑に碑を建立した。

茶業改良場魚池分場では、耕吉郎の記念碑に、職員の新任や退職があると報告し、何か起これば祈る。今でも、耕吉郎が神様のようにここを守っていると信じられている。まさに耕吉郎は「台湾紅茶の守護者」として台湾の風土に生き続けている。

六氏先生の一人・中島長吉　中島長吉は明治４年（1871）１月１日に碓氷郡五料村（安中市松井田町）に生まれた。父・菊松は次男の長吉を商人にするため、７歳で松井田町の柏屋呉服店に奉公に出した。商売に興味のない長吉は数日で逃げ帰った。８歳で五料小学校に入学したが、飛び級して11歳で卒業した。長吉の才能を認めた同校校長は転任先の南牧小学校に連れて行き、助教員に採用した。しかし、２年半後には松井田町に帰り英語を学んだ。15歳の時に上京し、家出少年と思われ本郷署に連行されたが、巡査・署長に認められ日本社寺局長丸山作楽の書生となり、教師を志し明治21年に東京師範学校に入学した。同級生に桂金太郎がいた。年齢は桂が１年上であった。中島も桂も音楽を愛好し音楽グループを結成した。同25年に最優秀で卒業し、富士見町小学校訓導になった。後に宮内次官となった白根松介、台北帝大教授となった植松安などは教え子として深い印象を受けたという。

中島はアジア情勢、とくに中国への関心が強く仲間と中国事情の研究を進め、日清協会を創設し２カ月後には「清国軍備総覧」「北清里程要覧」を刊行した。在学中から清国人・張 滋昉（ちょうじぼう）に中国語を学んでいたが、張は伊沢修二の中国語の師であった。同27年３月、清国の実情を確かめようと上海に渡航したが眼を患って帰国した。日清戦争が勃発すると、４月10日近衛師団第四連隊付き通訳官として金州、蓋平、奉天に転戦。同28年５月同師団が台湾に向かうと、同行したが、脳充血症に罹り、師団長の北白川宮能久親王の力添えで、総督府民政局に転属となり、伊沢修二の計らいで学務部への配置となった。東京師範学校の学友・桂金之助を伊沢に紹介し、桂も学務部に着任した。

ところで、石坂荘作は明治３年に生まれて同18年に原町小学校を卒業し、同22年に原町小学校の教員となり、翌23年「近衛工兵中隊」に入隊し、同27年９月に日清戦争に従軍した。まさに中島長吉と同世代であり政治的な目覚めも共通したところがある。中島の中国語の師・張滋昉は、明治９年に訪中してい

中島長吉

た副島種臣に上海で会い、副島に同行していた曽根俊虎に北京官話（中国語）を教えた。同12年に来日し、東京では曽根宅に寄寓した。曽根が興亜会を設立すると入会した。フィリピンに向かった石坂が曽根の影響で台湾に渡ったことは前述したとおりである。石坂が図南、中島は東人と号した。

　台湾では伊沢修二学務部長が台湾の近代教育のために芝山巌学堂を建てると、その教師となり乙組の担任となった。ところが、伊沢が帰国していた明治29年（1896）元旦に、同学堂はゲリラの襲撃を受け、中島長吉を含む6人の教師が亡くなった。そのうちの一人に群馬県令（知事）であった男爵・楫取素彦の次男・道明がいた。中島は1月1日生まれであったので、25歳の誕生日の日に亡くなった。2月8日には東京師範学校同窓会主催で、増上寺で中島と桂の追悼法要が盛大に営まれた。中島家の墓地に「徳鄰院蘭台長香居士」と刻まれた墓が建てられた。墓石裏には池田豊の撰文、五十嵐富の書で事歴が刻まれた。

　次男・道明を喪った男爵であり元群馬県令の楫取素彦は、東京から群馬県の中島家を訪れ墓参し漢詩を贈り、同じ逆縁の境遇となった長吉の両親を慰めた。三回忌を期して明治30年1月1日、台湾総督府民政局学務部長伊沢修二の篆額になる「中島長吉之碑」という大きな頌徳記念碑が建てられた。撰文と書は音楽学校教授・旗埜士郎であった。碑は現在も同地に保存されている。同年12月6日には臼井町祭が営まれた。町祭は異例のことで、伊沢も参列し弔辞を述べた。中島の生地の五料村は明治22年4月横川村と合併し臼井村となり、翌年臼井町となり昭和29年に合併され松井田町（安中市）となった。

（3）本気で台湾を経営

台湾人実業家許文龍氏の歴史・人物観　　許文龍氏は台湾を代表する実業家である。日本統治下の昭和3年（1928）に台南市で生まれた。1959年に創業した奇美実業を一代で世界一の売り上げを誇るABS樹脂事業に成長させたのをはじめ、電子機器、食料、医療などを経営するコングロマリット（多種類の事業を営む大企業）「奇美実業公司」を立ち上げた立志伝中の人物で、「台湾の松下幸之助」と呼ばれている。社員に自社株を配る、セールスマンを全廃するなど独自の合理的経営で内外の企業人の注目を集め、1999年に「日経アジア賞」を受賞。絵画や彫刻作品の制作、バイオリンの演奏で知られ、芸術に造詣が深く、美術や工芸そのほかの名品を所蔵する奇美博物館を創設。同館は1992年に奇美実業ビル5階から8階で開業し無料で公開

され、2008年に新館建設工事が
15億新台湾ドルを投じ行われ、
12年に台南市政府に寄贈され、
15年に台湾で最大規模を持つ私
立博物館として開館した。
　許文龍氏は台湾の発展に貢献し
た人物の胸像を、その人物とゆか
りのある場所や施設などに寄贈し
ている（表14）。寄贈した胸像に
はイギリス人、台湾人もいるが、
圧倒的に日本人が多い。胸像を寄
贈している理由を次のように語る[35]。

許文龍氏と筆者

　私が胸像をゆかりの人や施設などに寄贈してきたのは、台湾の歴史的な事実を広く
知ってほしいという思いからです。／台湾では、戦後の学校教育では、中国の歴史につ
いては教えても、日本統治時代の台湾については長らく取り上げられることがありませ
んでした。李登輝氏が総統の時代に日本統治時代も学校教育で取り上げられるようにな
りましたが、教師の側も詳しく知らないというような具合で、いまだ歴史が広く知られ
ているとはいえません。／そういう台湾人に歴史を知ってほしかったのです。／そし
て、台湾で日本人が大きなはたらきをしたことを、いまの日本人にも知ってほしいと強
く願っています。多くの日本人は、こうした歴史的な事実をほとんど知らないように思
えるのです。／台湾において、自分たちの先祖である日本人が、過去に悪いことばかり
してきたかのように思い込み、臭いものには蓋をするようにして歴史から目を背けてい
るようにさえ見えます。しかし歴史を公平にみるならば、日本人が悪いことばかりをし
たとは言えません。歴史の事実を公平に見てこそ、未来のパートナーシップが築けると
いうものです。／台湾人の立場からいうならば、日本統治時代がいい時代だったとは言
えません。台湾人は日本人より一段下に見られており、役人などの日本人は威張ってい
ました。台湾人に優越感を露わにする日本人もいました。交番の巡査はことに威張って
いて、子どものころは巡査の顔を見るのが怖かったものです。日中戦争の時期には、日
本は皇民化政策を進め、日本式の名前に改姓名することや、日本語をいつも使うこと、
神社参拝などを半ば強制のように奨励しました。異民族である台湾人が反乱でも起こせ
ばたまらないと思ったのでしょう。…（略）…ここに挙げた胸像にした人物のほかに
も、台湾の発展に寄与した人物はまだまだいます。彼らを見てまず思うのは、非常に優
秀な人間だったことです。その優秀な人間を、台湾の開発のために日本は投入してきた
のです。／それはもちろん日本自身の利益のためであり、また、日本の力を示して国際
的なイメージを上げようと意図したものであったでしょう。／しかしながら、歴史を公
平にみるならば、こうした日本人がさまざまな方面で活躍することで、台湾は発展のた
めの基礎をつくることができ、大きな恩恵を受けたと言えます。／日本のみなさんに

表14　胸像の所在地

人物	日本	台湾
後藤新平	後藤新平記念館（岩手県奥州市）	奇美博物館（台南市）
新渡戸稲造	JR盛岡駅前滝の広場（岩手県盛岡市）、新渡戸記念館（青森県十和田市）	奇美博物館（台南市）、台湾糖業博物館（高雄市）、花蓮観光糖廠文物館（花蓮縣大進村）
浜野弥四郎	後藤新平記念館（岩手県奥州市）	奇美博物館（台南市）、台南縣自來水公司浄水廠、長栄大学（台南市）
松本幹一郎		日月潭の東方、水社ダム進水口
鳥居信平	月見の里学遊館（静岡県袋井市）	奇美博物館（台南市）、屏東糖廠（屏東市）、屏東科技大学校史館（屏東縣老埤村）
八田與一	金沢ふるさと偉人館（石川県金沢市）、花園小学校（同）	奇美博物館（台南市）、瑞芳高級工業職業学校（台北市）
磯永吉		奇美博物館（台南市）、台湾大学農学院農芸系磯永吉小屋（台北市）、竹子湖蓬莱米原種田事務所（陽明山国家公園内）
末永仁		奇美博物館（台南市）、台中区農業改良場（彰化県大村郷）
羽鳥又男	珊瑚寺（群馬県前橋市富士見町）	奇美博物館（台南市）、赤嵌楼（同）、開元寺（同）
新井耕吉郎	桜井家墓地（群馬県沼田市利根町）	奇美博物館（台南市）、茶業改良場魚池分場（南投縣魚池郷水社村）
羽鳥重郎	富士見公民館（群馬県前橋市富士見町）	秋朝咖啡館〈旧羽鳥医院〉（花蓮市）

『日本人、台湾を拓く』154頁ほかより作成

は、こうした事実を知ってもらいたいと、私は切に願っています。日本人はもっと自信をもっていいのです。それは長年日本人をパートナーとして働いてきた私が、つねづね思っていることです。

　許文龍氏こそ、民の立場で台湾社会に貢献した人物である。許氏は、羽鳥又男、新井耕吉郎、羽鳥重郎と3人の群馬県人の胸像を制作され、群馬県の彼らの郷里に寄贈された。筆者はいずれの胸像建立の除幕式にも立ち会い、許氏にも2度、新装された奇美博物館でお目にかかり、許氏のバイオリンの伴奏で文部省唱歌や古賀（政男）メロディーを一緒に歌った。

　許文龍氏は少年時代に台南の博物館が無料で入館できたのでよく訪れた。いつか自分も博物館を持ちたいと思った。羽鳥又男市長に直接会うことはなかったが、開元寺の鐘の供出を命がけで中止させた話を聞き感動したと語られた。

　石坂荘作は台湾開発のために日本が投入した学歴エリートではない。石坂の

生涯を顧みるとき、日本人がどんな思いで台湾社会の発展に尽くしたのかを確認することができるであろう。

経世済民　梅谷光貞は内務官僚で大正5年（1916）台湾総督府に転任し、台北庁長や新竹州知事などを歴任した。同9年台北庁長に就任し最も遺憾であったのが、基隆が台湾の玄関でありながら、街衛が未整備で不衛生かつ危険箇所がたくさんあったことであった。伝染病がしばしば発生し、暴風の災害が住民を苦しめた。梅谷は市区計画を実施し、貧困者のため模範的住宅を建築し、基隆の衛生と美観を向上させ、台湾の玄関として恥ずかしくないものにしようとした。そこで、基隆の有力者であった顔雲年・林熊徴・辜顕栄と協議し、財団法人基隆博愛団を設立した。梅谷は顔雲年ら博愛社を創設した人々を「基隆市民は永久に其犠牲的公共心に対して甚大の感謝の意を表すべきである」とたたえているが[36]、石坂荘作も経世済民の立場から、基隆市のために犠牲的公共心を発揮した。

　石坂は大正2年3月20日、「基隆商工会」を組織し会長に就任した（副会長・古田種次郎）。同6年9月現在の会員数は70人であった。古田は基隆市哨船頭で物品販売業・請負・代理を営む福岡県出身の人であった。石坂が商工会を組織した理由は、次のようであった[37]。

　日本は明治28年に台湾を領有すると地方官仮官制を発布し、台北県基隆支庁を設置した。同30年官制改革で台北県基隆弁務署となり、同34年基隆庁が置かれ、同41年台北県基隆支庁となった。台湾人に対しては法定上の下級補助機関があったが、日本人に対しては法定上の下級補助機関がなかったので、市内16町が各町互選で1人の町総代を選出し、「吉凶事、祭典其他を斡旋し」、支庁と町内住民の間に立って庁の下級行政補助を担った。しかし、領台二十年を過ぎても、基隆市民が市政に参与することはなかった。そこで、商工業の発達と会員の親睦を目的に基隆商工会を組織し、政治的色彩を帯びないが、全市の意見をまとめる基隆における唯一の機関をつくった。事務所は基隆公益社内に置いた。

　基隆公益社（財団法人）は明治43年5月に創設された。市の公益に関すること（内外貴賓及び軍隊艦隊の送迎、基隆倶楽部の経営、基隆公会堂の管理、海水浴場の設備、正午砲の発射、公衆広告台の斡旋）や救恤・慈善の諸事業を行うとともに、基隆地域の社交の中心で、台湾で最も早く組織された。基隆全市民から評議員24人を選び、その中から理事11人を選出し、理事の互選で社長、専務理事を挙げ、書記3人を置き事務を処理させた。石坂文庫が同社に移管されたことはすでに述べた通りであった。

大正7年（1918）、石坂荘作編集で基隆商工会から『基隆繁昌策集』が刊行された。執筆者をまとめると、表15の通りである。日本人20人と台湾人2人が執筆している。宇治郷氏によると「日本統治期にあって、このように地域の多くの知名士による改善策をまとめた本は他に類例がない」という。台湾人は顔雲年と許梓桑である。顔雲年は本文で紹介するので、そちらに譲るが、許梓桑は次のような人物であった[38]。

　　許梓桑
　　基隆同風会々長、基隆総商会々長、方面委員、消防組保甲協会各顧問、勧業無盡会社取

表15 『基隆繁昌策集』提言者

石坂荘作	基隆商工会長、火薬販売業・代理・請負・印刷	群馬
廣木秋太郎	請負業・貸付	大分
辰巳宗太郎		
顔雲年	台湾興業信託株式会社社長、基隆軽鉄株式会社専務	
許梓桑	呉服販売業	
藤川與一郎	呉服販売業・貸付	広島
鈴木茂徳	商工銀行基隆支店長	東京
近江時五郎	木村鉱業株式会社専務	秋田
白荘司芳之助	大阪商船株式会社基隆支店長	
宇田伊代吉	請負業（郵船組）	兵庫
越智兵五郎	呉服販売業・貸付	大阪
福島愛之助	日本郵船株式会社基隆支店次席	
明比實平	酒類販売業・貸付・運送・請負・代理・問屋	愛媛
岸田多一郎	呉服販売業・貸付	広島
長谷川春二		
佐藤一景	基隆信用組合組合長、台湾無尽株式会社基隆支店長	
小川直馬	艀船業組合副組合長（運送業）	愛媛
兒玉敏尾	台湾銀行基隆支店長	
小松利三郎	材木商組合長（材木販売業）、基隆信用組合専務、藤田豆粕製造株式会社社長	山口
土居靏雄	台南新報基隆支局長	熊本
藤田伊奈介	藤田豆粕株式会社専務、製造業・物品販売・問屋・運送	大阪
東郷元次郎		

肩書・出身地は『基隆港』（大正6年9月調）による。

締役、基隆劇場会社取締役、台湾水産会社監査役、公益社理事、台湾詩報社長

（現）基隆市玉田町三ノ五九

【経歴】明治七年十一月十四日基隆ニ生ル。書房時代ヨリ漢学ハ鍛ヘ上ケラレ、経書古典ニ精通ス。基隆市ニ在リテ区長ヲ務ムルコト三十年、基隆市ニ貢献スル處マタ不尠ス。制度改正ニ依リ、基隆街助役、州協議会員ヲ経、紳章ヲ授與サル。他面同風会、消防組、国語普及会等各方面ニ亙リテ、盡悴スルトコロ枚挙ニイトマアラス。公共事業ニ対シテハマタ私財ヲ惜マサル士ナリ。趣味ハ漢詩。

石坂は石坂文庫を創設してから 5 年目の大正 4 年 2 月に分館として「玉田分館」を設置した。その理由を次のように語っている[39]。

　　大正四年、市の貧民窟たる玉田街尊済宮の一室を借り受け、之を重修して文庫の支館を設け、総督府施政の方針に抵触せざる新聞、雑誌、稗史、小説等数百部を備え付け、無料閲覧に供し、昼夜開放して出入りを自由にせしが、成績極めて良好なりき。ただ此処に出入りする閲覧者の多くは、食後の休憩、長夜の無<ruby>聊<rt>ぶりょう</rt></ruby>、雨天の休息、盛夏の昼寝等に集まり来たりて何を研究することもなく、只意の向かうが儘に書籍を手にし、余念なく之を耽読するに過ぎずと雖も、正に面白き試みたることを確かめたり。彼らは常に衣食に窮迫せられ、何等慰安の道なく、終日営々として労役に従い、綿の如く疲労せる心身をささげて此処に来るものなれば、快く之を迎え、彼等の喜びて手にする図書を備え付けて、其の読書欲を飽かしめ、且つ図書館の管理には相当の知識ある者を招聘し、時々趣味ある歴史譚、或いは勧善懲悪の物語等を聴かしめることをなさば、彼等は此処に以って唯一の娯楽所、慰安場として集い来たり。不知不識の間に善導に導くことを得ん乎。然らば事小なりと雖も、其の効果の偉大なるものあるは疑いを容れず。故に現在又は将来において図書館を経営し又経営せんと欲するものは、社会の実際に触れ、図書館の使命を有効に徹底せしめんことを期せざる可らず。（下線は筆者）

石坂の文章にあるように玉田支館は、台湾人居住区に置かれ、台湾人貧困者が利用するためのものであった。梅谷も石坂も、経世済民（世を<ruby>経<rt>おさ</rt></ruby>め、民を<ruby>済<rt>すく</rt></ruby>ふ）の立場からであった。官・民の立場の違いということは大きな問題ではない。

『むかし「日本人」いま『台湾人』』の編者・松本洽盛さんは昭和12年（1937）花蓮県瑞穂生まれで、鳳林国民学校・花蓮港小学校（ 3 年修了）、同21年に日本へ引き揚げて、奈良県在住。同書の「まえがき」で次のように述べる[40]。

　　台湾で生まれ育った私自身の体験的実感では、現地の先輩日本人たちと台湾人が、台湾という「国づくり」に労苦を共にしてきたこと、それが今日、両国民が根強い親日・親台関係を生み出すベースになっているのではないかと思えてなりません。私が見た大人たちは、偉ぶるでもなく、ただひたすら自分の職務に誠実かつ熱く励んでいた印象のみが強いからです。医師、役人、教師、警察官、駅員をはじめ目にする日本人は、ごく

平和に、しかも質素な生活をしていたように思います。

　これに対して、同書で廖高仁さんもこう述べる[41]。

　　われわれ世代と戦後世代とでは捉え方が異なってくると思いますが、私の実感を一言でいえば、「日本人は本気で台湾を経営していたな」ということです。これは私ひとりだけの思いではありません。仕事柄、歴史資料や本を読みますが、日本時代を生きた多くの台湾人がそう感じています。／われわれの知らない初期の日本時代、つまり、日本が統治を始めたときの台湾は、清国からも「化外の地」とされるほど未開でした。鉄道は基隆から新竹までの１本だけ、まともな道路もない、電気、水道もない、なにしろ山地原住民のなかには首狩りの風習さえ残っていた土地でした。きわめて治安が悪く、清国政府も「３年毎の小反乱、５年毎の大反乱」という抵抗に手を焼いていたのです。／そこへ日本が来て、道路、橋、鉄道、水道、電気などあらゆるインフラを整備するとともに、行政機構、戸籍、土地、学校制度を確立しました。発電所ができて電力が生まれ、製糖、タバコをはじめとする産業が盛んになりました。／八田与一のダム建設のおかげで西部に一大穀倉地帯、農産地帯が生まれました。農業振興策により、美味しい蓬莱米が生まれ、野菜の品種も増えました。／あの頃の言葉に「内地如一」というのがありました。台湾は内地の延長、内地と同じにする、という考えです。この言葉をみても、「本気だった」ということがわかります。／私は、なかでも早くから教育に力を入れていたことを高く評価します。教育は国の力の礎であり、まさしく当時の教育制度の確立が今日の台湾をもたらしたと思うからです。…（略）…日本人との間に不平等がなかったわけではありません。台湾人と日本人の小学校は別々、台湾人の子は日本人の学校に限られた人数しか入れない、といった差別がありました。でも、その程度のことなら仕方ない、日本語ができない台湾人の子どもをいきなり日本人学校に入れるわけにはいかないでしょうね。時代が時代なのですから。わたしは、そう思います。／大人の社会では、われわれ子どもの知らない問題もあったでしょう。日本人の中にも悪い人間もいる、いじわるな役人に苛められた台湾人もいたでしょう。そんな体験を持つ台湾人は、日本時代を悪く言うかもしれません。／しかし、子どもの目から見ても、それが大勢だったとは思いません。いずれにしても、個別の一ケースをもって全体を評価するのは妥当ではないと思います。

　官・民の立場の違いを強調するより、石坂荘作、羽鳥重郎、羽鳥又男、新井耕吉郎、中島長吉も、「本気で台湾を経営した日本人」と見た方が、違和感がなくすっきりする。それによって、石坂の評価が下がるものではない。

　陽明学の大家である安岡正篤は、陽明学とは「良心に生きる、心身を修める、その絶対的根底に立って経世する」と説いた[42]。石坂らはその立場は違ったが、良心に生き、心身を修め、その絶対的根底に立って経世したのであった。

（4）石坂の教育思想の特徴

徳育主義（人格主義）　　宇治郷毅氏によれば、石坂荘作の教育思想
と私学中心主義　　　は、徳育主義（人格主義）と私学中心主義で、そ
れは石坂が著した『御賜之余香』に現れているという。

　徳育主義（人格主義）は次の文章に現れているという。

　　本校においては、教育本来の目的は人格の陶冶を第一義となして終始一貫せり。…今
　日の弊（「主智教育」と「物質欲」）を救わんと欲せば宜しく現代青年教育に於いて徳育
　を重んじ人格的薫化を与え、今後徐々に其の廓清を図らんのみ、智よりも徳これ本校の
　「モットー」として、校庭に培うと共に、漸次郊外に移植せんと欲するところなり。…
　教育至上の要件は実に人的要素にありて、物的設備に非ざればなり。蓋し教育の目的は
　人格陶冶にして、人格的陶冶は教育者被教育者間の人格的感応融合を其の妙諦となす
　に依る（同書28－30頁）。

　私学中心主義（私学奨励）は次の文章に現れているという。

　　我が国今日の青年教育機関未だ殆ど整はず、其施設を必要とするは論なき所なる
　が、其完備を期する為めには多額の経費を要し、現在に於いても教育費の過重に苦しめ
　る折柄、更に此上費用の膨張を来すは到底国民の堪ゆる處に非ず。然も青年教育は国家
　発展の上に於いて、将た人生発育の道程に於て看過すべからざるものなりとせば、吾人
　は正に考慮一番青年の為めに新しき路を見出さざるべからず。是れ茲に私学の勃興を推
　奨し提言する所以にして、余が大正十三年十二月の台北州議会に於て、教育費節減と教
　育機関の設備を両立せしむべく私学の奨励を痛論せし處なり。世の教育家、富豪其他の
　篤志家は宜しく我国教育界の現状に鑑み、振るって私学を設立し、国家並国民の将来
　に寄與せられんことを切に慫慂し、希求して止まざるものなり（同書172－173頁）。

　宇治郷氏は、石坂の教育論は対象を青年におき、その中等教育の必要を強調
し、目的を人格の陶冶を旨とする徳育主義とし、学校経営としては私学中心主
義で、このような革新的な教育思想が、私立の夜間学校である基隆夜学校の設
立につながったと指摘した。

石坂の青年教育論　　石坂は青年教育の重要性を繰り返し訴えているが、
　　　　　　　　　　　その理由が次の言葉にも表れていると言えよう（『御
賜之余香』26頁、148－150頁）。

　　少年教育の錯誤は青年教育に於て是正することを得るも青年教育の過誤は遂に永久に
　之を救ふの道なきを虞る。局に青年教育に当るもの、深く之を思はざるべからず。

　　国家が多大の経費を投じ、六年乃至八年の年限を費したる卒業生も、其儘放任する

に於ては、折角の努力も水泡に帰し小学教育の効果意外に薄弱に了り更に青年期の教育と相俟つて始めて効果顕著なるものありと云ふのみ。／小学校時代の教育は両三年放棄すれば、其効果を失ふも、青年時代脳髄発育期に受けたる教育は、生涯其人の活動に役立つものにして、効果偉大なるものあり、小学卒業程度に於ては、実際に当り日用往復文さへも認むる能はず、新聞雑誌さへ碌々読み得ず。更に自ら中等程度の学術を研究せんと欲するも、其理解力を欠ぐの状態なり。従つて国家は義務教育六年の小学を以て放任すると、更に青年教育を奨励し、或は強制することにより、国民の智識及道徳の上に於て、非常なる懸隔を来し、一国能量の上に及ぼす處甚大なり。／会社商店に使用する給仕或は店員に於ても、小学卒業と更に青年教育を受けたるものとを比較せば、其能率に於て便宜多きも、事務上に対する活用の能力なく、数年間使用するも進歩すること遅く尚道徳観念も小学丈けにては自発的に確立せられざる結果、或は主家の金銭を費消し、或は主人の目を偸みて蔭日向の行動をなす等、所謂奉公人根性に陥るもの尠からず。工業方面に使用するも、科学的智識尚薄く、機械の複雑なる運転原理を了解するの能力を欠き、農業上に於ても、昔時の如き放漫なる経営を容さゞる今日、耕地に、肥料に、作物に、農具に、改良研究を加へ収穫を増し、売却其機に適合することを考へ、或は農家副業の有利なるものを撰擇し収利を計る等、計画を立つるに明敏なる能はず。然るに青年教育を受けたるものは、科学の大体を了得し、人生の大道を明かにし、常識を具備する点に於て、現代産業に就て理解力あり。活動能率も従つて多く、進歩も比較的に早きものあり。／故に青年教育の如何は、一国産業の増進にも多大なる影響を及ぼすものにして、列国競つて国富の充実するを期する時に、産業立国を高唱する帝国に於ては、単に農工商当面の問題を改善するに留めず、国民的機能の動力たる青年教育の振興に期せざるべからざるなり。

青年教育と私学　石坂の私学中心主義は「私学推奨論」（『御賜之余香』169-186頁）、つまり学校経営私学移譲論で官対民という対立軸から説かれたものではない（同書153頁）。

　況や、明治五年、学制発布の際、聖論を賜ひ中に『自今以後一般の人民（華士族農工商及婦女子）をして均しく学に就かしめ云々』とありて、学問の均等教育平等の根本義を認め給へり。尚『高尚の学に至りては、其人の才能に任かすと雖、幼童の子弟は男女の別なく、小学に従事せしめざるものは、其父兄の落度たるべき事』とありて、高等なる学問は其自由に委する旨仰せられたり。義務教育は年限、時により、處により変改し、或は三年或は四年なることもあり。明治四十年六箇年と改め現在に至れるが吾人の唱ふる青年教育は、今日国民の普通なる教育にして、高尚なる学と目すべからざるにより、聖旨の学問の均等は、今日青年教育にも及ぶべきものと解するは、当然なり。

　学制により初等教育は平等に受けられるようになったが、次の段階の青年教育も「国家平等の観念を是なりとせば貧富によりて阻害せらるゝ青年教育の障害を排除するに国家が全力を傾倒して其同じ「スタート」に立たたしむることに盡瘁すべきなり」（154-155頁）と、国や地方自治体の責任において平等

に受けられなければならないと説いた。

　しかし、国や地方自治体の財政状況は厳しく、次のように教育費の膨張が、過重負担になっていることを指摘する（同書169、171頁）。

　　然れども国家教育費の膨脹は累年停止する處を知らず、地方自治体は経費の大半を教育費に充当するの余儀なきに至リ、地方によりては、或は其七八割を教育費に支出し居る状態なれば、産業の開発或いは社会事業の施設其他の事業等は之を行ふの余地なかるべく、教育費澎大の為めに、地方農村は其財源に窮し、或は借入金をなし、或は納税を増し、了に過重の負担となり、従つ民力枯涸し、産業萎靡して振はざるに至るべし。…（中略）…教育費の膨脹此の如く、内地、本島共に此以上の増加は、民力過重の負担に堪へず。一国産業を沈衰せしめ、却て更に教育費の財源を枯涸せしするに至るべし。是に於てか奇矯なる教育亡国論の声を耳にするに至る所以なり。

　そこで、石坂は篤志家や富豪に次のように呼び掛けた（同書174－175頁）。

　　篤志家並に富豪は其富は宜しく後継国民の為めに有為の青年教育に一顧を払はるべし。渋澤子爵（渋沢栄一）は、富豪は其富の一部を社会に寄與するを一の義務なりとし、富豪は其富を成すに至リしは、社会民衆の力に負ふこと多き点に於て其富の一部を教育慈善の事業に寄附し、以て富の恩澤を社会と共に享有するは、最も高尚なる行為なりと云へり。一夕の宴に数萬金を費し、一疋の犬に数千金を投ずる富豪は、深く省る處なかるべからず。若し此等の経費を節し、之を私学設置の費に充てなば、幾多青年の将来に光明を與へしむるに非ずや。教育費の増加不可能の際に於て、民間有志諸君の力に依つて此欠陥を補ひ。篤志家の踵を節して、私学設置の挙に出でんことを切望して止まざるものなり。

　こうして社会的富の再配分の点からも「篤志家や富豪」に私学設置を推奨するが、いっぽう外国やわが国で宗教団体が育英事業を行っていることを評価しながらも、「私学の勃興なるものは、単に民間有志の盡力のみに委すべきにあらず、政府の私学推奨と相俟つて著しく促進せらるべきは明らかなり」と、政府に私学推奨を促すのである。石坂のいう私学推奨は具体的には次のようなものであった。

　①　経営者―人格、資力ある私人か法人の私学経営を推奨奨励し、経営上便宜を与える。
　②　学校の種類―学校令による標準を示し、初等、高等の教育にいずれにも私学経営を認める。
　③　教員―すべて国家により養成された教員を私学に配置し、任免もある程度まで国家の手に留保する。
　④　資格・特典―官立私学に待遇上差を設けず、同一種の資格特典を認め、

「私学を卑むが如き考へは之を一掃し去る」。

⑤　監督指導―私学の監督指導機関を設け、官私の別なく教育の体系を構成する。

⑥　補助―補助金を出し、教員俸給も補助し、建造物の無償使用を認め、基本財産を造らせ、独立維持できる方途を講じる。

学問に国境なし　そして、教育における「官尊民卑」を次のように批判した（『御賜之余香』183頁）。

　学の官私によって、同一人物の高下あるべき筈なし。単に官学を出でたるの故を以て之を尊重し、私学を出でたるの故を以て之を蔑視するは、所謂学閥の固陋に囚れたる醜思想のみ。学問に国境なし。学閥の如きはあまりに狭隘なる心胸と云ふべく、形式主義の悪弊なり。官尊民卑の余弊なり。現代人は斯くの如き無意味なる形式的因習の迷蒙をこそ拓かざるべからず。況や事は智識の啓発に勉むる学校に関するものなるに於てをや。

　では、石坂の教育思想の徳育主義と私学推奨主義はどのようにして生まれたのであろうか。やはり、その源流も郷里・群馬県に求めることができる。

（5）新島襄と石坂荘作の教育論の共通性

新島襄の教育論の影響　明治7年にアメリカから帰国した新島襄が、まず郷里の上州安中（群馬県安中市）で福音を説いて以来、群馬県ではキリスト教の影響が強かったことは、これまで紹介してきたとおりである。明治12年に開会された県会は、新島襄の高弟・湯浅治郎や石坂荘作に影響を与えた山口六平らクリスチャン議員によってリードされたことがその典型である。

　当時の群馬県令（知事）は楫取素彦（在職明治9－17年）であった。楫取は松下村塾の後事を託されるほど幕末の思想家・吉田松陰の信頼も厚く、また夫人は松陰の妹・寿子（寿）であった。寿子が西本願寺法主・明如上人に頼んで小野島行薫を派遣してもらい、熱心に布教活動を展開したのも、「当地は同志社長新島襄氏の郷里で、新しい思想の人々にはキリスト教の信仰が可なり広まつて居り」という状況への対抗心からであった[43]。

　石坂荘作の教育思想の特長である徳育主義、私学奨励主義などは新島襄の教育論の影響であると考えられる[44]。

　新島襄は「文明の基礎は教育にあり、教育は知育と徳育の併行主義」であることを訴えた。その教育思想が鮮明に表明されているのが明治21年11月に発

表された「同志社大学設立の旨意（しい）」であった。

　…教育とは人の能力を発達せしむるのみに止まらず、総（すべ）ての能力を円満に発達せしむることを期せざるべからず。いかに学術技芸に長じたりとも、その人物にして、薄志弱行の人たらば、決して一国の命運を負担すべき人物と云うべからず。もし教育の主義にしてその正鵠（せいこく）を誤り、一国の青年を導いて、偏僻（へんぺき）の模型中に入れ、偏僻（へんぺき）の人物を養成するがごとき事あらば、これ実に教育は一国を禍（わざわい）する者と謂わざるべからず。…（略）…一国を維持するは、決して二、三、英雄の力にあらず。実に一国を組織する教育あり、智識あり、品行ある人民の力に拠らざるべからず。これらの人民は一国の良心とも謂うべき人々なり。而（しか）して吾人は即ち、この一国の良心とも謂うべき人々を養成せんと欲す。…（略）…

　新島は翌年から大学設立募金運動のため関東地方へ出張したが、11月に群馬県前橋（前橋市）で倒れた。12月に神奈川県大磯の旅館・百足屋に移り療養に努めたが、翌年1月23日に病没した。

　次に紹介するのは、新島の「地方教育論」である。明治15年（1882）7月15日に伝道旅行先の群馬県原市（安中市）で行った演説草稿である。地方の有力者が基金を出し合って、小学校卒業生を受け入れる学校をつくり、「地域の骨」「地の塩」となって地方社会に貢献する人材の育成を説いた。演説会は聴衆6、700人が集まったというほど盛況であった。

　教育に付いて論ずるに何の差別もあるまじきに、何故（なにゆえ）地方教育論を為（な）すかと問えば、答えて曰（い）わん、我国の教育の如きは東京、中央に集まり、何学も中央に行かねば学問のなき事に成行き、又中央の地に於（おい）て受ける所の悪風は、生徒を腐敗せしむるに□（ママ）し。これを薫陶し、これを養生するに、勢力の乏しき事あれば、今日の勢いを以て論ずれば真正の教育を地方の布（し）く如かず。／地方に布かんとすれば、先ず地方の有志輩、協同一致して醸金（えらう）をなし、その任に当たるの人を撰み、上等小学校卒業生のその校に進み、高等なる学科を学び、経済の大意なり、法律の大意なり、物理学、機械学等の大意なり、又古今の歴史なり、農学の大意なり、普通に教えしめ、卒業の上は一通りの教育を受けたる人となり、地方にまいり、如何（いか）なる役も勤まり、県会議員なり、一会社の長なり、一の農家の戸主なり、一通りの学問ある上は、縦令（たとい）無事の日には日向（ひなた）にあり、各々の家業を預かるも、一旦事あるときは地方の率先者となり、村落の骨となり、教会の基となり、自由を皇張し、又物産をすすめ、人々にもよき手本を示し、学者たる者は自（みずか）ら尊大にあり自ら先生となるにあらずして、却（かえ）って身を社会の犠牲となし、社会の進歩を計るの人を養成せば、我が国何ぞ振るわざる、我が民権の起きざるを憂えん。…（略）…

　新島の知育より徳育、官学より私学、中央より地方に重点を置く教育論は、石坂の教育論のもとになったと思われる。新島の教育論の影響を受け、群馬県では上毛共愛女学校と共立普通学校が誕生した。2つの学校の誕生も石坂に

影響を与えたであろう。

前橋英学校、前橋英和女学校から上毛共愛女学校へ　上毛共愛女学校は前橋英学校、前橋英和女学校の系譜を引くものであった[(45)]。明治15年（1882）に開校した群馬県女学校は、経済不況による県財政難と女学校の教育効果問題から、県会で存続・廃止の両論が戦わされ、同19年3月限りで廃止されることとなった。

　すると同年3月2日に英学校（のち前橋英学校）が設立され、県立女学校に学んでいた生徒の受け皿となった。設立者は県立女学校廃止に反対した県会議員高津仲次郎らで、校主は加藤勇次郎であった。加藤は熊本県出身で、熊本洋学校、同志社に学んだ「熊本バンド」の一人で、明治18年群馬県師範学校教師となった。主任教師は竹越与三郎であった。同校は速成科（修業年限3年）と本科（修業年限5年）からなり、定数50人、男女共学であった。賛助者は高津仲次郎、下村善太郎夫妻、江原芳平、笹尾精憲などの県会議員、県庁官吏、銀行家、前橋市長など33人であった。

　明治21年6月21日に前橋英学校の土地に深沢利重・高津仲次郎・関農夫雄らの手により前橋英和女学校が設立された。前橋英学校の発展を期し、英語だけでなく女子中等教育を求めて脱皮を図ったもので、昼間は前橋英和女学校、夜間は前橋英学校が同一の校舎・教具・教授陣で存在し、女学校の順調な発展に伴って英学校が廃止されたと言われている。同校協議員は20人であった。そのうち湯浅治郎（安中教会）、松本勘十郎（高崎教会）、宮口二郎（原市教会）、野村藤太（伊勢崎教会）、山口六平（原町教会）、斎藤寿雄（甘楽教会）は教会の創設者や長老であった。

　翌22年、前橋英和女学校を群馬県内のキリスト者がキリスト教主義の本格的な女学校として経営するため「共愛社」を設立し、校名も「上毛共愛女学校」と変更した。発起人には新島襄、海老名弾正や湯浅治郎、斎藤寿雄ら25人のクリスチャンが名を連ねた。前橋英和女学校、上毛共愛女学校も初代校長は前橋教会牧師の不破唯次郎であった。

　同校は幼稚園、小・中学校、高等学校、大学を有する共愛学園として現在に至っている。

井上浦造と共立普通学校　共立普通学校は井上浦造が提唱し大間々町（みどり市）に設立したものであった[(46)]。井上は慶応3年（1867）勢多郡馬場村（宮城村、現在の前橋市馬場町）に生まれた。小学校卒業後に前橋の私塾・幽谷義塾で漢学と英語を学んだ。地元の国学者の斎藤多須久（たすく）に孟子と和歌を習い、当時評判であった海老名弾正の説教を前

橋教会に聞きに出かけたが、すでに説教は終了したところであった。しかし、海老名の後任牧師・不破唯次郎から前橋教会で受洗した。

　井上は前橋教会執事・田中耕太郎に勧められ同志社に入学し神学を学び、伝道師になることを決意した。ちょうど伊香保温泉に療養に来ていた新島襄に面会、明治21年22歳で同志社に入学したが、在学中に新島が亡くなった。同25年に卒業し、利根郡須川教会（新治村）に赴任、その後、沼田教会、前橋教会に転じ、同28年に京都で結婚式を挙げ、再び群馬県の館林教会に赴任した。須川、沼田教会時代には吾妻教会、名久多教会など吾妻郡でも説教を行った。

　しかし、県内の教会を転々とする中でキリスト教の新旧神学論争に嫌気がさし、明治33年（1900）に大間々町に共立普通学校を設立した。山田郡大間々町・福岡村・川内村・相生村・勢多郡新里村・粕川村・黒保根村・東村、新田郡笠懸村の1町8村の36人の有力者に首唱者になってもらい、創立発起人を山同藤十郎・阿久津直三郎・沢与八郎・松井泰次郎・富沢政八郎・竹内忠蔵とした。発起人はじめ首唱者は県会議員、郡会議員、町村長などの経験者であった。中学校と称することができず、また36人の有力者と創立したので「共立普通学校」と称した。石坂が基隆夜学会を創設する3年前のことであった。

　井上校長は「私は名利に走らず、国家百年の大計たる郷土の子弟を養成する為に、次世代を担う青年を養う為に此処に学校を開いたのである。皆も郷土の柱となって社会に奉仕せよ」と訓示した。井上校長を補佐した竹内謙二郎教諭は勢多郡新里村出身で正教神学校を卒業した。竹内教諭も「お前達は普通の人以上の教育を受けたのである。世の中の柱となれ、鮭が一握りの塩に依って腐敗せぬが如く、世の塩となって世を清め、世を明るく世の中に奉仕する人物となれ」と教えた。新島の精神は井上浦造の創設した共立普通学校の卒業生によって群馬県の地域社会に受け継がれた。

　井上は昭和13年（1938）まで38年間校長を務めた。同校は井上が老齢になったので廃校にすると、町立大間々農業学校となり、戦後には県立大間々高等学校となって、現在に至っている[47]。

　石坂も「郷土の柱」「世の塩となって世を清め」社会に奉仕する人材を育成するために、基隆夜学校、石坂文庫、基隆技芸女学校を設立・運営したのであった。

基隆夜学校の教育方針　　石坂荘作は基隆夜学校の教育方針を次のように述べている（『御賜之余香』26－28頁）。

　…校則に羅列せる学科目を何等主義定見なく軽々に教授するが如きは、所謂口耳の学

問に過ぎずして単に智識の倉庫たるのみなり。教育の本旨は其上に立ちて尚ほ精神上の陶冶を加ふるを以て眼目とし、其處に始めて生きたる人物を作る生きたる学問たるを信ずるものなり。教育は決して科学の伝授に非ず、世上一般の父兄は、其子弟を学校に送るものは、只だ各種の科目を学びて悧巧なる人間たらしめんことを欲して怪しまず。子弟も亦読書数学其他の科学を覚ゆるを以て能事とす。生徒に対する教員の方針も是に外ならざるが如し。学校は智識を受くる處として理解せられつゝあるは、是偽らざる現代の傾向に非ずや。明治維新前に於ける教育の目的と、今日に於ける教育の目的とを比較するとき果たして如何、昔時寺小屋式の外観洵に不完全なる時代に於ても教育は実に人物陶冶に其目的を存したりき。今日の教育は明に教育の目的の第二義に墮せるものに非ずして何ぞや。／惟ふに今日の如く人心浮華軽佻に流れ、思想上に混乱を来せるは、其原因多々存すべしと雖、智識偏重の教育思潮又興つて其一因たらずんばあらざるなり。蓋明治の始に当りて西洋の文物誠に篤心愕目に値するものありて、西洋崇拝熱昂騰し、世は一図に新智識を得るに傾倒し、無批判に泰西の物質文明を流入し、此新文化は一に吾人を承服せしめ心酔せしめ、科学を知るは人間究極の目的にして、人間の向上も、栄達も、知見を広むる以外に他なしとなし、此風潮は教育界にも波及し了に智識偏重の思潮勃興を見るに至れり。開国六十年長足なる文化の進歩は正に主智教育の効果と云ふべく、過渡期に於ける智識偏重も亦止むを得ざる傾向なりしも、為に徳育を苟且に附するが如きは冠履顛倒の甚しきものにして延いて子弟の教育を誤る如きは其に與せざる所、断乎として之を排斥せざるを得ず。…

　そして、前述したように人格的陶冶を教育者と被教育者間の感応融合に求め「教育者の霊火の衝動が、被教育者の精神に感応し其人格を高潮し、躍進せしむるものにして、精神と精神との交渉たり」とした（同書31頁）。知育偏重を批判し徳育を重視する新島襄の教育と同じである。

　　教育上の苦心　　石坂は次のような「教育上の苦心」も厭わなかった（『御賜之余香』48－49頁）。基隆夜学校は、普通の小学校や中学校のように年齢、学力が均一な児童・生徒に教授するものでなかった。日本人、台湾人の違いだけでなく、入学試験を行わず入学を許可したため、学力、年齢などさまざまで同一の標準がなく、学力の低い生徒に合わせると学力の高い生徒が倦怠し、年長者に推理できても年少者には通じないものもあった。日本人内で使用される通俗語は台湾人には通じず「内地に於て特有の風俗習慣等に関する用語は彼等の了解に苦しむ處」であった。また、大正14年度の新入生の出身地も表16のように日本人生徒をみると18府県に及び、台湾人生徒も基隆市内と市外がいて、成育環境がさまざまであった。

　収容生徒数は1教室あたり40～50人が限度であったが、基隆には他に青年教育機関がなく、「制限を超過する入学志願者を拒絶することは、徒らに彼等の学業を荒怠せしむるものにして、本校の目的より見て忍びざるものあり、教

室に余地ある限り入学を許可せリ」とした。

　退学者を多く出しても「一人にても、一学期にて
も勉学を得せしむるは彼等を益するものなるを思へ
ばなり」と入学を制限することはなかった。また、
生徒が日中の労働で心身が疲労し授業中に眠ること
があっても、「早朝よりの彼等の労働を思ふとき
は、彼等を叱起するに堪へざるものあり。彼等に興
味を與へ、其精神を鼓舞し、二時間の授業を有効な
リしむるには、相当教授上の技巧を要するものにし
て、是又苦心の存する所なリ」と生徒に目を掛ける
ことを怠らなかった。

　石坂の「教育上の苦心」も、新島襄の「ひと一人
が大切」「できない子に目をかける」という個性尊
重主義と同じであった。新島が「国は二、三の英雄
で興るのではなく、良心を手腕にした人物によっ
て」支えられるとしたのに対し、石坂も次のような
言葉で同じ考えを示した（同書55－56頁）。

　　国民の多数は小学の義務教育を以て限度とし、僅かに其
　一小部分は青年教育を受け、更に其一部が高等教育を受け
　るに過ぎず。然かも青年教育程度以上の智見を有するに非
　ざれば、今日の文化を理解し、社会に活躍する實勢力を得
　ること能はざるを思はゞ、一般民衆の大多数をして斯くの
　如き低級の教育に終わらしむるは、国家発展上此儘放置す
　べからざる所となす。或は産業振興と云ひ、或は普選実行
　といふも、小学程度の教養を以てしては、農工商孰れの業
　に従事するとしても、能く之を進展せしむべく其予備智識
　の余りに貧弱なるを覚ゆ、況や政治的運用に至リては一段
　の至難に属すべし。…（略）…義務教育程度の多数国民
　は、極評すれば、唯だ多くは黙々として社会の下積みたる
　の不遇の境地にありといふべし。此下積みたる国民を起し

て、社会の表面に立たしむるを得ば、一国能力の増進を来すは見易き道理にして、青年
教育は実に此重大なる役目を勤むるものなり。従つて列国競ふて青年の義務教育を制定
し、或は制定せんと欲しつゝあるは又宜なりと云ふべし。

　しかし、石坂の私学主義は次のように官立主義に対立するものではなかった
（同書57－58頁）。

表16　生徒の出身地

日本人	広島	8
	沖縄	8
	鹿児島	7
	富山	5
	熊本	5
	岡山	3
	山口	2
	大阪	2
	愛知	2
	宮崎	2
	岐阜	1
	福井	1
	福島	1
	滋賀	1
	千葉	1
	福岡	1
	大分	1
	高知	1
台湾人	市内	42
	市外	22
合計		116

『御賜之余香』60頁

…青年教育の施設は国家経費の関係上、今俄かに之を普及する能はざる現状に於て、私学の之を補ふは当然にして、此意味に於て官立学校の以外に立ち、飽くまで此重大なる責任を遂行せんと欲するものなり。…（略）…然も本校の目的方針に至りては何等変改の要を認めず。将来益々青年の人格陶冶を眼目として、帝国南方の殖民地に於て、私立学校として教育の使命を敢行せんと欲するのみ。今日以後に於ける青年教育は、実に今後に於ける帝国々運の盛衰を支配するものにして、青年教育の充実は、以て帝国の国威を発揚するに足るべし。此意味に於て渺たる私立基隆夜学校の存在も亦偉大なる価値ありと言ふことを得べく、将来益々青年教育の為めに貢献せんことを期す。

　石坂のこうした教育観の反映であろう。基隆夜学校の財政的基盤は、第3章で詳細するが、創立から2年間は石坂個人が全て負担したが、その後は官民篤志家の寄付金で賄った。しかし、大正2年からは寄付金を廃止して台湾総督府からの補助金になった。私立の学校であったが、その収入は台湾総督府からの補助金と官有地の払い下げを受けた貸地料が主な財源となった。

　こうしたところにも石坂の立ち位置がよく示されていて、石坂を官と民という対立軸でとらえる見方が適切でないことが分かるであろう。

（6）郷里の友・川村善七と新井信示

川村善七宛て書簡と岩櫃餅　石坂荘作顕彰会の調査で、石坂が台湾から郷里・原町の川村善七に宛てた次の書簡3点が発見された。書簡から石坂の台湾での様子や郷里との関わりを知ることができ、一次資料として貴重なものである（旧字体は改めた）。書簡は昭和10年に出されたものではないかと思われる。

川村善七
（川村厚夫氏提供）

　書簡に触れる前に、川村について簡単に紹介したい。川村善七は明治9年中之条町の「かわち屋」望月家に生まれた。石坂より7歳年少であった。明治29年21歳のときに義母の川村家（前橋藩士）を継ぎ、原町に商店を開いた。同41年キリスト教の洗礼を受け、同37年に原町から中之条町に移っていた吾妻教会を大正5年に再び原町の移し、教会堂を自宅隣の所有地に建設し、翌年救世軍大佐の山室軍平を迎え献党式を挙げた。執事兼会計として吾妻教会の維持に勤めた熱心な信徒で、昭和4年から町会議員を歴任した原町の有力者であった。

新島襄の高弟で安中教会牧師であった柏木義円（かしわぎぎえん）が主宰した『上毛教界月報』（昭和7年12月20日、上毛教界月報社）には「吾妻巡回」と題して、次の記述がある[48]。

　　柏木牧師（十一月）二十日午前十時太田村小泉に白石實太郎氏（しらいしじつたろう）を訪問共に祈リ一時頃辞去、中之條望月家の客となり、蟻川直枝氏浅沼嘉一郎氏訪問。夜、会堂にて「一たび死することゝ死にて後ち審判を受くることは人に定りたる事なり」に就て説教、二十五名来会。二十一日原町山口氏に入り、橋爪氏新井未亡人等訪問。夜、会堂にて黙示録のスミナル教会に就いて説教、参会者三十名。山口三郎平氏に授洗、廿二日午後一時会堂に於て川村ふぢ子夫人の葬儀執行。山口治郎氏司会、新井とよ子姉聖書朗読、片桐牧師祈禱、新井信示氏略歴歴朗読、柏木牧師告別の辞、白石實太郎氏・栗原牧師の弔辞、新井伊三郎氏、川村善七氏の挨拶にて会を終へ、川村氏の尽力にて新に設けられし基督教徒の共同墓地に埋葬。川村夫人は十七歳にして川村氏に嫁し長男を挙げて廿三歳にして全く失明、五十一歳にして本月二十日御永眠。二十五年間の失明生活中数人の子女を挙られ能く家政を理し、其間の御良人の辛苦と愛とは思ふも実に涙ぐましく崇敬の念に打れざるを得ない。…（略）…

　石坂荘作が最も信頼した郷里・原町の川村善七、新井信示はともに敬虔なクリスチャンであったことが分かる。
　それでは三通の書簡を紹介したい。まず次のこの二通である。

【宛先：封書】
　群馬県吾妻郡原町／川村善七様　　　　（消印破損）
【差出人】
　基隆港日新橋畔／石坂荘作
【本文】
　拝啓　一陽来復気／持が更まると共に一段／緊張味も加はリ候／先般御恵与に預り候／岩櫃餅は吾妻の名／産胡桃入りが特色に／頗る高味に有之。友／人等も大に賞揚致し候小生／考ふる所あり。先般当市／外山地を買入れ是れより／老後の楽としてボツボツ／工作に取りかかる考に有之候／場所によりては海抜千／尺も有之相当に寒く雨又／多量なる所より胡桃の／栽培が適しはせぬかと考／へ（台湾五六千尺の蕃地に生野のもの沢山あり）／候に就ては蕃種（まきたね）を目／的とする胡桃（皮の薄く肉多き姫胡桃なれば申分なし）／少許御送附相仰度別／券相添く特に御調申上候／別送鰹魚節少許／供貴覧候間御笑納／被下候はゞ仕合に存じ／候。皆々様に宜敷御／鳳声是祈候／敬具
　　　　　　　　一月十八日　　　　　　　荘作
　　　川村善七様

【宛先：封書】
　群馬県吾妻郡原町／川村善七　様　　　（消印破損）

【本文】
　余寒の砌（みぎり）、益々御清栄の段／奉賀候。先日は御投与に／預候土産品の甘味さに／釣り込まれ胡桃の御調申上げ飛んだ御手数を煩（わずら）はし／恐縮致し候。品ものは昨日／到着居し候間御注意に／仍りよく其場所を考えへ／播種可致候。斯道に就ては／小生凡きり素人に有之候共／兎に角場所が素敵に／広く候故、十分適地を撰み／可申候。只恐るゝのは山／猪多くして彼が掘り／繰り返へしはせぬかと心／配致し候。不取敢右／御礼まで如斯御座候／敬具

　　　　　　　　　　二月十一日　　　　　　　　　　　　荘作
川村善七様
　皆々様によろしく／御鳳声候是祈候

　この二通で注目されるのが、石坂が絶賛した郷土銘菓・岩櫃餅（いわびつもち）の存在である。岩櫃餅は現在では販売されていないし、残念ながらその名を知る人もいないが、戦前までの名物であったものと思われる。『むかし「日本人」いま『台湾人』』の中で、謝風輝さんは「東台湾の名物にも日本人が残していったもの多いね。／花蓮港の芋、寿の寿司、白川の餅、玉里の羊羹、池上の弁当、この５つが有名。今でも威張っているよ（笑）」と言っている。

　現在の基隆市（大武崙山）に、群馬県吾妻郡の胡桃の播き種から成長した胡桃はあるのであろうか。また、岩櫃餅に似た菓子は存在するのであろうか。あるならば、これも石坂の遺産の一つである。

　三通目の次の書簡が石坂の心情が吐露されていて興味深い。

【宛先：封書】
　群馬県吾妻郡原町／川村善七　様　（消印　基隆　0．10．15）

【本文】
　拝啓　益々御清栄の段奉賀候／然ば先般来御勧誘申上候／台湾博覧会御見物は如何に候哉（や）／気候は好し定し御娘様も／御待ち兼の事と存じ致一ど奮／発遊され度候。若し貴殿が御／渡台遊さるゝ様なれば折リ／入って御願ひ申上度こと二、三有之候／御承知の通り小生は本年／取て六十六才最早人生の歩みに／疲れ果て申候。根が百姓／故市井の間に立て銖鐺利（ママ）を／争ふことは最も不得手にして／何時まで経ても旧阿蒙（きゅうあもう）に／有之洵（しせい）（まこと）に御恥かしきことに御座候／昨年まで煙草の元売捌（もとうりさばき）／致し居り候へ共、余りに長ひからと／云ふ理由のもとに止めさせられ／今は只度量衡器の販売のみ／従つて店員もたつた二人に有之候／昨年十月、知人に勧められ／基隆市を西南に去る二里程／大武崙と云（だいぶろん）ふ所に七十町歩の／（水田五丁歩、茶園四丁歩、蜜柑植自後五年のもの千余本、竹林／八町歩、畑若干外雑林）を金／一万円にて買入、昨今之（これ）が経／営に苦心罷在リ（まかりあ）候。何

にしろ一／万円、日歩金弐銭五厘にて借／入して買受けたる事とて、利／子のみにて月に七十五、六円を要し候／尚ほ毎月の費用としては常／雇土人夫婦二組月給金七／拾円、外に臨時夫五十円諸経／費十五六円をつぎ込み居り候／将来は勿論有望に有之候へ共／差当り却々辛苦致し居リ候／即今本道（全ぶ温泉道、小生の／土地を串通）より自動車／道路引き込み開鑿、在／来の三池沼修築、水路／新設等に着手。尚ほ養鶏／豚、魚等も馬力をかけ居り候／以上の如き現状に有是候間／此際貴殿の如き思慮 裕 に／実験に富ませ居るゝ方の御／視察を希ひ、御指導を仰ぎ方／針を定め度願望に有是候／毎度御面倒の事御願申し／恐縮の至りに存じ候へ共金／五円也振替貯金にて御手許／迄差上候間、水、陸稲種各一升／外に原町名産の胡桃餅若干／小包料とを加へ凡五円にて／過不及き程度にて小包便／以て御送附相煩はし度、特に／御願申候。御令閨様に／御鳳声是祈候／敬具

十月十五日　　　　　　　　　　　　荘作

川村善七様／御侍史

　乍失礼、此程新井先生より／御親切の御手紙を給はり感謝致し／居リ候。宜敷御伝声候是祈候。

　文中にある台湾博覧会の正式名称は「始政四十周年記念台湾博覧会」で、昭和10年（1935）10月10日から11月28日まで、明治28年（1895）以来の台湾統治を記念して開催された国際博覧会であり、当時の日本の博覧会で最大規模のものであった。

　石坂は同年４月に同博覧会の常任評議員を命じられ、５月に『台湾文化之謎』を上梓し、６月には「台北旅行倶楽部」基隆支部長に就任した。まさに同博覧会の主催者側の一人であった。書簡は会期中の10月15日に出されたもので、石坂のいくつかの思いを読み取ることができる。

①　林品章氏によれば、台湾博覧会は、日本政府が国際社会に台湾建設における各種の進歩状況を知らせると同時に、台湾民衆の心を日本政府に向けさせようとする目的で開催されたものであった[49]。『始政四十周年記念台湾博覧会協賛会誌』は「台湾統治40周年を契機として台湾本島の産業的地位を全日本的、全東洋的にし、人文振興の一つの転換として台湾の飛躍的発展に大きく拍車をかけるべく…空前の大事業であった」と記した。当時の中華民国政府は視察団（代表は福建省主席陳儀）を派遣し、帰国後「台湾視察報告書」で日本統治下の台湾を賞賛し「日本人にできてなぜ中国人にできないことがあろうか」「わずか40年間にわたる台湾経営で中国との違いは驚くほどである…」と、日本の台湾統治に高い評価を与えた。日本の台湾統治に基隆市を舞台に尽力してきた石坂にもその自負があったであろう。台湾へ渡ってからも親交もあり、その支えにもなっていた川村善七を台湾博覧会に招くことは、その自負心から

と読み取ることができる。

②　石坂が市井にあっても清貧に生きてきた信条を「鉄鑓利を争ふことは最も不得手にして」と矜持を以て語りながら、66歳になり「人生の歩みに疲れ果てた」と正直な気持ち（弱音）を吐露している。石坂は2年後の昭和12年には体調を崩し、同14年には本格的な療養生活に入り、翌15年1月に病没した。書簡が発せられてから亡くなるまでの石坂の最晩年の4年間を見るとき、「人生の歩みに疲れ果てた」と、書簡で郷里の友人に語ったこの言葉は重みを持つ。ちなみに「鑓鉄」とは、きわめて薄い利益のことである。

③　石坂のように富を貪らずに社会貢献してきた人物にも権力は冷たく、石坂の有力な商売の一つであった煙草元売捌業も、「長いからと云ふ理由のもとに止めさせられ」廃業に追い込まれた。

④　それでも、上州人の反骨精神を発揮し、大武崙に70町歩の土地を1万円で購入し農園経営を起業した。

⑤　こうした石坂が真に頼れたのは、川村善七、新井信示（書簡で「新井先生」）らの郷里の友人であった。

　石坂は特許事業であった度量衡器具販売と煙草元売捌業で富を蓄え、それを教育・社会事業に還元した。それは「富の思決を社会と共に享有するは、最も高尚なる行為」という石坂の信念であった。そのことは当時、社会的にも有名で、先に紹介した基隆商業専修学校卒業生の黄希賢の証言からも明らかなことである。それゆえ日本人からも台湾人からも「基隆聖人」と称され敬愛された。当時の日本政府や台湾総督府も、石坂の業績を認め何度も表彰した。しかし、その石坂から「長い」という理由で煙草元売捌業を取り上げたのである。

　「基隆聖人」と称された石坂にも何らかの「妬み」が向けられたのである。日本統治下の台湾において台湾人にも平等に接し、台湾文化を尊重した羽鳥又男台南市長も「非国民」と称されたことはすでに紹介した通りである。

　川村が台湾博覧会に行った資料は見つからず、行ったかどうかは確認することができなかった。

川村善七「台湾の旅」

しかし、川村善七は昭和8年5月25日から6月25日まで、「台湾に旅杖引いて一ヶ月」という俳句を詠むような長旅をしていたことが分かった。川村がその紀行文を『吾妻教育』（昭和8年12月1日発行、吾妻教育会）に発表しているのを見つけた。

　川村は長女・絢が昭和7年に台湾にある鹽水港製糖会社に勤務する高橋三

枝と結婚し、同会社工場のある花蓮郊外に住んでいた。「台湾に知己もあり娘も行つて居る。一度は見物もしてみたい気もあつたが、何時出かけると云ふ機会もなかつた」。ところが、長女が帰郷し台湾へ帰るにあたり次女・志津子を連れて行ったので、迎えに行くことになり、また製糖会社も「社勢閑散」になったので、女婿が台湾案内をすると言ってきたことから、念願の台湾行きが実現した。

　川村善七の孫にあたる川村厚夫氏によると、高橋三枝は吾妻郡出身で東京農業大学を卒業し、鹽水港製糖会社に就職した。高橋夫妻は敗戦まで台湾で生活したという。

　川村善七は5月25日に原町を出発し、26日東京、27日西宮に宿泊。28日には新築された大阪城の天守閣を見学し、29日に神戸港から台湾へ向け蓬莱丸に乗船した。30日に門司に停泊し午前中は上陸し同市内を見学、正午に台湾に向け出港し、6月1日に基隆港に到着した。

　　六月一日（曇）愈々今日は基隆上陸の日とて船客は皆勇み立ち一同平穏なりし航海を喜びて訣れを告げ、旅装を備へ船の陸地に近づくを待つて居た。…（略）…植物の検査や種類や煙草の輸入等も検査する正に午後一時蓬莱丸は基隆岩壁へ横付けとなつた。自分も艦橋の方へ進み出づ其時群馬縣の川村さん高橋さんよりの御迎ひと云ふ聲がする是れ台北ホテルの番頭さんなり、先づよかつたと荷物など托して船より降りる。上陸すれば直ぐ前が基隆停車場だ。高橋某は既に鶴首して待つて居つた。自分の積りでは基隆に着けば先づ第一に原町出身の知己石坂氏を訪問する予定なりしも高橋君はそれでは時間の都合も悪し南都の御案内を先にしたいと云ふ。何しろ台湾旅行は同氏がリーダーなれば指図通りの行動を執る直に汽車に乗り約一時間にて台北に着く…（略）…

　基隆に着いた川村は石坂荘作に会いに行きたかったが、女婿である高橋の計画により、台北に向かい台北ホテルで休憩。高雄行き急行列車の出発が午後10時半なので、台湾神社、北投温泉を巡り、高雄行きの急行列車に乗った。6月2日に嘉義、新営、台南を通過し高雄駅に到着、同日は西子潟の臨海ホテルで休息した。3日は高雄市内を見物。寿山に登り、山腹の高雄神社、頂上から高雄港を眺望した。4日は台南市に入り、花園町の四春園に宿泊。台南見物として赤嵌楼、児玉源太郎銅像の立つ大正公園、博物館、孔子廟、台南神社、往年の港であった安平などを回った。この博物館が少年時代の許文龍氏が通い詰めたところであろう。女婿の高橋は新営にある鹽水港製糖株式会社本社に顔を出すため別れた。5日は後壁駅で途中下車し、関子嶺温泉に向かい「洗心館」という旅館で休憩した。同館の女将が高崎市の覚法寺の娘で、同じ群馬県人であることが分かると大歓迎してくれた。嘉義駅で高橋と合流し大藤

旅館に泊まった。6日は阿里山登山をして阿里山ホテルに宿泊。7日は嘉義に戻り専売局の酒糟製造所を見学、嘉義神社を参拝し台北に向かった。そして、ようやく8日に石坂荘作と会うことができた。台湾に着いて1週間が過ぎていた。

　　六月八日（曇リ）午前六時台北に着す。荷物など旅館に托し今日は基隆市なる石坂氏を訪問す。石坂氏は原町の出身にて東都に出でゝ苦学し後郷里にて教育に従事せしも臺灣征討軍として北白川宮殿下を戴き奉りし近衛師団に属し奮戦せられ、以来彼地にあり領台時代は新聞記者として台湾の文化に貢献し後商業を営み大に成功せり、特に同氏に就き特筆大書すべきは明治三十六年の頃教育の未だ完備せざりし頃、私立夜学校を創設し業務の余暇を以て爾来三十年、青年子弟を教育せられ其卒業生を出すこと千百余名なりと云ふ。実に感激に堪えざるなり。是れ君が抱負たる所の社会教育に盡瘁貫徹せられし結果なりと信ず。石坂氏の御店は度量衡の販売と煙草の元売捌（もとうりさばき）をなされて居り店員七八名を使用せらる。令弟健橘君は隣家にて自転車の御販売をなされて居り是又盛大である。刺（し）を通（つう）ずれば石坂さんは信用組合に御出かけと云ふ電話にて直に御帰宅下された。郷里よりの訪客として御兄弟にて非常に喜ばれ大に歓待（かんたい）して呉れ、御令弟の案内にて自動車を以て市内の見学をさせて戴いた。基隆夜学校は昨年又増築せられ立派な校舎である、昼間婦人会の裁縫教室として利用せられて居た。そこで是も懐かしき原町出身の南画家新井洞巖（あらいどうがん）先生の絹本の大幅が掛けられて有つた。非常に傑作であつた。それより公園に登りて市内を見下（みおろ）し基隆市の大体を知ることを得た。遉（さすが）に台湾第一の港とて大船巨船の碇泊ありて何となく勢のある所たり此地に要塞あり、重砲兵大隊を置く商業又盛なり人口八万を算す夕刻辞して台北に帰り泊まる。

　川村の石坂の履歴に対しては誤認があることが分かる。しかし、石坂が「東都」で苦学したということは、新井信示が書いた石坂の履歴にはなく、事実であるならば初めて知ることである。昭和8年に石坂は64歳であった。異母弟の健橘は石坂商店を手伝っていたのではなく、独立して自転車販売店を営んでいたことが分かる。つね子夫人は昭和4年4月5日に行年50で病没していた。養子の龍二のことは出てこない。先に紹介したように川村も同7年11月に夫人を亡くされたばかりであった。案内された公園は同8年5月に開設したばかりの石坂公園であった（石坂公園は次項で改めて触れたい）。基隆夜学校には原町出身の南画家・新井洞巖の大作が展示されていた。

　新井洞巖は慶応2年原町に生まれた。本名は信吉。南画を長井雲坪、四谷延陵に、漢学を貫名海雲に学んだ。明治18年に上京し菅原白竜、高森砕巖に師事した。同29年から3回、18年に及ぶ芸道修業の旅を続けた。第3回目の旅は44歳から5年間で、台湾、中国大陸の福建・洞庭に及んだ。台湾へは明治43年に行っている。おそらく、このときに基隆の石坂のもとを訪ね、夜学

校のために絵を描いたものと思われる。3回目の旅を終え、大正2年（1913）に東京の小石川区原町に居を定め、同郷の畏友で衆議院議員になっていた木檜三四郎の媒酌で、山口六平の四女・はると結婚した。48歳であった。同13年に妻・はるの従兄弟の山口三郎平の四男で小学校6年の正明を養子に迎えた。洞巌は作家・吉川英治、陽明学の大家の安岡正篤と親しく、吉川に「最後の南画人」と評された。昭和23年没[50]。養子・正明は一高、東京帝国大学法学部を卒業し、住友本社に入社した。一高、東大の同級生で親友が政治学者（東大名誉教授）の丸山真男であった。ノモンハン事件での戦傷により右足を切断したが、復職し住友生命中興の祖といわれた。

先に紹介した『上毛教会月報』「吾妻巡回」で分かるように、新井正明の実父、山口三郎平も柏木義円から洗礼を受けた吾妻教会員で、山口六平家とは親戚関係であった。

川村は6月9日は花蓮港に向かった。花蓮港から汽車で寿村に行き、同村にある塩水港製糖会社工場の長女夫妻の住む社宅に到着した。10、11、12日と長女の家族と過ごした。「南国でやれしばらくと孫を抱き」。13日は製糖工場を見学。14日は「荖溪及池南の二蕃社」の視察。

15日は会社の催しで「上山草人の忠臣蔵のトーキー」が学校の講堂であり見物。16日はタロコ峡を探勝。17日は休養し、18日に帰路についた。

　　六月十八日（晴）愈々今日は台湾の地に名残を告げて帰国の途につく、長客なりし志津子を連れ一同に送られて午前六時寿駅を発し、花蓮港より例の臨海道路を通過し正午蘇澳駅に着いた午後一時の汽車に乗り基隆へ着いたのが午後六時であった。帰りには泊れとの厚意もあつたれば其夜は日新町なる石坂氏方の御客となつた。
　　六月十九日（曇リ）石坂氏御兄弟の懇なる御見送りにて船迄送られ、午前九時蓬莱丸へ乗り込み再会を期して訣れを告げた。同十時船は基隆の港を解纜せり。

21日の正午に門司に着き、下関でランチ。午後6時門司を出港し、22日神戸港に到着。西宮の親戚、23日東京の親戚宅に泊まり24日も東京に滞在し、25日に原町に帰宅した。

この川村の台湾旅行のことを知ると、先に紹介した石坂の川村宛て書簡について理解が深まる。昭和10年開催の台湾博覧会に娘様も待っているだろうから来るようにと訴えているのも、長女夫妻が台湾にいたからであり、老後の行く末を相談しようとしたのも、基隆の石坂邸に泊まった経験があり、石坂の身辺の事情を川村がよく理解していたからであった。石坂が煙草の元売捌業を取り上げられ、新しく事業を展開しようとしたのも、弟の健橘は石坂商店とは別の事業を営んでいたからであった。

石坂公園　　　川村善七は昭和8年5月に開園したばかりの石坂公園に案内
された。同園については『躍進群馬県誌』でも触れられてい
る。入江曉風『基隆風土記』は石坂公園が開園した3カ月後の同8年8月6
日に発行されたもので、基隆に関する同年6月までのことが記述されている。
　石坂公園についても次のように記されている（385-386頁）。

> 一、同上五月二十日石坂公園開場式、義重町山腹を利用し松樹植込み、道路開鑿（かいかん）、榭（しゃ）
> 亭（てい）を造り市民散策、非常時避難、のためなり。福井県曹洞宗本山の所有地石坂氏
> 保管人となる凡そ四甲歩なり、明治三十二年末基隆に来り引続き公園開拓に努力
> す、全山松樹のみ樹齢十五年に及び労費共巨万にして見積り難き、不滅の公徳な
> り、篤志山本市太郎氏今後経営の任に当る、市内中央にして其便益と共に市民そ
> の功労を感謝す。

　甲とは台湾の伝統的な面積の単位で、日本統治時代には1丈3尺を1戈
（約3.9394m）とし、1辺25戈の正方形の面積を1甲とした。1甲は約
0.9699265381haで、4甲は約3.88haであった。石坂は明治32年に基隆
に居を定めてから永平寺の所有地の保管人となって公園の開拓に乗り出した。
　郷里の石坂家の菩提寺・善導寺は浄土宗であったが、石坂は台湾では明治
38年に基隆曹洞宗信徒総代になり、曹洞宗と深いつながりを持っていた。石
坂公園ばかりでなく、基隆夜学校は曹洞宗基隆布教所を間借りして始まり、石
坂文庫の創設のところで紹介したが、石坂は明治40年に台湾縦貫鉄道全通式
の来賓であった曹洞宗管長・石川素堂から、長年にわたり紛糾していた同宗所
有地問題に尽力して謝金をもらい、それを石坂文庫の原資とした。
　曹洞宗には越前（福井県）に永平寺、能登（石川県）に總持寺の両山があ
り、それぞれに貫首を置き、一年交代で曹洞宗の管長を務めた。石川素堂は明
治38年（1905）に總持寺貫首となり、翌年に曹洞宗管長となった。焼失した
總持寺の再建に当たり、神奈川県鶴見に總持寺を移転させた。石川管長は台
湾、朝鮮の布教にも熱心であった。
　完成した石坂公園は、篤志家の山本市太郎に経営が引き継がれたが、石坂と
山本市太郎との関係や山本市太郎がどのような人物か、また、その経営につい
ても確認できなかった。

（7）胆識、胆力の人

基隆聖人とは　　　石坂が敬称された「基隆聖人」とはどういう意味であろ
うか。改めて考えてみたい。

まず、石坂荘作研究の第一人者である宇治郷毅氏の『石坂荘作の教育事業』から、その文章を紹介すると、次のようになる。

　　この本で取り上げる石坂荘作という人物は、1896（明治29）年台湾に渡って以来、1940（昭和15）年に台湾で逝去するまでの約45年間、その主たる活躍の場を台湾の北端の国際貿易港基隆（キールン）に定め、度量衡など販売の一商人として生涯を全うした。商人としての多忙な生活のかたわら、寸暇を惜しんでこの地の行政、経済産業、社会事業、公益事業、教育事業、学術研究など多方面で活躍した。また学術的価値のある著作も14冊も残している。石坂の事業の中で、特に社会事業（「石坂公園」の設置、労働者向け住宅の提供など）と教育事業（「私立基隆夜学校」「私立基隆技芸女学校」及び「私立石坂文庫」の経営）には、惜しみなく私財を投じ自ら熱心に取り組んだので、この地方の恵まれない多くの日本人と台湾人、特に貧しい台湾勤労青年や女子から大きな感謝と尊敬を受けた。石坂の生き方は無私他利に徹し、常に社会的弱者の側に立っていたために、当時の官や学界などからは奇特な人として敬遠されたが、多くの民衆の敬愛を集め、「基隆聖人」とまで呼ばれるまでになった。

　また、同氏は同書で石坂が「社会の尊敬を一身に集めた、まことの君子なり」（上村健堂『臺灣事業界と中心人物』、1919年）、「石坂荘作は基隆の国宝」（田中一二『臺灣の新人旧人』1928年）、「深慮の深淵にして高潔国家的経綸を有す」（大園市蔵『臺灣人物誌』1916年）と評されたことも紹介している。それとともに宇治郷氏は次のようにも述べている。

　　石坂は三つの顔をもっている。第一は実直な商人としての顔であり、第二は地域の行政、経済・産業、社会事業などに精力的に取り組む辣腕の社会活動家としての顔であり、第三は「稼いだ金は社会に返す」という信念で教育事業に打ち込む「基隆聖人」としての顔である。

　この文章によれば、「基隆聖人」とは教育事業に打ち込んだ石坂を指すことになる。宇治郷氏の言われることに異論はないが、筆者はもう少し「基隆聖人」という言葉にこだわってみたい。

　石坂は少年期に山口六平や牧師・白石村治の影響でキリスト教に触れるとともに、儒者の新井慎斎や富澤嵩琴に学んだことから、儒教が石坂の人格形成のもとをなしていた。したがって、「基隆聖人」という言葉も儒教的な観点から考えてみる必要があるであろう。

　儒教では、「才より徳のまされるを君子」、「才徳ともに兼備している者を聖人」「才徳兼亡の人を愚人」という。儒教を学ぶ者は聖人になることを理想とするが、それは至難のことで、君子ならば心掛け次第で到達可能だとみられていた[51]。

石坂は商才があることはもちろんであるが、文筆活動にみられるような文才もあった。その上に人格に優れ、徳も備えていた。つまり、才徳兼備の人であったから「基隆聖人」と呼ばれたのであろう。儒教を学んだ石坂も聖人の道を歩むよう自己錬磨を続けた。それが石坂の立志であり、生涯であった。

　宮川次郎『新台湾の人々』（拓殖通信社、大正15年）は辛口の人物評を行っている。「要するに基隆は、石炭と、水産と、海運業の天下であつて、会社銀行を通じては船会社員の幅の利く場所である。其の幅を利かせるに比例して、公共的に盡瘁するかと云へば、必ずしもそうではない」と述べ、石坂荘作亡き後に基隆商工専修学校の校長を引き継いだ和泉種次郎は当時、台湾水産会社専務取締役であったが、「智者和泉」と呼び、次のように辛口の評価をした[52]。

　　同社の専務取締役和泉種次郎は策士である。近年同志と新高新報社の経営を試み基隆に本社を置き、専ら経営の衝に当つて居る。／彼れは水産には多年の経験あり、一時比律賓群島に進出した事もあつて、中々の山気たつぷりの活動家である。然し多策時に自縄自縛の窮地に立つ場合がないと云へぬ。知恵が総身に廻り居るかの如く見られ、常に各方面に姿を現はし、現在の同地事業界の花形役者たる可き運命にある。然しどの程度成功しつゝあり、又成功するかは未知数であろう。

　これに対して石坂荘作を「社会事業家石坂荘作」と呼び、次のように評価した[53]。

　　石坂荘作は石坂商店主であつて、元臺灣日々新報営業部の社員であつた。今は基隆信用組合長理事をして内外の信用が厚い。生真面目な、極めて舊（きゅうぎ）誼に厚い、温厚篤実、正味疑ひなしと云ふが如き堅い男である。／公益社の今日あるのは、彼れが社長時代よりの功労興て力がある。更に基隆夜学校の経営、近年公益社に寄附した図書館の如き、社会事業家としても臺灣屈指の人物である。特に石坂文庫と称する図書館の私立の如き、彼れの趣味の然らしめたとは云へ今日では地方的図書館として有力のものであり、又夜学校としても社会に貢献したところ少なくない。南洋物産の紹介抔（など）もやつた事がある。／彼れは日常の生活は、純前垂商人（じゅんまえだれしょうにん）であつて、いつも質素で謹直であつて、曾て華美な情調に浸た事がない。従（したがっ）て一種独特の店風をつくる程に、終始店先に在て商務に没頭して居る根気は、真に当代珍とするに足る。／彼れは総てが用意周到である。而して社交は上下に行渡り、寸隙（すんげき）もない如才なさである。風貌はどこ迄も商人で、眼は俊敏を語る。兎に角に基隆に於て異色ある人物であると同時に、全臺灣に於ても異色ある人物の一人と云ふ可きである。

　毒舌の宮川も、石坂が才徳兼備の人であったと評している。儒教では知識の深い浅いを人物評価の大きな尺度としない。その理由は、知識はなくてはならないが、知識だけでは複雑で変化極まりない現実には対応し得ない。知識でなく見識が必要であり、さらに見識より胆識が必要であるとしている。すなわ

ち、ただの知識に対して、ものの正しい判断ができる段階を見識という。しかし、見識もまだ本物でなく、正しい判断をして、さらにその決断によって決然と実行していく胆力が必要で、この胆力のもとになっているのが、胆識である[54]。

　儒教では知識から見識、見識から胆識を養うことを理想とする。石坂荘作は胆力をもって行動し「基隆聖人」と呼ばれたのである。

　羽鳥重郎、羽鳥又男、新井耕吉郎、中島長吉も胆力の人で、それゆえ、いまなお台湾で敬愛されているのである。

その最期　石坂荘作は持病の喘息（ぜんそく）に悩まされ、昭和14年（1939）11月に基隆病院に入院。そして、年が改まった翌15年1月18日に亡くなった[55]。71歳であった。

　石坂が亡くなると、新井信示は『吾妻教育』第326号（吾妻教育会、昭和15年3月）に追悼文「石坂荘作氏逝く」を書いた。

　石坂荘作氏は本郡原町の人、小学校卒業後、新井慎斎翁富澤牫琴翁等に就いて漢学を学び、更に水戸に遊学し、日清役には工兵軍曹として出征し、戦後図南の雄志を抱いて台湾に渡リ、其の開拓発展に力を効すこと四十余年去る一月十八日遂に基隆に於て長逝せられたが、氏は其の少壮時代、明治二十二年六月より二十三年十一月迄原町小学校教諭を奉職し同二十六年十二月より二十九年二月迄吾妻高等小学校教師並吾妻中学院教師（在職中日清役起リ応召従軍）をせられたことがあるので、本郡教育会に取ても因縁浅からぬ人である。私はいづれ機を見て小伝をものして本誌の余白を拝借したいと思つて居るが。今取敢へず同氏逝去直後の新聞記事一二を抄録して、御熟知なき方々への紹介として置く／本年一月二十日附台湾日々新聞は「石坂荘作氏逝去」といふ見出しで／〔基隆電話〕基隆市日新町一ノ三度量衡器、計量器特許販売業並に保険業、州会議員石坂荘作氏は既報の如く旧臘依頼喘息にて基隆病院に入院中此程病勢悪化し危篤の状態であつたが十八日午後五時五十分死去した享年七十一別式は二十二日午後四時市公会堂に於て営まれる氏は明治三年三月六日群馬県吾妻郡原町に生れ茨城水戸に遊学明治二十九年三月フイリツピン島探検の目的で渡台、台湾守備第三旅団台東討伐に従軍、其後台湾日報社及び本社に入社、同三十二年九月本社を退社して基隆に転住同三十六年基隆商業専修学校を設立校主として創立後三十八箇年に及ぶ同四十二年石坂文庫を設立開館大正十三年基隆市に之を寄贈基隆市図書館となる。昭和十三年基隆商工会議所顧問に就任現在に至る、大正五年港湾を保護し兼ねて都市美を添へる目的を以て市内義重、入船、真砂各町に松樹を移植し、越えて昭和五年市民行楽の目的を以て義重町に石坂公園を新設開放す、大正五年台湾産業奨励の趣旨に基き基隆停車場前に台湾南支南洋名産陳列場を開設し之に石坂文庫を併置す、同九年十月台北州協議会員昭和十一年同州会議員を拝命現在に至つて居る。昭和九年基隆和洋裁縫講習所長、同十一年基隆家政女学校に昇格その校長となる。同年基隆防衛団北地区団長に推さる、此の間特に多年社会教育事業に尽瘁し功績顕著なるものあり基隆聖人と謳はれてゐる。氏のこの度の死去は非常に惜ま

れてゐる。／と、写真入りで書いて居る。又、一月二十八日発行の「鵬南時報」には尾崎秀真氏が次の様に書いて居る。／「…丁度其日基隆の石坂図南君が危篤であると云ふ知らせがあつたので…心配だと云ふので駆け着けた十八日の昼過ぎであつた。婦人会の立花君や吉田夫人などは前日から詰切つて居られた多数の家人や知辺の人々に護られて基隆病院の病室に末期の瞑目を遂げられたのは其日の午後五時四十分であつた。越えて二十二日の午後四時に基隆公会堂で告別式が営まれた。其の盛儀は基隆始まつて以来多く見ない所であるといふのも道理で君の如き台湾の功労者は決して他に比類を見ない。在台四十四年の久しい間、或は軍人として、或は私立学校の経営に或は図書館の創設に、或は公園の施設に、或は著述に、或は歴史考古学の研究に或は私人として社会万般の事業に貢献したるが如き、恐らく領台以来今日迄全島の何れの地に於ても其の比倫匹儔を見ない敬服すべき人物である。殊に…（下略）／尚ほ二月七日附東京日日新聞夕刊には「石坂荘作氏の余栄」といふ見出しで／畏れ辺りでは去月十八日死去した台湾基隆市日新町一ノ三石坂荘作氏が生前基隆商業専修学校を創設、図書館を市に寄附したり基隆市郊外に一万坪の公園を作つて開放するなど三十八年間教育に盡した功を嘉せられ六日追賞として遺族石坂健橘氏に対し銀盃一箇を賜はる旨の御沙汰があつた。／と報じて居る。令弟健橘氏からの近信に／「…当地に於ける諸行事並に整理つき次第遺骨を郷里に帰葬いたしたく存じ居候三月下旬には帰国致し度存じ居候へども船便等の関係にて如何相成るや決定いたし兼候船客は三月中全部予約申込済の盛況に有之乗船も中々一苦労に候…」／とありました。

　尾崎秀真は石坂を「領台以来今日迄全島の何れの地に於ても其の比倫匹儔を見ない敬服すべき人物」と称した。石坂荘作が「基隆聖人」とたたえられる所以である。

　尾崎の追悼文にあるように、2月6日には「追賞銀杯下賜」があった。『官報　3925号』（昭和15年2月8日）で次のように報じられた。

　　◎追賞銀杯下賜　教育ニ盡悴セシ廉ニ依リ昭和十五年二月六日追賞銀杯ヲ下賜セラレタル者左ノ如シ（賞勲局）／故勲八等石坂荘作遺族／石坂健橘／明治二十九年渡臺以来四十有三年私立基隆夜学会ヲ興ヲテ貧困子弟ノ教育ニ努メ竟ニ今日ノ基隆商業専修学校ノ隆盛ニ至シシメ或ハ自己ノ文庫ヲ提供シテ基隆市図書館トシ又私費ヲ投ジテ原野ヲ拓キ公園ヲ設ケテ公衆ノ保健ト都市ノ美化ニ貢献シ其ノ他臺灣文化ノ進展産業ノ振興ニ寄與セル等其ノ労効尠カラズ仍テ褒賞條例ニ依リ銀杯一箇ヲ賜ヒ以テ之ヲ表彰セラル

　4月になって石坂の遺骨は分骨され、基隆市南榮公墓と郷里の原町にある浄土宗寺院・善導寺内の墓地に埋葬された。基隆市の墓地は撤去され今はないという。善導寺の墓石には戒名「台雲院図南良徳居士」が刻まれ、昭和4年4月5日に行年50歳で病没した夫人・津ね子（慈臺院鏡室妙智大姉）とともに眠っている。墓石裏面には新井信示の次の漢文が刻まれている。

　石坂荘作君明治三年生于原町幼穎悟修漢学於新井慎斎／富澤萇琴洋学則白石村治更負

笈水戸尋入近衛工兵隊日／清役転戦各地以巧叙勲八等役後
抱図南之志慨然渡臺灣／周遊全島定居基隆従実業夙留意島
民教化捐私嚢独力創／設夜学校即今基隆商業専修学校之前
身也又興技芸女学／校及婦人会設立図書館或造風致林開公
園刊行図書貢献／各種公共事業不可勝拝受宮内省臺灣総督
府其他官廳旌／表前後凡三十九回昭和十五年一月十八日病
没生前之功／績賜銀杯為挙行基隆市民葬遠近咨嗟嘆息夫人
先君没無／嗣弟健橘奉遺骨帰梓葬子先瑩之傍郷人墓徳不置
如

石坂夫妻の墓

善導寺は浄土宗の開祖・法然上人七代の法孫識阿
空寂上人が開いたと伝わる古刹である。同寺には木
村卓堂や新井善教、石坂ゆかりの山口六平、新井慎斎
らも眠っている。

原町の三偉人　新井信示は執筆編纂した『原町
誌』のなかで、新井善教、高山
昇、石坂荘作を「原町の生んだ三偉人」であると、次
のように述べた。

新井信示

　…新井善教は官吏特に裁判官として各地裁判所長、控訴院
判事を経て大審院判事となり、高山昇は夙に神官教育上神道
振興上に尽力し、又官国幣社宮司を歴任して到る処に功績を
遺し、徳富蘇峰に「日本一の神主」と嘆称され、石坂荘作は
図南の大志を抱いて台湾に渡り、その開発進展に尽瘁して、
実業上に教育上に社会事業上に幾多の貢献を致して、基隆の石坂台湾の石坂として嘖々
たる令名あり、功績天聴に達して歿後追賞の栄を受けた。三人とも深く郷土を愛し郷土
に尽すところ一般人以上であったが、志天下国家にあったので郷土以外に功績を遺し
た。この三人を原町の生んだ三偉人というも過言でなく過褒でもあるまい（764頁）。

　新井善教は官職を辞すと原町に戻り「優遊自適」の晩年を過ごし、明治43
年に71歳で病没した。高山昇は昭和25年に神奈川県鵠沼で老衰のため87歳で
没した。亡くなった場所はそれぞれであったが、３人とも原町に葬られ、愛
した郷里の土に帰った。

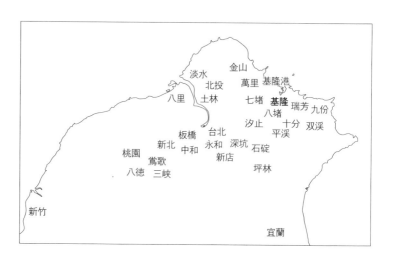

淡水　　　金山
　　　北投　萬里　基隆港
八里　土林　　　七堵　**基隆**
　　　　　　　　　　八堵　瑞芳　九份
　　　　板橋　台北　汐止　　　十分　双渓
桃園　新北　中和　永和　深坑　　平渓
　鶯歌　　　　　　　石碇
八徳　三峡　　　　　　坪林

新竹

宜蘭

台北市

台中市

彰化市

花蓮市

台南市

台東市

高雄市

第2章　顔欽賢－基隆顔家の三代目－

第1節　基隆顔家

（1）日本統治下の新興財閥

台湾五大家族　ここからはもう一人の主人公・顔欽賢についてである。まず、顔家のルーツから始めたい。

　台湾には中国大陸からやって来た移住民により、土地開墾の進展と対岸貿易の発展に伴い、土着人社会が形成されていった。地主制を基調とする土地開墾の進展は台湾における地主勢力を繁殖させ、商業的農業を背景とする対岸貿易の発展が商人勢力を培った。その結果、台湾における土着資本勢力はこの二つの勢力によって代表され、地主勢力は高い小作料によって維持され、商人勢力は厚い商業利潤によって存在した。林本源一族（板橋林家）が北部最大の茶園主であり、茶業金融と為替金融も手掛けた。陳中和一族は和興公司をもって横浜・香港・打狗（高雄）を舞台に砂糖貿易を中心に巨富を積んだ[(1)]。

　日清戦争後の日本統治が始まると、林本源一族も陳中和一族も台湾総督府と密接な結び付きを持ち勢力を保った。さらに新しい土着勢力として辜顕栄一族と顔雲年一族が台頭した。辜顕栄は石炭輸出を主力とする貿易商人であったが、日清戦争中に日本軍に協力し、領台後は台湾総督府により樟脳の製造と販売の許可を得て、さらに塩田開設の特権まで付与された。顔雲年は鉱山請負業者として藤田組や三井財閥などとの結び付きを強め、それぞれ新興財閥として台頭した[(2)]。

　こうして日本統治時代には、板橋林家（林本源）、林献堂の霧峰・林家、陳中和の高雄・陳家、辜顕栄の鹿港・辜家、顔雲年の基隆・顔家が台湾で政治・経済的に特に秀でた五つの名家として「台湾五大家族」と称されるようになった。

【基隆・顔家】

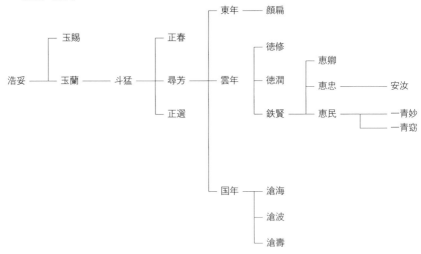

基隆顔家　　　基隆顔家（系図）の家系を素描すると次のようであった⁽³⁾。顔
家の始祖は顔友で、その子・爽は魯に仕えた。それより８代
の孫が顔回（顔淵）で字は子淵といい、孔子の門下であった。顔回から33代
を経て隋の東宮博士顔之推がいた。之推から４世の孫に書家の顔真卿がい
た。顔真卿から７代ののち福建省に移住した。それより24代ののち時混に４
子あり、第２子を浩妥といい、台湾における顔家の始祖であった。浩妥の４
人の子は玉蒲・玉勃・玉蘭・玉賜といった。

　乾隆年間（江戸時代の寛政年間）に浩妥が家族を率いて台湾に入った。台
中州大肚溪付近で農業を営んだが、大飢饉に遭って福建省に戻った。嘉慶年間
（江戸時代の享和・文化年間）に玉蘭・玉賜の兄弟が再び台湾に渡り梧棲港に
住み半農半漁を営んだが、北部の碇内庄（基隆市）に移った。玉蘭の子の斗
雙・斗猛、玉賜の子の斗于・斗却・斗博・斗點が協力し開墾した結果、資力も
豊饒となった。道光27年（弘化４）には鰈魚坑溪洲の荒地を開墾するに至っ
た。同治元年（文久２）に屋敷も増改築し豪壮になった。

　玉蘭の第３子・斗猛は李氏を娶り、正選・尋芳・正春の３人の男の子を授
かった。尋芳が家督を継ぎ、翁氏を娶り３男１女を授かった。東年・雲年・
国年と氏粧である。

　基隆・顔家の人々にとって、顔回（顔淵）の末裔であることは大きな意味を
持っていると思われる。顔回は孔子の弟子（孔門）第一の人物であった。秀才

かつ勉強家であり人格者であった。ある人が孔子に弟子の中で誰が一番学問好きかと質問すると、ただ一人、顔回の名を挙げた。孔子より30歳年少で、29歳の時には頭髪は真っ白で「白髪の有徳者」であった。

顔回の末裔である基隆・顔家の人々は学問・芸術を愛で大切にした。すでに紹介したように石坂荘作が台北に移ることになると、顔雲年は漢詩を贈り、別れを惜しんだ。石坂はその漢詩を生涯大切にした。顔欽賢の孫にあたる一青妙氏は、顔家の人々と石坂荘作が親しくなった理由の一つに顔家は教育、文化芸術に関心のある者が多かったことを挙げている。

石坂は郷里・群馬で儒者の新井慎斎や富澤畿琴に学び人格形成をはかった。漢学的・儒教的教養によって基隆・顔家の人々と心を通わせる間柄となっていったと思われる。

石坂荘作が生まれた明治3年（1870）に、前橋藩は日本で最初の洋式器械製糸である藩営前橋製糸所を創業した。世界遺産になった官営富岡製糸場の開業より2年早かった。藩営前橋製糸所の実質的な責任者は速水堅曹（はやみけんそう）であった。速水はスイス人・ミューラーから器械製糸の技術を習得し、日本蚕糸業界の先覚となった。

速水の自伝『六十五年記』によれば、速水は12歳になると大屋頼寧（おおやらいねい）のもとで学んだ。速水は「この世に生まれて、どのようなことをするのが貴いのか」と大屋にたずねた。大屋は「人間の第一は聖人で、孝悌忠信に基づいて人の道を非の打ちどころなく、顔回のように行うこと」と答えた。そこで、速水は「必ず顔回となり終（つい）に聖人と成らん」と誓った。

すでに述べたように石坂は、新井慎斎・富澤畿琴から儒教を学んだ。石坂と新井・富澤の師弟関係にも、速水と大屋のような問答が交わされたのではないだろうか。儒教で人間形成をはかった者にとって、「顔回になる」ことは目標であった。

そうした石坂が顔回の末裔である基隆・顔家の人々と出会ったのであるから、すぐに肝胆相照らす仲となったであろう。そして、顔回の末裔の基隆・顔家の人々との出会いが、台湾人を差別せず、尊敬するという石坂の原点になったのではないだろうか。

（2）父・顔雲年―台湾の鉱業王―

瑞芳警察署巡査補兼通訳　　顔雲年（がんうんねん）は、1874年（明治7）12月6日、基隆の南方にあたる鰈魚坑に生まれた。父は尋

顔雲年

基隆川砂金採取

芳、兄に東年、弟に国年がいた。明治28年、日清戦争の結果、台湾は日本の領土となった。領台直後は「土匪蜂起」し、反対勢力が存在した。翌29年瑞芳の守備隊長は警察署を介して顔家の主人を召還した。伯父正選、叔父正春と父尋芳は、当時21歳であった雲年を一家の代理として出頭させた。

　守備隊からの用務は、「良民と匪類との区別」をして申告することであった。雲年はそれに従事し、瑞芳警察署巡査補兼通訳となった。

基隆川では砂金が採れた。清朝時代（明治23年）、台湾巡撫劉銘傳が台北―基隆間の鉄道敷設を進め、基隆川七堵の鉄橋架設にあたり、川床の砂礫中に砂金があることが発見された。七堵から瑞芳まで基隆川の沿岸はゴールドラッシュとなった。清朝では官営とし砂金署を設立し、料金を課す採取制度を制定した。

　日本統治になると、瑞芳に官設砂金局を設け、鑑牌制度により採取を許可した。明治29年「台湾鉱業規則」を発布し、同30年5月8日、台湾人（本島人）の国籍が確定し鉱業権も許可された。しかし、台湾人の多くが同規則を熟知していなかったため、出願者は少なく、その大部分が日本人（内地人）であった。

　顔雲年は明治33年から日本人の廃業した鉱区を再出願したり、借区譲受したりして、20を超える鉱区を扱うに至った。

藤田組の瑞芳金山経営　明治29年、藤田組が瑞芳金山を経営することになると、所長代理であった近江時五郎は、瑞芳警察署長・永田綱明に台湾人で日本語が話せ、採掘請負の仕事ができる者を推薦するよう求めた。永田署長は同署巡査補で守備隊通訳の顔雲年を推薦した。そこで、顔雲年は藤田組のために物資及び労役者を提供するとともに、瑞芳金山の小粗坑の一部を借区稼行し、大粗坑、大竿林とその区域を拡大していった。明治42年には事業区域は金山の9割を占めるようになった。

　ゴールドラッシュにより瑞芳街から九份までの道路は要道となったが、狭路で往来難所であった。そこで、顔雲年は蘇源泉と道路の分担築造計画を立て、瑞芳以東は顔雲年が、九份以西は蘇源泉がそれぞれ担当し、明治35年5月1日に完成させた。同地方の人々は2人の功績をたたえ、「顔蘇君雲年源泉修築道路碑」を建立した。

雲泉商会　瑞芳金山の請負と労力物資の提供のため、蘇源泉らと明治36年1月「雲泉商会」を設立した。その名称は顔雲年、蘇源泉から一字ずつ採った。翌37年には木村組経営の牡丹坑金山、同39年には田中組経営の金瓜石金山にも物資労役を供給するようになった。このほか炭鉱で必要な金物類を供給する雲泉商会金物部を開業させた。

　大正7年3月雲泉商会金物部を雲泉商会に統合し、資本金20万円の株式会社とし、弟の国年を社長にした。10月には顔家の関係する事業を同商会に統一し、資本金を150万円に増資し、自ら社長に就任、周碧を常務取締役とし、同商会を総務・鉱山・商事・工業の4部体制とした。同9年には瑞芳金山の経営を雲泉商会から台陽鉱業株式会社に移した。

　同12年雲年が病没すると、再び国年が社長に就任し、瑞芳金山・石底炭坑・海山炭坑などの委任経営を続けたが、昭和11年（1936）10月に解散し、台陽鉱業株式会社に業務を委譲した。

瑞芳金山を買収　藤田組が経営した瑞芳金山は台北州基隆郡の北端に位置し、瑞芳庄九份・大粗坑・小粗坑・大竿林・菜刀崙の各字にまたがる約189万坪の鉱区であった。金瓜石、武丹坑の金山と並び「台湾三大金山」と言われた。

　しかし、大正3年（1914）になると含金品位が低下し藤田組は直営を廃し、7カ年賦金30万円で顔雲年の租借経営とした。同7年30万円で金山を藤田組から買収し、同9年台陽鉱業株式会社の事業とした。

　藤田組では瑞芳金山の直営を廃止する際に、借区の希望者を募った。顔雲年は7カ年30万円年賦を申し出たが、新竹の素封家・鄭肇基は7カ年40万円一括払いの条件を出した。鄭の好条件を前に藤田組各理事間で意見が分かれたが、藤田伝三郎・平太郎社長父子から信頼の厚かった顔雲年は、社長に就任した平太郎の決断で、租借経営に成功した。

四 脚 亭炭鉱問題と
三井財閥との提携　台湾が日本の領土となって基隆港の築港や工業並びに海運業の発展に伴い石炭の重要性に着目し、弟・国年とともに明治37年（1904）に三瓜子炭鉱の採掘を出願したのを手始めに、石炭採掘事業に本格的に乗り出した。大正3年に第1次世界大戦が勃発し好況を迎えると、経営困難に陥った炭鉱を買収したり、未許可区域を出願したりして、大正6年には台湾の代表炭といわれた四脚亭の良炭田を借区稼行した。

　四脚亭炭鉱は品質・炭量において台湾第一と称せられた。日本統治となると、一般の採掘を禁止して海軍所管の予備炭田とした。明治41年にその一部

を開放し荒井泰治が鉱業権を得た。荒井は四脚亭三坑およびその付近一帯の採掘を顔雲年に請け負わせた。同44年には鉱主が荒井から賀田金三郎に移り、大正 6 年 2 月に賀田は顔雲年に 6 カ年93万円で請け負わせる契約を結んだ。

　四脚亭炭鉱の産炭はすべて三井物産に販売していた。三井物産で三井鉱山会社技師・富田太郎を派遣し、同炭鉱の調査を行わせた。三井物産の石炭部に在職していた芳川寛治は同炭鉱が有望であることを知ると、鉱主・賀田に同炭鉱の譲受を求め契約が成立した。すると、芳川は顔雲年に同炭鉱の引き渡しを要求した。芳川と賀田の交渉を知らなかった顔雲年は、その要求を拒絶した。そこで、賀田は芳川と顔雲年の共同経営を提案し、同年 9 月に三井物産会社石炭部長小林正直の立ち会いのもと仮契約を結んだ。しかし、芳川は契約を反故にして10月調印不成立となった。

　すると顔雲年は秘密裏に芳川が社長の台湾炭鉱株の買収に着手し、芳川持ち株8,973株に対し、8,257株を買収して顔も台湾炭鉱の大株主になった。最後は後宮信太郎持ち株1,430株の向背いかんとなった。顔は後宮持ち株の買収交渉に入った。後宮は経営している北港口炭鉱も買収することを条件に投資額の倍の値を吹っかけてきたが、顔雲年はそれに応じた。

　大正 7 年 2 月の台湾炭鉱株式会社株主総会を前に賀田金三郎と小林正直が、顔と芳川の調停に入り、取締役に芳川寛治・辰巳宗太郎・武者錬三・顔雲年・後宮信太郎、監査役に曽根吉弥・顔国年がそれぞれ就任し、四脚亭炭鉱問題も解決した。芳川の権利はすべて三井家が継承することとなり、次の内容の契約が交わされた。

> ①　四脚亭炭鉱は大正 6 年 9 月以降、三井家の権利を150万円、顔家の権利を100万円とし、250万円の組合を組織（三井家六分、顔家 4 分）。
> ②　大正 7 年 3 月、資本金250万円の基隆炭鉱株式会社を組織し、組合から譲渡する。
> ③　基隆炭鉱株式会社の持株は、三井鉱山・物産の両会社で 3 万株、顔家で 2 万株。
> ④　同社の重役は双方から半数選任する。

この契約に基づき、 3 月に基隆炭鉱株式会社が次の重役から設立された。

　　　　　　取締役会長　牧田　環（三井鉱山）
　　　　　　常務取締役　古田慶三（三井鉱山）
　　　　　　取締役　　　大竹勝一郎（三井物産）
　　　　　　　　　　　　小林正直（三井物産）

常務取締役　西野勇喜智（顔家）
取締役　　　周　　碧（顔家）
　　　　　　波多野岩次郎（顔家）
　　　　　　顔雲年（顔家）
監査役　　　飯沼剛一（三井物産）
賀田金三郎（顔家）

同年９月になると、顔雲年は私有する石炭鉱区59すべてを同社に提供し、資本金を500万円に増資。弟の国年を常務取締役に選任するとともに、大竹（三井物産）を常務取締役に昇任させた。

さらに大正８年７月に木村鉱業株式会社を買収し、資本金を1,000万円とした。三井６分、顔家４分の割合は維持し、顔雲年は副会長に昇任した。

台陽鉱業株式会社　大正７年６月に藤田組と台北州平渓石底付近の石炭鉱区を共同経営する台北炭鉱株式会社を組織した。同炭田は炭質良好の処女炭田であったが、急峻な山岳地帯に横たわり、交通不便という欠点があった。そこで、多額の起業費を投じて鉄道敷設工事に着手したが、大正９年４月の不況で藤田組の経営が悪化したので、同組の持ち株を買収し、９月に台陽鉱業株式会社を設立し、瑞芳金山の経営、台北炭鉱の経営、鉄道の経営を行わせた。

顔家は三井家と提携の基隆炭鉱株式会社とともに台湾の石炭業界にも君臨するようになった。大正11年６月からは鈴木商店（神戸）と提携し、販路拡大に当たった。

基隆商工信用組合　基隆街には金融機関として、基隆信用組合があった。しかし、同組合は日本人（内地人）を主としていたので、顔雲年は台湾人（本島人）を主とする金融機関を組織しようと、許梓桑らと大正11年５月「基隆商工信用組合」を組織し、理事長となった。

翌12年２月に雲年が病没すると、弟の国年が理事長となった。昭和10年代には台湾有数の信用組合となった。

国家第一主義と公共慈善事業　産金は時価を以て販売すれば多額の利益が得られた。しかし、顔雲年はそれでは「奢侈（しゃし）用として国貨の地金（じきん）を浪費する」と、造幣局納入の目的で台湾銀行に売渡した。

当時の金の価格は、台湾銀行に売渡する価格に対し１匁（もんめ）につき60銭から30銭の差増があった。全差額は30万円以上に及んだ。こうした顔雲年の国家的観念が「世の尋常一様の成金者流とは、全く其の撰を異にせるものある」と尊敬された。

表17　公共・慈善事業

寄付先	金額
財団法人基隆博愛団	20万円
台北州下公共事業	15万円
基隆公学校建築費	5万500円
京都立命館	2万円
東洋協会商工学校	5千円
曹洞宗中学校	5千300円
九份公学校	3千円
七堵大和橋修繕費	2千60円
高砂学寮	2千円
台中中学校	2千円
児玉神社建設費	2千円
台湾鉱業会維持費	1千500円
台東水害義捐	1千円
佐久間総督内田民政長官記念財団	1千円
台湾商工学校	1千円
基隆夜学校	1千円
瑞芳公学校	1千円
大正協会基本金	1千円

『顔年翁小伝』より

顔雲年は公共・慈善事業に多額の寄付を行った。寄付金1,000円以上のものをまとめると表17のとおりであった。1,000円以下の寄付は数え上げることができないほどであった[4]。

最大寄付先の基隆博愛団は大正9年1月に台北州知事を団長に設立された。目的は大正8年から問題化した基隆市街住宅不足を緩和するためで、生活改善、家屋の貸し付け・維持、慈善救恤（きゅうじゅつ）など公益事業を営むものであった。顔雲年20万円、林熊徴10万円、辜顕栄5万円の寄付金で成立した。

しかし、同博愛団の運営は第1次世界大戦後の恐慌以降の日本経済の慢性的不況から悪化を極め、顔家の土地・建物を担保として運営した。昭和10年（1935）顔国年1万5,000円、辜顕栄1万円、林熊徴5,000円を寄付するなどして基隆市に移管した。

石坂荘作の経営する基隆夜学校にも1,000円の寄付を行った。

台湾総督府評議会　大正10年6月、田健治郎総督により台湾総督府評議会が制定されると、顔雲年は委員に選ばれた。総督府から評議会にさまざまな諸問案が示され、各委員はその所見を開陳した。

顔雲年は道路・民法・教育に関し、積極的に意見を述べた。雲年の意見は一貫して台湾の旧慣を尊重し、文化の進展を図るというもので、評議会の議決により採択された。たとえば、民法については日本内地の民法をそのまま施行するのでなく、「分頭相続」「養媳縁組」「招夫婚姻」「死後養子」は長年の習慣で至良至美の意義があるので存置するが、「妾」については、中国伝来の陋習で、世界の潮流、人道大義の見地から一夫一婦、男女同尊主義に則り廃止することを求めた。義務教育では同一市街中に日本人用に小学校、台湾人用に公学

校がある現状に対して、小公学校校舎を併用し、校長を一人にし、日本人・台湾人の差別を設けないようにすれば、経済的にも親善の点からも両得で、さらに修業後は日本国内の各種学校で勉学できるようにすることを求めた。

　評議会に同席した高木友枝は、「評議会に於ける君の議論は一石炭屋さんの議論で無つたから、君の成功には深き根底のあることをも知つた」と雲年の意見に同調し行動を共にした。高木は医学者で台湾総督府研究所長から台湾電力会社長に就任し、「台湾衛生学の父」と称された人物であった。

その最期　　顔雲年の生地は鰈魚坑であったが、瑞芳守備隊通訳に任ぜられ瑞芳街に転居した。大正元年には事業が拡大したことから基隆新店街に広壮な邸宅を新築した。山を環らし海を望むところから「環鏡楼」と名付けた。表18は顔雲年が大正３年までに創設、または参与した会社・商店をまとめたものである。顕著な事業投資活を行うとともに台湾興業信託の重役にもなり金融活動にも参加した。

　大正８年10月には「環鏡楼」を基隆炭鉱株式会社に譲渡し、木村久太郎が意匠を凝らし設計し「基隆御殿」と呼ばれた田寮港にある大邸宅を購入し、

表18　顔雲年の出資会社（年順別、1914年まで）

会社（商店）	代表者	役員名	設立（参加）	資本金	払込額	関係者、その他
金裕豊号（独）	顔雲年	自設	1898年			鉱石採掘、顔系独資
金盈豊号（独）	顔雲年	自設	1899年			鉱石採掘、顔系独資
金盈利号（独）	顔雲年	自設	1900年			鉱石採掘、顔系独資
雲泉商会（合）	顔雲年	自設	1903年			蘇源泉と合資
三瓜仔炭坑	顔雲年	自設	1904年			鉱業権獲得
猴硐、瑞芳炭坑	顔雲年	自設	1906年			鉱業権獲得
石底、五堵、三峡炭鉱	顔雲年	自設	1909年			鉱業権獲得
台湾水産（株）	顔雲年	取締役	1911年	300		地場日系資本（近江時五郎、木村久太郎）
基隆軽鉄（株）	顔雲年	専務取締役	1912年	200		地場日系資本（近江時五郎、木村久太郎）
台湾興業信託（株）	顔雲年	取締役代表	1912年	1,000		地場日系資本（谷信収）
義和商行（合）	顔雲年	自設				顔系合資

涂照彦『日本帝国主義下の台湾』404頁より

2階建ての洋館を増築した。竣工は大正11年1月で、「陋園」と称した。顔雲年は大正8年から毎年の半分を東京で過ごし、半分を台湾で過ごし事業に当たった。

　基隆における第一人者、台湾でも有数の人物と称されるようになった顔雲年の生活は規則正しく質素であった。毎朝早起きをして運動し、7時に朝食をとり、8時には事務室に入った。東京湯島の別邸では自動車や車夫を雇うことなく電車を利用し、料理人も置かなかった。欽賢ら4人の実子と国年の子どもたちの教育に力を入れ、倹素な生活を続けた。

　大正11年12月に東京から台湾に帰ると、翌12年1月12日の夜に39℃の高熱を発した。14日には腸出血、15日に腸チフスと診断され、16日から自宅療養に入った。25日には内地から欽賢・徳潤・徳洲ら3人の息子が帰ったが、伝染病のため面会差し控えとし、台北の別邸に入った。29日に危篤状態となり、欽賢ら息子と対面し、弟の国年が後事を問うと「何ら語るべきものなし」と答えたが、その後、国年に台湾神社への代参を命じた。2月1日には許梓桑らが基隆街慶安宮で盛大な祈祷祭を営んだ。明治神宮、伊勢神宮へも代参、瑞芳金山関係者は九份金山堂で平癒祈祷祭を営むと693人が参拝した。6日には東京でも本郷区議会議員倉地鈴吉が鎮守に平癒祈願した。小康状態を保った病状も7日には重態に陥り、雲年は国年を招き遺言した。8日には近親者に訣別をなした。9日午後4時半に叙勲の命があり、国年は欽賢とともに郡役所に出向くと「従六位勲五等瑞宝章」を賜うとの御沙汰書を拝受し、直ちに田健治郎総督に「布衣の小臣図らず今日叙位叙勲の栄を 辱 うし、感泣の至りに堪へず、偏に閣下の御厚意を謝す」の謝電を発した。午後5時に雲年は亡くなった。50歳であった。

　10日には雲年の遺志により顔欽賢の名義で、基隆街と瑞芳庄に1万円を寄付した。基隆街では管内窮民1人に対して白米2斗、現金2円を与えることとし、施与券を配布した。陰暦の年末に当たり施与券を受けたものは308人に達した。11日に遺族親族で密葬が営まれ、火葬に付された。21日に葬儀が本宅裏門広場で白木造りの霊殿を新設し営まれた。会葬者は854人であった。新聞広告は台湾日日・台湾・台南の3新聞社紙上広告、東京方面は三井鉱山会社に、大阪方面は藤田鉱業会社に依頼した。石坂荘作も葬儀委員の一人として接待係となった。顔欽賢の県立高崎中学校時代の校長・伊藤允美も弔電を寄せた。

　台湾・基隆での葬儀の同日、東京では芝・青松寺で、中川小十郎・小林正直・岩田謙三郎・七海兵吉・近江時五郎・柯秋傑が発起人となり、追悼会が開

かれた。また、台北州宜蘭街でも碧霞宮を会場に追悼式が営まれた。三井財閥の総帥・団琢磨は「台湾開発の先覚者、東洋文明の貢献者」とその死を悼んだ。

雲年の三羽鴉　　顔雲年の事業は金鉱と炭鉱で、金鉱は自らが炭鉱は弟の国年に当たらせ、蘇源泉・顔国年・周碧は雲年の「大成功の陰にいた三羽鴉」と称された。国年は明治33年叔父顔正春が鰈魚坑庄長になると役場書記として補佐した。兄・雲年が事業を拡大するに従い、それを助けた。

周碧は明治15年台北州新荘郡鷺州庄に生まれた。同37年台湾総督府国語学校師範部を卒業し、瑞芳公学校訓導となった。雲年が瑞芳庄学務委員であったことから親交が始まった。教員の傍ら早稲田大学の校外生となり、中国大陸南部で活躍することを志した。しかし、保護者らが反対し雲年を説いて、同41年兄・東年の長女・阿扁と結婚させた。そこで、周は友人らと台北医学校と国語学校の学用品販売業を営もうとしたが、雲泉商会の共同人・蘇源泉が急死したため、雲年に懇願され同商会に入社した。

蘇源泉は謹直な勉強家で事業を趣味とする人物であった。国年は福徳円満な人柄で、雲年の辣腕によって起こる反発を緩和した。周碧は利害得失に優秀な頭脳を持ち、顔家のため憎まれ役を演じた。雲年は3人の特性を心得て統率し大成功者になったという。

父・雲年が急逝したとき、長男・欽賢は22歳で立命館大学在学中であった。弟たちも立命館に在学中であった。

（3）叔父・顔国年—基隆顔家二代目

生い立ち　　顔雲年の末弟である国年は雲年とひと回り、12歳の差があった。国年は子福者で謝氏満との間に6男4女があった[(5)]。

国年が亡くなったとき、長男・滄海は昭和9年慶応義塾大学法学部を卒業し台湾銀行に入ったのち、基隆炭鉱・台陽鉱業・海山軽鉄など各社の重役となった。次男・滄波は同13年台北帝国大学理学部を卒業し台陽鉱業に入社。三男・濤も台北帝国大学理学部、四男・滄浪は台北高等学校、五男・滄溟と六男・滄江は基隆中学校在学中。長女・梅子は東京女子高等師範

顔国年

学校を卒業し基隆高等女学校の教員となり、商学士瑞鋏に嫁いだ。次女・碧霞子は日本女子大学を卒業し医学士・魏火曜に嫁ぎ、三女碧秋と四女碧仙は双葉小学校に在学中であった。

基隆顔家二代目　　大正12年（1923）2月兄・雲年が病没すると、顔家の事業一切を国年が継承し、基隆顔家の二代目となった。しかし、第1次世界大戦後の恐慌により、基隆炭鉱の経営は悪化の一途をたどり、昭和4年12月から同9年12月に至る5年間は最大の苦難時代であった。国年は同社基隆鉱業所長を兼務し第一線に立った。欧米視察で得た知識をもとに機械化、経営の合理化に努めるとともに、撫順炭の輸入に対抗するため全炭坑業者の大同団結を説き、台湾炭業組合の結成に成功した。石炭販売業者も台湾石炭商組合を組織し連携をとった。

台湾興業信託株式会社は大正元年（1912）9月11日に台湾の有力者を網羅し資本金100万円で創立した台湾で最初の信託会社であった。しかし、第1次世界大戦後の恐慌と関東大震災後の震災恐慌で打撃を受け、顔家が一切を引き受け、同12年8月に国年が社長に就任し経営改善に努めた。昭和11年から積極経営方針に転じた。

国年が基隆顔家の代表時代の昭和4年5月、海軍の演習のため基隆に寄港された伏見宮博恭（ふしみのみやひろやす）が、顔家を宿泊所とした。同9年9月の演習でも伏見宮は同家を休憩所とした。

表19は第1次世界大戦後の顔族系の投資事業会社をまとめたものである。直系投資会社8社を設立し、また傍系投資13社に手を伸ばすなど、国年は顔家2代目として着実に事業を拡大させた。顔雲年・国年の経営の成功について、涂照彦氏は『日本帝国主義下の台湾』で次のように論じている[6]。顔族系は石炭・鉱山など原始採掘産業の経営に主力を注いできたが、1915から18年の石炭ブームに乗り、1918年から直系会社の創設を始めた。直系会社・雲泉商会を中心に石炭、鉱山の拡大を目指し投資し、日系地場資本と広く交わって投資関係を結ぶだけでなく、日本内地の財閥資本＝三井系とも深い関係を持った。また表20に見られるように林（源）族系と辜族系が顔族系の台陽鉱業・興業信託と台洋漁業に参加するように三族系が密接な関係を持つようになった。

台湾総督評議会員　　国年も昭和2年（1927）9月から台湾総督府評議会員に選ばれた。委員として台湾の工業振興について意見を開陳した。

その意見とは、台湾の工業振興には低廉なる電力の供給が不可欠で、「日月

表19　顔族系の投資事業会社（1915―30年）（1,000円）

直・傍系	会社名	代表者	設立・参与	資本金（払込額）	その他
直系	台陽鉱業（株）	顔国年	1918	1,000（250）	台北炭鉱（株）藤田組60％出資
	（株）雲泉商会	顔国年	1918	1,500（1,500）	物品販売、土木請負、委託経営
	台洋漁業（株）	顔国年	1921	200（50）	睪族系と投資関係
	海山軽鉄（株）	顔国年	1921	500（125）	
	瑞芳営林（株）	顔国年	1921	1,000（250）	
	台陽拓殖（株）	顔欽賢	1922	1,000（250）	
	（合）礼和商行	顔国年	1923	1,000（1,000）	土地建物、販売（雑商業）
	（合）義和商行	顔国年	1923	500（500）	
傍系	海山炭鉱（株）	周碧	1915	1,000（500）	
	台湾総督（株）	顔雲年	1915	1,000（1,000）	
	基隆炭鉱（株）	顔国年	1918	250（250）	三井鉱山60％出資
	基隆船渠（株）	顔国年	1919	1,000（500）	地場日系
	大正醤油（株）	顔国年	1920		2万株のうち1,500株持得、地場日系
	南洋倉庫（株）	顔国年	1920	5,000（1,250）	台銀系
	（株）彰化銀行	顔雲年	1921		1923年逝去で役員選出
	基隆商工信用組合	顔国年	（1922）		参加の時期不明
	（株）華南銀行	顔国年	1923	10,000（2,500）	土着、華僑系、台銀系
	台湾水産（株）	顔国年	1925	727.5（363.8）	地場日系（木村久太郎ら）
	大成火災海上保険（株）	顔国年	1926	5,000（1,250）	1926年2月役員改選で進出
	中台商事（株）	顔徳修	1926	200（50）	土着系
	徳興炭鉱（株）	顔窓吟	？	？	土着系

涂照彦『日本帝国主義下の台湾』418頁より

潭水電工事の復活」と台湾全土の電力網の敷設を求めた。それが実現できれば、次の事業が実現できると提唱した。①肥料工場を増設し、自給自足体制の確立。②紡績工場を増設し、上海など中国大陸で起きている排日・罷工の影響による損害に対応すること。③製紙工場を建設し、島内の安価で豊富な原料を使用し、輸入の防圧と海外輸出を図ること。④セメント工場を増設。高雄の浅野セメント工場の年間生産額は74万余樽（1樽は170kg）で島内消費量は68万余樽。島内は原料の石灰石が豊富であるので、北部に工場を建設し輸出すれば、国富の増進が図れる。⑤鉱業用動力の電化。石炭、金銅鉱業所の動力ほとんどは蒸気で不便・不経済であるため、鉱業が発達しない。低廉な電力が供給できれば、鉱業が勃興し倍加する。⑥練炭製造。台湾石炭は粉炭が多く廉価で

表20　顔・林（源）・辜の三大族系の関係会社

関係会社		投資関係			
社名	株数 （1000株）	族系別	持株数（株）	役職	時期
台陽鉱業（株）	100	顔族系	80,460	社長	1925年
		林本源族系	6,700	取締役	
台湾興業信託（株）	20	顔族系	8,525	社長	1930年
		林本源族系	800	取締役	
台洋漁業（株）	？	顔族系	？	社長	1919〜23年
		辜族系	？	社長	1924〜29年

涂照彦『日本帝国主義下の台湾』423頁

ある。島内の糖蜜の産出は豊富で廉価なので、これらを混合し練炭を製造すれば、長期の貯蔵にも耐え、遠洋航海の需要を喚起し、家庭用木炭代表として一挙両得である。⑦製茶団体組織・機械化。台湾製茶事業は三井を除くほかは、個人経営で栽培製造方法が旧式で生産量が低く価格も高いうえ関税を要するので振るわない。インド産の製造は会社組織に改め新式機械を導入し、政府の奨励を加えている。政府の補助のもと台湾でも団体組織化を進め、機械による多量生産と経費軽減に努めるべきである。⑧鳳梨（パイナップル）缶詰の増産奨励。近年発展してきたがまだその余地があるので奨励すべきである。⑨養豚奨励とハム製造。台湾では農村婦人が専ら養豚に従事してきたが、さらに奨励し余剰はハム製造にして海外輸出すべきである。⑩基隆港に１万トン以上の船渠建設。台湾発展のためにも上海、香港のように大型船の入港ができるようにすべきである。

　国年は総督府が進めてきた米、糖業への奨励補助を称えながら、工業振興にも奨励補助を加えるよう要望したのであった。

台湾は植民地に　　国年は「本島は殖民地ではなく我日本帝国の一局地
あらず日本の一部　　であり即ち内地の延長」との観点から台湾人（本島
人）の義務教育令施行を求めた。昭和10年（1935）現在、台湾には日本人（内地人）24万７千余人、台湾人（本島人）465万人の人口に対して、小学校数134（日本人用）、公学校数775（台湾人用）で、就学率は日本人99.25％、台湾人37.02％で、その差が著しかった。これは制度的欠陥による要因が大であるので、領台40年を記念して台湾人義務教育令を施行すべきである。そうすれば「邑に不学の戸なく家の不文の子なくして国民精神の涵養も自

から向上せらるべし」と、日本の近代教育の出発点となった学制の教育理念を示した「被仰 出 書（学事奨励に関する太政官布告）」の文章を引用し、その実施を迫った。

　台湾の義務教育施行は、すでに述べたように田健治郎総督が大正10年台湾総督府評議会を開催したときに、委員となった兄・雲年も小学校と公学校を統一し、日本人も台湾人も均しく学ぶべきとの意見のもとに提出された。委員付託となり調査の結果、教育費の支出と教員の欠乏、地方団体の負担能力などに鑑み漸次実施することが決議されたが、それから15年を経ても実施されなかった。

　そこで、国年は兄の遺志を継ぎ、修業年限は6年、うち4年は義務教育とし、それ以上は公学校から小学校に編入させれば、公学校5年以上は廃止でき財政上も効率的であると意見を述べた。

　また、保甲制度は廃止して青年団にするよう求めた。保甲制度は清国政府時代の流れをくみ明治31年施行され、警察行政の補助機関として効果もあったが、警察に専属するため市街・庄行政の補助機関と連絡がなく、市街・庄では町委員か区長を置いて助長機関としていて二重行政となっており、相対立し共同一致の調和を欠き公共精神の涵養を阻害していた。保甲制度は警察機関の不備な時代に自衛上必要であるが、今日に至っては不要である。内地同様に青年団を組織し社会教育事業として、青年訓練・国語普及に努めるべきであると訴えた。

　さらに、「内台人合同の町会及部落会を組織すること」を求めた。日本人（内地人）には内地人町委員、台湾人（本島人）には本島人町委員が置かれ、保正により町内に内台人雑居するも、徴税・伝達など別々に行われていた。そこで、内台人を区別せず同一町内に居住するものを合同し町会、各街庄には部落会を組織し自治団体として、市尹（市長）と連絡して習俗改良を計るべしとした。

　これらの政策を徹底させるためには、台湾人を官吏に登用することを求めた。朝鮮では朝鮮人が官吏となり、局長、知事などの高等官に登用されている。台湾でも高等教育を受け、高等文官試験に合格しているものも相当な数に上る。彼らを積極的に登用すべきであると、提言した。

台湾総督府熱帯産業調査会　昭和10年（1935）には台湾総督府熱帯産業調査会の委員となり、諮問案に次のように意見を開陳した。

①　「第1号貿易振興に関する件」―豊富低廉な電力を利用し工業商品（合

成肥料・合成鉄・アルミニウム・地金・カーバイド・製紙・セメント・石炭など）を増産し、「南支・南洋方面」に輸出することが貿易振興の第一。輸出品に対し運賃は、官設鉄道は特別割引、民間汽船は政府から航路補助金の増額や運賃の低減など助長政策を講じる。また輸出補償制度の範囲を拡張する。

② 「第2号企業及投資の助長に関する件」—総督府で計画中の台湾拓殖会社設立の早期実現。同社を半官半民の南満州鉄道株式会社（満鉄）のように各種事業を認め国家的事業とする。「南支・南洋」方面の既設会社は合併吸収する。

③ 「第3号工業の振興に関する件」—工業の振興と文化の発達は、低廉確実で豊富な電力の供給による。台湾はその地形から水力発電を興すのに適していて、日月潭水力発電の第二、三、四工事の続行し、内地から大資本を誘致し起業させるべきである。また、中小口電力料金も値下げし島内工業の普遍的発展を図るべきである。○南支・南洋から原料を輸入し、島内原料と混合して、低廉な電力を利用し生産品を島内の需要に当て、余裕があれば南支・南洋に輸出する。○東海岸及び金爪石・瑞芳両金山の硫化鉄鉱は多量の硫黄分を含有し埋葬量も豊富である。これらから硫酸を製造し各種の合成肥料を生産し島内の需要に当て、輸入を防遏し自給自足体制を構築すべきである。○東海岸に分布する石灰石は無尽蔵で低廉な電力供給があればカーバイドを製造し、南支・南洋方面に輸出できる。現在、日本国内から供給しているが不足気味で、それもカバーできる。○台湾東部は金属鉱物が豊富である。特に宜蘭、羅東から台東に至る間の各河川は砂金を産出。現在発見されたものは金鉱、銅鉱、砂金、硫化鉄鉱、黄鉄鉱、硅石、石灰石、マグネシウム岩石などであるが、地形が高山峻嶮なため十分な調査ができない。この種の大事業は民間会社では実行不可能なので、政府の「富源開発」の一大事業として行うべきである。

④ 「第4号金融の改善に関する件」—台湾・華南銀行は日本国内の銀行に比べ金利が低廉で対抗できない。政府が両銀行に対して特別援助を行ういっぽう、需要者には貸出条件を緩和すべきである。

⑤ 「第5号交通施設の改善に関する件」—交通の完備の為には港湾の修築、水陸連絡の完成、陸上倉庫の設備を要する。昭和5年石塚英蔵総督時代の産業調査会で、基隆港と高雄港については施設拡充の決議がなされた。基隆港はⅰ外港防波堤の築造、ⅱ外港防波堤寄埠頭築造、ⅲ桶

盤嶼暗礁除去、ⅳ一万噸（とん）級船渠の築造（工費概算1,700万円）。高雄港はⅰ湊町地先岸築造及陸上設備、ⅱ高雄川尻右岸埠頭（ふとう）築造、ⅲ新濱町埠頭設備改善、ⅳ航路及水深増加（工費概算1,000万円）。基隆港はⅰ、ⅲ工事は着工され9年計画で完成することとなったが、ⅱ、ⅳは未着工である。高雄港はⅱ、ⅳ工事は着工されたが予算額が少なく遅々として進まない。ⅰ、ⅲ工事は未着工である。基隆・高雄の二大港の施設拡充なくして台湾の発展はあり得ないので促進を強く訴える。

⑥　「第6号文化施設の改善に関する件」―台湾人（本島人）の養成は、法・医・農・商の各学校が既設されほぼ完備しているが、工業方面とくに鉱業技術は養成機関が備わっていない。前の総督府評議委員会、産業調査会、全島実業大会で満場一致で決議したのに、未だ実現しないのは遺憾である。現在、鉱業変災が頻発するのは現場指導員の不足と労役者の訓練未熟による。技術者の養成は焦眉の急である。その方法として台南高等工業学校か台北工業学校に採鉱冶金学科を併設するのがよい。また、南支・南洋の事情に精通し相互理解を深めることが大切で、官費視察団を派遣し、南支・南洋からは有力者を招待し、台湾文化を参観させることが貿易の進展にもつながる。

「南支・南洋」とは当時の「中華民国の福建・広東・広西（こうせい）・の三省と日本委託統治の南洋諸島、比律賓（フィリピン）群島、英領馬来（マレー）、蘭領印度（インド）、英領ボルネオ、仏領印度支那（インドシナ）、暹羅（タイ）」を指した。

台湾拓殖株式会社は、同熱帯産業調査会の答申により、翌11年11月2日に台湾総督府と日台民間資本の共同出資により設立された。

その最期　　基隆病院の隣が顔国年邸で、国年は昭和11年3月18日基隆病院外来を初めて訪れた。糖尿病と高血圧であった。療養に努め回復に向かったが、翌12年2月5日、左右の歩行を誤り困却すると同院で診察を受けた。顔面神経萎弱と右下肢の感覚障害がみられた。以後、病状は悪化の一途をたどり、4月30日に病没した。52歳であった。

5月7日、遺族親族で密葬し火葬に付した。台湾では台湾日日・台湾新聞・台湾日報・台湾新民報の4社に、内地（日本）では東京毎日新聞・東京日日新聞・中外商業新報・大阪朝日新聞・大阪毎日新聞の5社に広告を掲載した。葬儀は5月9日に嗣子顔滄海、親族総代顔欽賢、親戚総代丁瑞鉄で、本邸内に白木造りの霊殿を設け営まれた。石坂は見舞い電報を打ったが、病気療養中であったため葬儀委員には和泉種次郎が名を連ねた。会葬者は1500人

を超えた。弔電者の中に顔欽賢と県立高崎中学校で一緒に学んだ呉景箕（斗六街）、黄及時（台北市）の名があった。

　5月11日には国年の遺志により、顔滄海が顔欽賢を同行し基隆市役所に出向き、2万円を基隆市教育及社会教育事業に、5,000円を基隆国防兵器購入資金に、5,000円を台北州社会教育資金に、5,000円を瑞芳庄教育資金に、それぞれ寄付した。

第2節　母校・群馬県立高崎中学校

（1）群馬県の郷友

『躍進群馬県誌』で
紹介された顔欽賢

顔欽賢の生い立ち　顔雲年には、欽賢・徳潤・徳洲・徳馨の4人の男の子と詩・善・容・媞・眞の5人の女の子らがあった。欽賢・徳潤・徳洲・（徳馨）はいずれも立命館大学に学んだ。しかし、旧制中学校を群馬県で学んだのは欽賢だけであった。孫にあたる一青妙氏『私の箱子』によると欽賢は恵氏はじめ12人の子宝に恵まれた。

　欽賢は、父・雲年が基隆顔家の創業者、叔父・国年が二代目として顔家グループを統率したように、三代目となることが託されていた。父・雲年が亡くなった時に叔父・国年は37歳、欽賢は県立高崎中学校を卒業し立命館大学に在学中であった。国年は「顔家事業の興廃はその双肩に係れリ」と言われ、期待に応え事業を拡大していった。

郷党の欣快　すでに紹介したように、群馬県では、昭和15年（1940）の「皇紀二千六百年記念」事業として『躍進群馬県誌』を編纂した。同誌では「海外に於ける県人名士の雄飛活躍振リを可及的完全に紹介するの見地より、台湾、朝鮮、関東州、満州国、樺太、支那各地の県人状況調査、資料蒐集」を行い、「現代活躍人物篇」を設け、県内外で活躍する人物を紹介した。「台湾篇」では石坂荘作を含む80人の日本人と、台湾人として顔欽賢だけが「郷友」として次のように紹介された[7]。

　郷　友／顔　欽　賢／台陽鉱業株式会社々長／**現住所**　基隆市新店／**出身中学**　県立

高崎中学校卒業。台湾に於ける富豪にして、且つ名望家たる基隆市顔家の当主、台陽鉱業株式会社々長顔欽賢氏は、吾人の郷土群馬県に於て中等教育を受けられた人にして、従つて県に対しては常に大きな愛着も持たれつゝある。氏は人も識る故顔雲年氏（ママ）を祖父に、顔国年氏を父として基隆市に呱々の声を挙げ、同地小学校を卒業するや、父君の知友たる元台湾総督府財務局長にして当時群馬県知事たりし中川友次郎氏の斡旋により、県立高崎中学に入学、大正十一年三月優秀の成績を以て卒業、その同窓には現大蔵省主計事務官福田赳夫、外務省事務官小澤嘉吉、地方判事松田正己、東京朝日新聞社記者岸勇夫、日本大学歯科教授佐藤義長の諸氏等、錚々たる人々を輩出したるクラスである。氏、又、昭和十二年四月三十日、父君国年氏の死去に遭ふや、直ちに顔氏を相続し関係会社の取締役に就任し特に台陽鉱業株式会社々長として祖父の業を辱しむる事なくその才腕を振はれつゝある事は大ひに偉とすべきである。何れにせよ、氏の如き有為の青年実業家を郷友とすることは郷党の欣快とする處である。

　この文章には間違いがあることが分かるであろう。顔欽賢の父が雲年で、叔父が国年である。群馬県人にとって、県立高崎中学校の卒業生の顔欽賢は「郷党の欣快」という存在であった。

（２）群馬県立高崎中学校で学ぶ

6人の台湾人生徒　　顔欽賢の入学した群馬県立高崎中学校（高崎高等学校）は、学校史として『高崎高校八十年史』、『高崎高校百年史』などを刊行している。八十年史に同校の卒業生であり、その後、助教諭として奉職した新井彰（第11回、明治45年卒業）が「思い出の記」と題する次の文章を載せている。高崎中学校に学んだ顔欽賢ら台湾人生徒について活字化された唯一のものである[8]。

　私は第十一回の卒業で、後母校に数年間職を奉じていた者である。その頃私と特別の縁のあった学生のことに就いて記すこととする。／高中の同窓会員名簿を見ると、其の中に二人の呉姓の者と顔欽賢と合わせて三人の台湾出身の学生の名が出ている。尚他に居た二人の名は落ちている。それは揚振河と林慶勝で、揚と呉と同級生であった。／是等の学生は四学年終了で、岩国中へ転校したので、第二十二期生とは同期生として名簿に載せてあるものと思う。顔欽賢、黄及時の二人は少し遅れて高中に入学した者で、黄は秀才で東京高商に入った。顔は私大を経て、今台湾屈指の実業家であり財閥である。／以上の内呉景箕、呉景徽の二兄弟と揚振河、林慶勝の四生は最初に高中に来た者であって、校外に仮寄宿舎を設定し、校長の委嘱で自分が舎監事務に当って居た。今に至っても往時の同級生であった者から、時折これ等の台湾学生の消息を問われるので急に筆を執った次第である。呉の父は克明と呼び、嘗ての文秀才、楊の父は大元と称し、武秀才であったと聞く。林の父は達乾と呼び互に親同士が親友であった。克明氏は領台

当時に於ける地方の有識親日家で参事に選ばれ、我が国策施行の上に大いに協力寄与したとの事で、従って当時の日本高官で深交あった者も少からず、当時或る局長であった中川友次郎氏（後の第五代群馬県知事）もその一人と聞く。克明氏はその子弟を将来真に役立つ日本人として教育するには、内地での教育を受けるを必要とし、当時群馬県知事に転じていた中川氏を頼り、群馬県内の公立中学への入学を懇願した。そこで知事は同窓関係にあった、時の高中校長伊藤允美氏にその受入れ方を依頼し、かくて呉生等は高中生となったのである。／寛容にして義侠的県民性を持つ凡ての高中生は、親許を離れて異境に学ぶ台湾学徒に対し、心から温情を以て彼等に接し、導いたので生徒は勿論、伝え聞いた親達も、言葉を尽くして之を感謝したのである。／昭和（※大正）十一年伊藤校長が岩国中学校に転任するに及び、校外寮に居た台湾学生等も共に同校に転学したのであったが、排他的、武弁的な国柄に依るものか、彼等は転学早々に可なりの試練、制裁に会ったらしく、前校高中での恩恵を回想した便りを寄せ、上州への憧れを述懐していたのである。／比較的優れた家庭の者達であり、又異郷に学ぶ者としての堅い決意の然らしめたものか何れも可なりの好成績を挙げ、呉の長兄景箕は松山高校より東大文科を経て帰郷して教職に就き、二兄景徽は京都医大を卒えて先づ医を開業し、後選ばれて県長（知事）となり、後診療所を開き、末弟景談（※謨）は名古屋医大を出て戦時中は我国策に添って銃後の医務に尽くしたが終戦と共に帰台し、しばらく生地で開業していたが、今や研究がてら日本の僻村に於ける医療に貢献している。他の揚生は旅順工大に入り、卒業して台湾日月潭電力会社に勤め将来を嘱望されていたが最も先に夭折した。林慶勝は広島高師の専攻科を卒え帰台後生地の中学校に勤めたが、しばらくして病を得て退職し不遇の内に遂に逝去したと聞く。彼等が三山を仰ぎつつ上州人の温情に育まれた時より既に六十年の歳月は流れ景徽、揚、林の三生は他界して今は亡く、残る者も皆老境に入って往年の山河と人に思いを寄せて居るこの頃と思う。茲に彼等除年の台湾同期学徒の其の後を彼等に代って記した次第である。

　新井の文章によると呉、揚、林の親同士が親友で、呉の父・克明が台湾総督府財務局長の中川友次郎が群馬県知事に転じたので、群馬県内の公立中学校への入学を願い出た。中川知事は高崎中学校長・伊藤允美が東京帝国大学の同窓であったので、伊藤校長に受け入れを頼んだ。この話に合わせて顔欽賢と黄及時も同校へ入学し、高崎中学校に学んだ台湾人生徒は 6 人であった。

　高崎中学校校友会誌に、顔は「東京礫川」、黄は「台北艋舺」とそれぞれ出身小学校が記されている。互いがどのような関係で、また呉・揚・と顔・黄の親同士がどのような関係であったかは分からない。陳青松氏の『曠世奇才的石坂荘作』には顔欽賢の高崎中学校進学は、石坂荘作の勧めであったと書かれているが、『躍進群馬縣誌』にあるように中川知事と鉱業王と称された父・顔雲年との関係から声をかけられたとも考えられる。顔家は東京・湯島に邸宅を構えていて、顔欽賢はそこから礫川小学校に通学していた。礫川小学校は明治 6 年に開校した東京府で 2 番目に古い小学校であった。『躍進群馬県誌』で地

元の小学校からというのは誤りである。

黄及時

高崎中学に「イジメ」なし

高崎中学校には寄宿舎があり、舎監は国語・漢文教師の村上成之（むらかみしげゆき）が務めていた。村上はアララギ派の歌人であり、また高崎市に在住していた村上鬼城（かみきじょう）らと俳句も嗜んだ。号を「蛹魚（へいぎょ）」と称し、同校生徒に影響を与え、土屋文明（つちやぶんめい）（歌人、文化勲章受章者）らを育てた。

しかし、台湾人生徒たちは校外に仮寄宿舎を設け、伊藤校長の依頼で年齢の若い助教であった新井彰が舎監となり、群馬県での親代わりとなった。同校の卒業生で10歳ほど年長の新井は先輩でもあり教師でもあり、兄のような存在であった。伊藤校長の的確な心配りであった。

6人の生徒について調べるため、県立高崎高等学校同窓会事務局、県立岩国高校事務局などの協力を得た。資料的に残っているものも少なく、不明な部分もあったが、次のようなことが分かった。

6人の台湾人生徒の進学先などを一覧にしたのが表21である。黄及時が最も早く大正10年に卒業し商科大学予科に進んだ。新井の言うように優秀で、卒業次席4番で、優選賞・組長、舎長褒賞・校友会長よりの褒状を貰っている(9)。卒業後に『校友会誌』第33号（大正10年12月）に次の文章を寄稿している(10)。

> 第五学年生徒諸兄
>
> 拝啓時下春暖の候に御座候處、諸先生益々御健勝の由、大慶の至リに存じ候／陳者小生儀在学中は一方ならざる御配慮御薫陶を蒙リ、深く御礼申上候。御蔭を以て此度商科大学予科に入学を許可致され候。将来は益々先生が御教訓の旨を体し、一ツ橋にて心身を修養し学術を研究し以て、鴻恩の万一に酬い奉る覚悟にて候。先は右御礼旁々入学の御報知迄。如斯に御座候。　　敬具
>
> 　大正十年三月三十一日　　　黄　　及　時
> 　　　諸先生侍史

また、県立岩国中学校に転じ、旅順工科大学予科に進んだ揚振河は、高崎中学校同窓の舟田六郎と連名で、校友会誌『群馬』第36号（大正13年12月）に「旅順より」と題した次の文章を寄稿している。

> 諸先生並に在学生諸君には相不変（あいかわらず）御精励の事と御察し致します。／上の学校に憧れてゐた四五年の頃は、早く学校を出度（でた）いとそれのみ望んでゐましたけれども、今となつて

表21　県立高崎中学校で学んだ台湾人

人名	卒業年次	進学先	出身小学校	出典資料
黄及時	大正10年（20期）	商科大学予科、東京商科大学卒	台北・艋舺	校友会誌
顔欽賢	大正11年（21期）	昭和3年立命館大学経済科卒	東京・礫川	校友会誌、立命館大学校友会名簿
呉景微	大正12年（22期）	京都大学医学部卒		同窓会名簿
呉景箕	大正12年（22期）	松山高校、東京帝国大学文科卒		同窓会名簿
	大正12年岩国中学校卒			山口県立岩国高等学校事務局
呉景謨	大正12年岩国中学校へ転校	名古屋大学医学部卒		
揚振河	大正11年岩国中学校へ転校、同12年卒業	旅順工科大学卒		山口県立岩国高等学校事務局
林慶勝	大正11年岩国中学校へ転校、同13年卒業	広島高等師範学校卒		山口県立岩国高等学校事務局

見れば又もう一度中学の生活に帰り度い様な気がしてなりません。／自分の最も意味の深かつた中学生活を回想する毎に、あの峨々と聳えた 上毛三山や隣々流れる碓氷川と共に、真先に私の記憶に上つて参りますのは、矢張諸先生の 俤 です。／扨次に僕等が学生の日常生活を御報致しますと、学生は全部我興亜寮内に収容され、自室と寝室とになつて居り、食事は和漢折衷で、寝室は寝台で毛布五枚其他必要附属品は皆貸与され各休暇（夏、冬、学年末）には学校で洗濯をして呉れます。採暖装置は全部スチームヒーターを用ひて居りますから、清潔で且効率が良く、冬も楽に過す事が出来ます。其他娯楽機関は図書室、音楽室、ピンポン室、茶室、相撲、テニスコート、野球、其他陸上運動の全部完備して居ります。／この興亜寮の内には講堂もあり、又診察室病院等もあつて日々の生活は学生間の自治により教官よりの指揮はほとんど受けて居りません。目下 高中 から来たものは只二人です。それも楊君は四年末に山口の岩国中学に転校されたのですし、僕は五年の半で中学を退校したもので、卒業生としては未だ一人もいないわけですから、どしどし本校に入学せらるゝ事を望んで居ります。遥かに満州の一隅の最高学府より母校及皆様の御発展を祈ります。／次に本大学の経歴を概略のべて見ますと、 古 より我帝国と最も関係の深つた中華民国と 益 国際的融和を図り、日華共存共

128

栄互に相提携して相互の文化発展を計らんが為に企図されたる最も有力なるものが、即ちこの工科学堂だつたのです。然して近時に至り益々其必要を感じ大学に昇格案が附議せられ、大正十一年に於て幾多の困難を排して漸く目的を達成し、彼をして愈光輝あるものとなし得たるは、我帝国は勿論の事で中華民国将来の為に真に慶賀すべき事にして、満蒙開発の初志も漸く本舞台に入つた訳です。然して昨年本大学廃止案が通過した際も、一致協力この案を反駁し得たのも、先輩諸子及在学生の力も確かに與つて力あつた事と思ひますが、主なる原因は抑もこの旅順と云ふ地は、日露戦争当時我精鋭なる多数の国民が熱血をそゝいだ場所だけに、自然の力が斯くあらしめたものと我等は深く確信するものであります。斯様に幾多の曲折を経て、我大学の基礎は愈確定されました。工を以て身を立て科学を究めん為、少くとも満蒙の天地に活躍せんと欲する諸子は、須く我工大に来らん事を切望して止まぬのです。／終わりに臨んで、僕等の経験より諸君に一言申します。諸兄等中学四五年間に自己の適する前途を自己を以て定めなさい。その間には無論父兄等の意見も参考にする事は待ちません。若人の常として軽はずみな事をして、一生涯誤り悩み苦しんで居るものも時々見受けます。尤も僕も其人だつたのです。学者たるべき人が商人となり、商人たる人が先生となるなど、世間には数を以て数へる事が出来ない程あり得ませう。／然らば何が諸兄の目的かと申しますと、これは自己本来の本分に盡す事によつて得らるゝ社会奉仕です。／もつと大きく言へば人類同胞への貢献です。／以上の考を以て工業方面に志し断乎たる決心と満蒙開発の目的を以て、本校に来られよ。僕等はどこ迄も喜んで御世話致します。／満州の荒蕪を腕と汗とで黄金波打つ田に任せんと努力するの士は来れ。僕等は双手を與つて歓迎します。／以上で僕等の言はんと思つた事は盡きて居ります。終りに臨んで同窓諸兄の健康と祝福とを祈ります。

六月六日

旅順工科大学予科生／揚　振珂／舟田　六郎

高崎中学校生徒一同殿

　新井の手記と２つの書簡から、高崎中学校は台湾人生徒を温かく迎え、その保護者からも感謝されたことが分かる。山口県立岩国中学校では、台湾人生徒は「いじめ」に遭って、高崎中学校を「母校（恩校）」として懐かしんだ。このことは、高崎中学校（高崎高校）の誇りであるばかりでなく、群馬県の誇りとする歴史である。

群馬県知事・中川友次郎

　顔欽賢ら台湾出身者が県立高崎中学校で学ぶようになったのは中川友次郎知事と伊藤允美校長がともに第四高等学校、東京帝国大学の卒業生で親しかったことによる。そこで、中川友次郎と伊藤允美について簡単に触れたい。

　中川友次郎は明治６年（1873）、士族・井関好義の次男として現在の石川県金沢市に生まれた。第四高等学校在学中の明治25年に石川県の有力者で、四高を金沢へ誘致することに尽力した中川長吉の養子となった。娘てゑと同

29年に結婚し、長吉の家から分家した。その際つくった戸籍には族籍を「北海道平民」とした。同27年に同校を卒業し、同30年には東京帝国大学英法科を卒業し内務省に入った。卒業の席次は3番であった。同参事官などを歴任し明治43年（1910）に台湾総督府財務局長となり、大正6年（1917）9月26日に群馬県知事となった。台湾総督府財務局長は7年と長かったが、知事在任は同8年6月28日までの1年9カ月余りと短かった。その後、農商務省製鉄所次長に転任し、同省特別庁長官を最後に退官。退官後は前田侯爵家総務などを務めた[11]。

　中川の知事在任期間が短かったのは政党政治の影響であった。日露戦争後、藩閥・官僚勢力を後ろ盾とした長州出身の陸軍大将・桂太郎と、衆議院第一党の立憲政友会総裁である西園寺公望が交互に内閣を組織する桂園時代を迎えた。西園寺内閣が成立すると内務大臣には原敬が就任し、政友会の基盤の弱い府県に政友系の知事を赴任させ、勢力の拡大を図った。桂太郎や大隈重信らの内閣では反政友系知事が任命された。府県会は政友系と非政友系が対立し、議長などのポストを争うようになった。

　表22は内閣・内務大臣と群馬県の知事の変遷を示したものである。原敬内務大臣によって任命された南部光臣、依田銈次郎、大芝惣吉が政友系知事であった。第2次大隈重信内閣は「政友会撲滅」を掲げたため、同内閣で群馬県知事となった三宅源之助は非政友系知事であった。三宅知事のもとで行われた大正4年（1915）3月25日執行の第12回衆議院議員選挙も、同年9月25日に執行された県会議員選挙も、非政友系が圧勝した。

表22　内閣・内務大臣と群馬県知事

内閣	内務大臣	群馬県知事
第1次西園寺公望	原敬	南部光臣
第2次桂太郎	平田東助	神山閏次
第2次西園寺公望	原敬	依田銈次郎
第3次桂太郎	大浦兼武	黒金泰義
第1次山本権兵衛	原敬	大芝惣吉
第2次大隈重信	大浦兼武	三宅源之助
	一木喜徳郎	
寺内正毅	後藤新平	中川友次郎
	水野錬太郎	
原敬	床次竹二郎	大芝惣吉

大隈内閣退陣後に長州出身で陸軍大将の寺内正毅が大正5年10月9日に内閣を組織した。内務大臣には後藤新平が就任し、翌6年9月26日に中川友次郎が台湾総督府財務局長から群馬県知事に抜擢された。台湾総督府民政長官（在職明治31－39年）を務めた後藤新平内務大臣が中川を登用したのかもしれない。内務大臣が後藤から水野錬太郎に代わると、地方官（知事）の異動が行われ、上毛新聞にも中川が異動するのではないかと報じられたが[12]、

異動はなかった。しかし、同7年9月29日に政友会総裁原敬が内閣を組織すると、翌8年9月に施行される県会議員選挙を前に6月28日に政友系知事として知られていた大芝惣吉と交代することになった。

　上毛新聞は大正8年4月16日付で「今回の地方官更迭は九月府県会議員の改選目前に迫れるあり。政友会の党勢を強固ならしむるため所謂党略的更迭を含み、原首相の党人擢用主義は党内よりも有望なる人物二三を抜擢すべしとの噂あり」として、中川群馬県知事・池松和歌山県知事・有吉神奈川県知事・鹿子木岐阜県知事が樺太か北海道長官の後任候補に挙がっていると報じた。そして、同紙大正8年6月29日付で、中川が農商務省製鉄所次長に栄転し、「県民は氏の転任を惜しみたるも」大芝が群馬県知事に再任することが決まったと報じた。7月2日、官民合同の「中川前知事の祖道宴（そどうえん）」が前橋市の臨江閣別館で開かれた。参宴者は300人以上という盛況を極めた(13)。中川は7月5日群馬県を離れ、新任地の福岡県八幡製鉄所に向かった(14)。その結果、中川の知事在任期間は2年弱であった(15)。中川友次郎の四男が平沼恭四郎（平沼騏一郎の兄・淑郎の孫娘・飯田節子と結婚。長男赳夫の誕生を機に一家で平沼騏一郎の養子となった）で、その長男が衆議院議員・平沼赳夫氏である。

県立高崎中学校長・伊藤允美　伊藤允美(16)は明治8年（1875）新潟県中頸城郡黒川村（上越市）に生まれた。県立高田尋常中学校から第四高等学校に入り同31年に卒業し、東京帝国大学漢学科を同34年に卒業した。在学中は「赤門の秀才」として『帝国文学』にその文才を謳われた。中川友次郎と第四高等学校、東京帝国大学と同じ学歴であるが、年齢差もあり同学年ではない。伊藤が明治28年に高田中学校を卒業した時、中川は第四高等学校を卒業していた。二人がどこで親しくなったかは不明である。伊藤は帝国図書館司書、茨城県竜ケ崎中学校教諭（竜ケ崎高校）、東亜同文書院教授（上海）、清国両廣総督府立師範学堂教習を経て、明治44年5月宮城県白石中学校長（白石高校）となった。

　以後、伊藤は群馬県立高崎中学校長（大正5－同11年。高崎高校）、山口県立岩国中学校長（大正11－同14年。岩国高校）、愛知県立愛知第一中学校長（大正14－昭和4年。旭丘高校）、石川県立金沢第一中学校長（昭和4－8年。金沢第一高等学校）と各地の名門中学校の校長を歴任し、いずれの学校でも名校長と謳われた。同じ新潟県出身の仏教哲学者で現在の東洋大学を創設した教育者の井上円了とも親しく、井上が巡回講演活動で群馬県を訪れた際、高崎中学校長の伊藤と会ったことが『南船北馬集　第十五編』（国民道徳普及会、大正7年11月18日）に「大正六年十一月十六日。未明、暗を破り家を出で、六

時半、随行静恵循氏とともに上野発車。九時、群馬県高崎駅に着す。これより中学校に至り、校友会のために講演をなす。校長伊藤允美氏と余と同県の出身なり」と出てくる。

伊藤校長の高崎中学校での送別式は大正11年4月10日の第4時限に行われ、翌11日職員生徒に見送られ午前8時38分高崎駅発の列車に乗り込み、山口県岩国市へ向かった[17]。

硬骨の伊藤は愛知第一中学校長時代に政友系知事小幡豊治と対立し、知事が県会に提出した一中移転問題の知事案に反対し審議未了に追い込んだが、その責任を取って「満廿年間一日の欠勤をなく公生涯を終り得る」とする辞表を提出し、昭和4年5月に教育界から引退した[18]。

しかし、伊藤は同年に金沢第一中学校長に招聘された。第四高等学校同窓で金沢市出身の中川友次郎の援助によるものかもしれない。伊藤は「金沢一中の刷新」を掲げ大胆な改革を断行した。けれども、やや専横的な進め方が生徒の反発を招き、一部退職教員、保護者、同窓会を巻き込んだ大規模なストライキが起こり、伊藤はその責任をとって、同8年6月に辞職した。

名校長といわれた伊藤の教育者人生において、県立高崎中学校時代がいちばん充実していた。伊藤は以後、郷里の新潟県で悠々自適の生活に入った。高崎中学校時代の教え子の福田赳夫は、伊藤が教育界からの引退を余儀なくされた時に、大蔵省で将来を嘱望された若手官僚として活躍していた。昭和5年2月にロンドンに派遣され、同8年4月に3年間の在外生活を終え帰国した。伊藤に私淑していた福田は帰国報告を兼ね伊藤を訪ね、長年の労をねぎらった[19]。なお、伊藤は昭和35年（1960）1月15日、新潟市島見町において85歳で没した[20]。

高崎中学校の充実期　呉景謨（第1学年）は『校友会誌』第33号（大正10年12月）に「秋」と題する次の文章を寄稿している。

　梧桐（ごとう）の立木に渡る夕風が、爽かに、徐（おもむろ）に吹いて来た。夏更けて、秋に変ると、叢（くさむら）には、虫の鳴く声は聞える。春夏秋冬の中で、秋が一番良い気候で、涼しくて、勉強にも、運動にも、其外何にも適当な時季である。又、詩人歌人の主題として、感想を歌つて居る。趣味ある面白い時である。田は、一面に青々として、先に黄色の穂が最早や出た。農夫が、か様な有様を見たならば、心には何んとも云へない嬉しさでせう。かくて吹く風涼しく、木の葉散り、紅葉が藁屋根のあなたを錦の如くに飾り、山を噴火山の様に染め、虫が高き低き、様々の音を出して鳴いてゐる。其れが、いかにも命の末かとかこち顔に聞える。秋の哀なのは、総て虫の音に聯想せられる。吾々にとつては、実に運

動に適当な時であるから、一生懸命に運動して、身体を健全にし、並びに勉強して、学識を磨き、第二学年末には、優良の成績を得る様に心掛けねばならぬ。

　顔欽賢ら台湾人生徒は呉の文章にあるような中学校生活を送った。台湾人生徒を迎えたころの高崎中学校は第8代校長伊藤允美のもと充実期を迎えていた。同校の歴史は、明治30年4月に群馬県尋常中学校の校長であった沢柳政太郎が群馬・多野・甘楽・碓氷・利根・新田の6分校を開校したことに始まる。同32年2月に中学校令が公布され、修学年限を5カ年、入学資格を12歳以上で高等小2年の課程を修了した者とし、本校1校につき分校は1校と定めた。そこで、翌33年（1900）4月から群馬県尋常中学校が群馬県前橋中学校に、群馬分校が同県高崎中学校に、甘楽分校が同県富岡中学校に、新田分校が同県太田中学校に、同34年に多野分校が同県藤岡中学校、碓氷分校が同県安中中学校にそれぞれ独立し、利根分校は前橋中学校の分校となった[21]。

　表23は高崎中学校の歴代校長をまとめたものである。初代校長を沢柳政太郎、2代校長を鈴木券太郎としているが、二人は群馬県尋常中学校長で、沢柳は群馬分校主任に峯岸米造を高等師範学校から招いてその一切を任せた。峯岸は高等師範学校長嘉納治五郎に呼び戻され1年で帰った。こうした事情から、本来は3代校長の広田文則が実質的には高崎中学校の最初の校長となる。歴代校長の中でも、伊藤允美は3番目に在職期間が長い。16代校長内藤由己男が最長の8年であるが、戦後の学制改革があり高崎中学校は高崎高等学校となっているので、高崎中学校長としては第14代校長中川英一の6年1カ月に次いで伊藤は2番目の長さであった。伊藤の年齢でいうと41歳から46歳までで、まさに熱血校長であった。

　伊藤校長は在校生に「真の教育と学問とは何か」ということを次のように訴えた。学問と教育は知能を磨き徳性を修め、同時に人間としての特質や本務を職業に依って体現することを目的とする。しかし、世間一般は学問を立身成功に必要なものと見なし、富を得、名を得るための近道と考えている。このような風潮を許しておくのは、人のため世のために大きな弊害を招くことになる。明治以来、人間の優劣高下を判定するのに、手腕技量や才能理知を基準に測り、慈愛・志操・信念・広い度量・高雅な趣味などについては、ほとんど目を向けてこなかった。学校及び学科試験の成績の良否・法定資格の有無がその人物全体の価値を定め、一生を左右するような状況下では、受動的能吏は生まれ出るかも知れないが、能動的有為の人物は育たない。人間の資格は心身の修養に依り得られる、これ根本第一義の成功、さらに社会員たる資格は事功の達成

表23　県立高崎中学校長

代	氏名	在職年		
1	沢柳政太郎	明治30年4月	同30年5月	2カ月
2	鈴木券太郎	明治30年5月	同33年2月	2年9カ月
分校主任	峯岸米造	明治30年4月	同31年4月	
分校主任	清川寛	明治32年4月	同33年3月	
3	広田文則	明治33年4月	同35年3月	2年
4	池田夏苗	明治35年4月	同37年4月	2年1カ月
5	高山栄一	明治37年5月	同42年4月	5年4カ月
6	伊藤肇	明治42年10月	大正3年4月	4年7カ月
7	村田稔亮	大正3年5月	同5年4月	2年4カ月
8	伊藤允美	大正5年4月	同11年4月	5年7カ月
9	児玉実徳	大正11年4月	同13年1月	1年9カ月
10	巣山了然	大正13年1月	同14年9月	1年8カ月
11	上岡市太郎	大正14年9月	昭和3年3月	2年6カ月
12	樋口安一郎	昭和3年3月	昭和8年9月	5年6カ月
13	湯沢徳治	昭和8年9月	昭和10年8月	2年
14	中川英一	昭和8年10月	昭和17年6月	6年1カ月
15	竹下栄	昭和17年6月	昭和20年5月	3年
16	内藤由己男	昭和20年5月	同28年5月	8年

『高崎市教育史　人物篇』より

に依って得られる、これ従属第二義の成功である。人間成功の大本は第一義資格の修養にあって、第二義資格の顕達ではない。

　卒業生に対しては、学校の価値は卒業生の善し悪しによって定まる。自重自修し、社会は天地宇宙とともに発展するので誠実勤勉することを期待した。伊藤の教育観も徳育主義で、石坂荘作のそれとも共通していることが分かる。

　当時、生徒であった田島武夫は校友雑誌『群馬』に「先生の熱誠に充ちたる御言葉には我等 頗（すこぶ）る感動し、此の至誠凛乎たる新校長を得たるは我等をして欣喜措く能（きんきお あた）はざらしめぬ」「博学多識、其の風貌に接すれば敬親の念、湯然（ゆぜん）として起こる。我等此の良校長を戴き、其の教導に従ひ世の混濁の風潮を排し、修学習業是れ努め、道義を重んじ以て大いに校風の発揚に力を尽くさむ」と記した。

　こうして、伊藤校長のもと職員、生徒が一丸となって高崎中学校は充実期を

迎えた。開校20年の節目を迎えたこともその契機となった。20周年を控え大正6年9月に同窓会が誕生し、伊藤校長が会長に就任した。翌7年1月5日、同窓会主催で「高崎中学校開校満二十年祝賀会」を挙げた[22]。高崎中学校としての独自性や主張がみられるようになった。開校記念日を4月17日から5月20日に変更したのもその一つであった。「例年四月十七日を記念日と定め来たりしも、当日は同校として別に記念の意義あるにあらず」。5月20日は「明治卅五年今上陛下の未だ皇太子にて在しヽ時、故有栖川宮威仁親王殿下と御同道にて同校に行啓遊ばされ」た日であった[23]。また、校友雑誌『群馬』も『群馬』は群馬分校時代に由来するので、その名称を『校友会雑誌』と改称した。

　大正8年にはいまでも歌い継がれている応援歌「翠巒」を制定、同10年11月には卒業生（明治41年）で日本を代表するテニス界の名選手・清水善造が凱旋し、模範試合と講話を行い、生徒を歓喜させた。清水は前年6月にウィンブルドン選手権大会（イギリス）に出場し「チャレンジ・ラウンド」（前年優勝者への挑戦権決定戦）の決勝まで勝ち進んだ。当時の世界ナンバー・ワン選手であったビル・チルデン（アメリカ）と対戦し惜敗したが、足を滑らせ転倒したチルデンに「ゆっくりとしたボール」を返し賞賛を浴びた逸話を残した。翌年には「デビスカップ」にも出場した。同大会出場後の来校であった。清水は礼儀正しさから海外で「ミスター・シミー」と敬称されたという。

　伊藤校長の教えが、高崎中学校（高中）の気質となり、戦後に高崎高等学校（高高）の気質として受け継がれて、その伝統となった。伊藤校長の薫陶を受けた福田赳夫の政治家人生をみると、その体現者であったことが分かる。顔欽賢ら台湾人生徒も伊藤校長のもとで学んだことは、その人格形成に大きな影響を与えたと思われる。

　福田や顔の1学年下の安田徳次郎は「伊藤校長の高中スピリットは、われわれの若い血を躍らせるに十分なアピールだった。そして機会あるごとに説かれた質実剛健とゼントルマン・シップは老境に入った私の血の中に今も脈打っている」と回想した[24]

（3）内閣総理大臣・福田赳夫と同級生

**高崎中学校21期生と
与蘭会**　　伊藤校長のもとで高崎中学校充実期に学校生活を過ごした顔欽賢は、大正11年（1922）3月に卒業した。同校の21期生となる。21期は同校の歴史の中でも、最も優秀な学年

と言われた。同級生には、第67代内閣総理大臣・福田赳夫らがいた。

　写真は、『校友会誌』第34号（大正11年12月発行）に載っている「群馬県
立高崎中学校職員及第二十一回卒業生」である。前列向かって右から7人目
が伊藤校長、3列目向かって7人目が顔欽賢、隣が浜名一雄（のち群馬県議
会議長）、2人おいて11人目が福田赳夫、一人おいて小澤嘉吉（外交官）、4
列目右端が中曽根宇内教諭。6列目右から2人目が新井彰教諭である。

県立高崎中学校21期卒業生

　表24は、当時の高崎中学校の職員一覧である。顔欽賢ら台湾人生徒の舎監
になった新井彰のほかに助教諭心得に中曽根宇内がいた。高崎中学校を明治
43年の卒業で新井より2年上であった。中曽根も新井とともに顔欽賢ら台湾
人生徒と終生、交流を続けた。中曽根は大正6年（1917）4月から昭和22
年（1947）11月30日まで31年間、高崎中学校で教鞭をとった名物教師で
あった。中曽根は教え子から福田赳夫（衆議院議員、内閣総理大臣）、丸茂重
貞（参議院議員、環境庁長官）、高橋邦雄（参議院議員）、中曽根康弘（衆議
院議員、内閣総理大臣）、山本富雄（参議院議員、農林大臣）を出したことが
自慢であった。

　中曽根宇内が母校に赴任した時に入学したのが福田赳夫らであった。福田ら

の卒業学年は「与蘭会」を組織し、顔欽賢も会員の一人であった。命名は浜名一雄（群馬県議会議長）で、「どうだ、ひとつみんなでよらんかい」という意味で付けられ、健在の新井や中曽根らの恩師を囲んで、春秋2回の会合を持ち、高崎中学校時代を回顧して懐かしむものであった[25]。

中曽根宇内は、与蘭会の教え子とともに、福田赳夫が群馬県人初めての内閣総理大臣になることを期待していた。

福田総理誕生祝意の手紙

昭和51年（1976）12月24日、福田赳夫が第67代内閣総理大臣に就任した。顔欽賢は中曽根宇内や与蘭会の同級生に当て、次の祝意の手紙を送った[26]。

　　福田学兄の内閣総理大臣就任を祝す
　忘れもしない去年の十二月二十四日早朝、当地の新聞を手にすると「日本国会福田を後任首相に指名」という見出しが一面トップに大きく載っているのが目についた。／その時の私の心からの喜びは到底筆舌では表わせない。高崎中学の同窓生福田赳夫学兄が政治家として最高の地位である内閣総理大臣になったのだ。これは福田学兄個人の栄誉ばかりでなく、我が高崎中学のこの上もない光栄でもある。殊に保革逆転とか保革伯仲とかやかましく叫ばれている混沌たる日本政局中、一挙に国会を通過した事は仲々容易ではない。／これ偏に福田学兄の日頃の政治的抱負と財政的手腕が衆望を集めた結果に外ならない。日本の政界は遂に福田学兄を必要とする時期に到達したのだ。時局は福田学兄が言われる様に重大である。同学の一人として一種の名誉を感ずると同時に福田学兄が必ずこの難局を立派に処理して行くことを確信する。／ここで私は五十余年前、高崎中学で同じ屋根の下に学び、同じに遊んだ当時の福田学兄を思い浮かべて昔の事を追憶したい。当時私は十

表24　高崎中学校職員

役職	位階等	氏名
校長	正七位	伊藤允美
教頭	正七位	柴山茂哉
教諭	従七位・勲八等	村上成之
	従七位	横田治郎
		中倉修五
		木村釼郎
		鈴木宇宙
		猪狩梅三郎
		藤陵繁雄
		土佐佐多吉
		舟田千町
		橋本唯三
		原知哲
		岩瀬義富
		山本兵三
		松本健
		吉見周治
		乾堅三
	陸歩大尉正八位	竹内登
教諭心得		江積政栄
		高松彦太
	陸歩少佐正六勲四	日高才二
		長岡正之
助教諭心得		新井彰
		中曽根宇内
舎監		村上成之
		鈴木宇宙
		橋本唯三
		岩瀬義富
書記	県出納吏	長岡正之
		中曽根宇内
		岩瀬義富
学校医嘱託		土屋全次
武道教授嘱託		小島松寿
		中島秀次郎

『大正七年度群馬県学事関係職員録』より

福田赳夫総理

四、五の無邪気な少年に過ぎなかったが、福田学兄は実に聡明な方で優等生として吾々の尊敬の的になっていた。その剛毅勇健なる魄力（はくりょく）と謙虚和藹（わあい）な性格は後日偉大なる人物になるであろうとの印象を受けたのである。／今年五月、母校第二十一回卒業生の会誌与蘭会報第四号を受取り、福田学兄の内閣総理大臣就任の御言葉並びに恩師中曽根先生、新井先生、及び同窓新井哲夫君等の御高論を拝読し、益々福田学兄の政界に於ける偉績を知り、この複雑多難なる時局を切り抜けて行く不撓不屈の精神を確認することができた。／福田学兄は十数年前、数回台湾へ来られ、日華の経済提携並びに文化交流に寄与する所が多かった。私は日本政府が学兄の広博な経綸と賢明な指導の下に必ずや益々安定に向い、挙国一致の擁護を得る事が出来ると確信する。思うに貴我両国民間の伝統的友誼は昔から極めて深く、特に経済協力の面に於て合弁を強化してきた。ここで一学友として、今後可能なる限り貴我両国民の交流に道義的に支持を与え、益々友好を深めるよう切望して止まない。中国の古諺に「一代同学三代親」と言う言葉がある。敢えて腹を割って私見を披歴したまでで他意はない。どうか悪しからず御了承を願いたい。／学兄が首相に就任された時、本当なら自ら御伺いして祝賀の意を表すべきであるが、何分遠隔の上、日夜雑務に追われて身動きも出来ず遺憾に堪えない。本年一月頃、小生の代りに長男恵民を遣して祝賀の意を表すべく伺わした所、御多忙の所を親しく接して頂き非常に有難く思っている。又、最近小生が関係している東京三陽貿易株式会社野尻益雄君から手紙が来て、五月三十日小生の代理として与蘭会学友表敬団に参加して首相を訪問したことを報告して呉れた。学兄が政務多忙にも拘らず自ら学友達と一緒に昔話に花を咲かせたとのことを今更懐しく、自分がこの盛会に参加できなかった事を残念に思っている。いずれ今秋、機会があれば渡日し、直接お伺いして祝賀を述べると共に御教示をお願いしたいと思っている。／最後に福田学兄の御健康と皆様のご多幸を遥か遠方よりお祈り申し上げます。

福田や顔らより3学年下で大正14年卒業の森川正三郎も、『高崎高校八十年史（上巻）』に「思い出の記」と題する手記を寄せ、その中で「特に校長伊藤允美先生の荘重な訓示は今日迄語り草になっている」「福田赳夫という大秀才が痩躯鶴（そうく）の如く帽子を"あみだ"にかぶって朝礼（校庭）の時、"気を付、礼"と号令をかけたことを彷彿（ほうふつ）と、思い出す」と述懐している。

顔欽賢の書簡の「一代同学三代親」という意味を頌彦守眞（うたさともりみ）さん（群馬県台湾総会事務局長）から教えていただいたところ、「心のつながりは代々つながっていく」「同級生であっても2代、3代と絆がつながっていく」という意味で、いいライバルであっても敵ではないという台湾人が理想とする「大同社会」を目指すという意味も含まれているという。

父・欽賢の代理・恵民　書簡からは、昭和51年1月に顔欽賢は福田に祝意を伝えるため、長男・恵民を代理として派遣したことが分かる。恵民はすでに述べているように一青妙・窈姉妹の御尊父である。また、石坂が創設した基隆夜学校の後身の私立光隆高等商業職業学校の第2代理事長であった。

5月30日には高崎中学校同窓生の与蘭会が首相官邸を訪問したが、顔欽賢は台湾にいて参加できず、三洋貿易会社の野尻益雄がその時の様子を伝えてくれたことが分かる。

長男の恵民には、追悼文集『雪山の楽しければ…回想・顔恵民』（顔恵民追悼文集発行委員会、平成13年）がある。同書の「顔恵民年譜」によれば、表25のように父・欽賢の会社の役員を次々に歴任した。昭和46年から同50年までは一家は台北市の顔欽賢屋敷内に住み、パスポートとビザの関係で四カ月に一度、台湾と日本を往復していたという。同51年に世田谷等々力に自宅を購入して移転し、同56年に台北から等々力へ生活の本拠を移したという。

基隆・顔家の4代目にあたる顔恵民の当時の役職は父・欽賢が戦後に関

表25　顔恵民の役職

和暦	西暦	年齢	役職
昭和33	1958	30	三陽貿易株式会社（東京）取締役
昭和39	1964	36	台陽股份有限公司常務董事
昭和40	1965	37	三陽金属工業股份有限公司常務董事
昭和44	1969	41	台湾合金工業股份有限公司（三井金属工業との合弁会社）常務董事
昭和45	1970	42	台湾股份有限公司総経理
昭和50	1975	47	台陽工業股份有限公司董事長
			瑞芳工業股份有限公司董事長
			私立光隆高級商業職業学校理事長
昭和52	1977	49	三陽企業股份有限公司董事長
			新美煤礦股份有限公司董事長
			蘇造船股份有限公司常務董事
			瑞芳砂礦股份有限公司董事長
			啓弘工股份有限公司設立
昭和55	1980	52	台湾区煤礦業同業公会理事長
昭和56	1981	53	台陽股份有限公司総経理

『雪山の楽しければ…回想・顔恵民』より作成

中曽根宇内宛て書簡

わっていた会社であるので、ここから欽賢の戦後の台湾での活躍を垣間見ることができる。

恩師への手紙にみる母校愛　顔欽賢の福田総理

祝賀の手紙は、中曽根宇内が白寿を迎えた記念に教え子たちが『高々もう一つの歴史代数Ⅱ宇内先生』（あさを社、平成2年）に掲載された。と同時に中曽根宇内宛ての顔欽賢の墨蹟鮮やかな次の書簡も写真で掲載されている。

　拝啓　御芳書難有／入手仕候。平素は御無／音に打過ぎ居候處／尊臺様校運隆／昌之為め益々御精励／被遊候趣慶賀此事／に奉存候。又今回校舎／改築に付ては格別之／御尽力被遊歳々愈々／内容外観共に具はリ母／校の雄姿を見る事と／なり、同窓生として慶祝／に不堪る處に候。就而／新（ヵ）要資金之内前回／金貳百円也御寄附／申上候へども實々他乃／振込も別段不到りし次／第の處重ねて御来示／に接して恐縮に存候／追加として金参百円（ママ）／也別途御送金申上候間／何卒宜布（ママ）御取計／被成下度候／右不取敢要用迠／如斯に御座候　敬具／九月二十一日
　　　　　　　　　　顔　欽賢

　　　中曽根宇内先生／侍史

　県立高崎中学校を前身とする県立高崎高等学校は、昭和53年（1978）に創立八十周年を迎えた。そこで、同49年に記念事業委員会が発足し、同窓会・PTAを中心に事業計画や募金運動が進められた。同年から4年がかりで校舎の全面改築が行われた。その間に、顔欽賢と同級生であった福田赳夫が内閣総理大臣に就任したのであるから、欽賢の母校への思いはいっそう増したものと思われる。

福田元総理の顔欽賢と台湾への思い

福田赳夫総理は、昭和53年（1978）10月日中平和友好条約を締結批准した。しかし、絶えず台湾への配慮を欠かさなかったことは良く知られている。顔欽賢のいう「一代同学三代親」を実践したのである。

　その逸話を紹介しよう。福田は総理退任後の昭和56年に中華人民共和国を訪問した。最高実力者・鄧小平との会談で「中国の台湾組み入れ（第3次国

共合作）の感想」を求められた。福田はメモを持ってこさせ「不戦而屈人之兵、善之善者也（※戦わずして人の兵を屈するは善の善なるものなり＝孫子）」と書き、「御国にはこういう言葉がありましたね」と平和的な解決を求めた。

当時、上毛新聞記者として同行し、現在は思想家として活躍をしておられる井上新甫氏は、「鄧小平にとっては、自国の古典中の古典の兵書ですから、反論できない。こういう芸当ができるのが、本当の政治家であり、また相手をして納得させ、かつ尊敬を払わせる妙術」と福田を絶賛した。

顔欽賢がその生涯を閉じたのは福田と鄧小平の会談の2年後の昭和58年（1983）11月2日のことで、83歳であった[27]。顔はこの逸話を聞かされていたであろうか。県立高崎中学校開校以来の秀才と謳われた福田は、とっさに妙術を駆使し、学友・顔欽賢の期待に応えたのであった。

福田赳夫総理はよく「身を殺し以て仁を為すこれ上州人」と揮毫した。これは論語の「志士仁人は身を殺して以て仁をなすことあり」（衛霊公第十五、命がけで正しい行いを全うするという意味）をもとにつくったものである。『芝山巖事件の真相』の著者・篠原正巳は大正6年（1917）鹿児島県生まれ。2年後に台湾に渡り台中師範学校を卒業し、小学校の教員をしていたが、敗戦により昭和21年（1946）に引き揚げ帰国した。篠原は同書で六氏先生の行動が「身を殺して仁をなす」と言われたことを紹介しているが[28]、石坂荘作、羽鳥重郎、羽鳥又男、新井耕吉郎、中島長吉はまさに福田総理が理想とした「身を殺し以て仁を為すこれ上州人」であったといえよう。

**福田元総理と
もう一つの縁**　福田赳夫元総理の三枝夫人の実家・新井家は、石坂荘作と同じ群馬県吾妻郡原町（東吾妻町）であった。

すでに紹介した木村卓堂の門下生で特に優秀であったのが、原町の名主・新井三郎左衛門（孝吉）の子・善教と、高平村（白沢村、のち沼田市）の名主・小野茂兵衛（忠順）の子・忠寛であった。二人は親友となり、新井善教は小野忠順の妹・つせを妻とした。新井善教はその才能を岩鼻県知事・大音龍太郎に見いだされ岩鼻県に登用され、その後、法曹界に入り、高崎地裁判事はじめ東京控訴院判事、根室裁判所長、大審院判事となった。晩年は原町に戻った。善教の子・文雄の娘・三枝が福田元総理の夫人となった。

一方、小野忠寛は茂兵衛を襲名し県会議員などを歴任した。忠寛（茂兵衛）には丘蔵・卓平・八重子らの子があった。丘蔵は父・忠寛のあとを継ぎ、村長、郡会議員、県会議員などを歴任した。卓平は第一高等学校に進み、八重子は卓平の一高時代の親友である井上孝哉（1870〜1943）に嫁いだ。井上は岐阜県生まれで、岐阜中―一高―東京帝大と学び、内務省に入り、佐賀・富

新井善教

山・神奈川県知事を歴任した。大正9年に原敬内閣で行われた第14回衆議院議員選挙に岐阜県から出馬し当選。大阪府知事にも任じられ、内務次官、政友会顧問を務めた。井上夫妻は福田赳夫・三枝の媒酌人を務めた。

　原町が明治以降に発展するきっかけとなったのが、新井善教らが岩鼻県知事・大音龍太郎に岩鼻県原町出張所を置くように要望し、廃寺宗安寺を改造して、それが実現したからであった。同所廃止後に、そこに群馬県で三番目に原町小学校が開校した。

　新井家の墓所も善導寺にあり、新井善教も三枝夫人の両親も、石坂荘作とともに同寺に眠っている。三枝夫人の両親の墓の揮毫は福田総理である。

　福田赳夫総理の長男・康夫氏は第91代内閣総理大臣で、父子での総理就任は憲政史上初めてである。

第3節　立命館大学初の台湾人卒業生

（1）中川小十郎と立命館

早稲田か立命館か　高崎中学校の『校友会誌』第34号（大正11年12月）には「第二十一回卒業生」（大正11年3月）の「席次／卒業後志望／出身小学校／褒賞／氏名／族籍」が掲載されている。顔欽賢は「七八／早稲田大学／東京礫川／顔　欽賢／臺灣」と記されている。

　顔欽賢は同校卒業を前にして、進路志望先は早稲田大学であった。しかし、昭和3年（1928）に立命館大学経済学科を卒業している。これはどうしたことであろうか。この謎を解く前に、戦前の大学制度について簡単に触れることにしたい。

　敗戦により日本の学校制度も変わり、昭和22年（1947）4月1日に施行された学校教育法以前の大学は旧制大学と称される。旧制大学は「学制、帝国大学令もしくは大学令によって成立した大学」である。

　帝国大学令は明治19年（1886）4月1日に施行され、同令により東京帝国大学（東京大学）、京都帝国大学（京都大学）、東北帝国大学（東北大学）、

九州帝国大学（九州大学）、北海道帝国大学（北海道大学）、京城帝国大学（敗戦で廃校、ソウル大学校）、台北帝国大学（国立台湾大学）、大阪帝国大学（大阪大学）、名古屋帝国大学（名古屋大学）と 9 の帝国大学が誕生した。

　大正 7 年（1918）12 月 6 日に原敬内閣により大学令が公布され、翌 8 年 4 月 1 日に施行されて、これまでの専門学校が公立、私立の大学に昇格することができるようになった。表26は初期の私学の大学昇格をまとめたものである。大正 9 年 2 月 5 日に慶応義塾大学・早稲田大学、 4 月15日に明治大学・法政大学を含む 6 大学が誕生した。同10年10月19日に東京慈恵会医科大学、同11年になって 5 月20日に龍谷大学・大谷大学、 5 月25日に専修大学・立教大学、 6 月 5 日に立命館大学・関西大学・東京協会大学（拓殖大学）が誕生した。

　顔欽賢が県立高崎中学校を卒業した大正11年 3 月には私立大学が 9 つあった。立命館は顔が卒業した年の 6 月 5 日に大学に昇格した。そこで、進路志望先を早稲田大学から立命館大学に変更し、同大学予科に入った。

　帝国大学の「大学予科」の役割を高等学校（旧制）が担っていたのに対して、私立大学は学部（ 3 年）の前段階に予科（ 2 ～ 3 年）が設けられ、教育内容は旧制高校に準じたものがなされた。私立大学へ進んだ者は予科を含め 5 年か 6 年学ぶことになる。大正11年（1922） 3 月に群馬県立高崎中学校を卒業した顔が、昭和 3 年（1928） 3 月に立命館大学を卒業したのも計算が合う。

立命館創設者・中川小十郎　ではなぜ顔欽賢は早稲田大学でなく、立命館大学に進んだのであろうか。それは父・顔雲年と中川小十郎との関係からであろう[29]。

　中川小十郎は慶応 2 年（1866）に丹波国馬路村（京都府亀岡市）に生まれ

表26　私学の大学昇格

年	月日	大学
大正 9 年 （1920）	2 月 5 日	慶応義塾大学・早稲田大学
	4 月15日	明治大学・法政大学・中央大学・日本大学・國學院大學・同志社大学
大正10年 （1921）	10月19日	東京慈恵会医科大学
大正11年 （1922）	5 月20日	龍谷大学・大谷大学
	5 月25日	専修大学・立教大学
	6 月 5 日	立命館大学・関西大学・東洋協会大学（拓殖大学）

た。中川にとって西園寺公望との関係がすべてであった。名門の公家出身の西園寺は、明治新政府ができ総裁・議定・参与の三職体制ができると、参与に就任した。鳥羽伏見の戦いが始まると山陰道鎮撫総督に任ぜられた。西園寺一行が最初に滞陣したのが馬路村で、同村の郷士中川武平太が官軍の執事に登用された。中川武平太、兄の禄左衛門ともに西園寺の率いる山陰道鎮撫に従った。禄左衛門は小十郎の実父で、武平太が養父であった。

　中川小十郎にとって戊辰戦争以来、実父・養父が西園寺と特別な関係を結んできたが、帝国大学卒業後に文部省官吏になると、西園寺が第二次伊藤博文内閣で文部大臣に就任した。中川小十郎は入省して2年であったが大臣秘書官に抜擢された。西園寺公望が総理大臣になると総理秘書官となった。以来、天皇の命を受け内閣総理大臣を指名する元老・西園寺が病没するまで、その私設秘書官として政界に隠然たる影響力を持つ存在となった。

　第一次西園寺内閣が総辞職してからの中川は明治41年（1908）7月樺太庁事務官第一部長、大正元年（1912）台湾銀行副頭取、同頭取を歴任した。台湾銀行時代は14年間にも及んだ。この間に顔雲年と親しい間柄となった。

　中川は立命館の学監・館長の地位にあったが、京都には定住しなかったものの、学内の諸問題には小まめに書簡による連絡・指示を行い、財務については中川なくして立命館の経営は成り立たなかった。

　北原碓三は台湾銀行頭取で立命館館長であったころの中川を次のように評した[(30)]。

　　…中川さんは世間の実業家が花柳（かりゅう）の巷（ちまた）に出入して、無意義な金銭を振り撒き得々（とくとく）たるが如き愚を成さず、若し財に餘（あま）りあらば、之（これ）を育英事業に投ずると云ふ世にも稀なる事業家である、我等は此の財餘りあれば氏が経営せる学校に投じて他を顧みざる人格高かき点に日頃より敬意を表するものである。

　「財に餘りあらば、之を育英事業に投ずると云ふ世にも稀なる事業家」とは中川小十郎にも、石坂荘作にも共通した面である。顔雲年が石坂や中川の育英事業に手を差し伸べたのは、こうした点に敬意を払ったからであろう。

顔雲年と民国鉱業開発の夢　　中川小十郎は顔雲年の追悼集『顔雲年翁小伝』に「君の最後の大計画」と題する次の追悼文を寄せた[(31)]。

　　顔雲年君は本島随一の鉱業家にして、而も成功したる唯一人の鉱業家なり。頭脳頗（すこぶ）る明晰、機を見るに敏、常に世人に一歩を先んじ居るの風あり。其一度志を立つるや容易に屈せず。必ず遂げざれば已まざるの概あり。君は実に大成したる事業家にして、毫（ごう）も軽佻（けいちょう）浮薄（ふはく）の言行なく、真面目を以て終始一貫せり。幼より数奇薄倖（すうきはっこう）の間に人と為

リ、所有る辛酸を嘗め、特に学を好み文を修め、一身の修養を忽にせず、以て大器晩成の素を得たるものなり。／領台後陸軍通訳、弁務署通訳たりしも、明治三十一年慨然志を立て砂金採取業を初め、瑞芳山一部の請負をなし、刻苦精励、台湾砂金業に就て第一の成功を収めたり。而して炭坑業に於ては家父の代より多少之に手を染め居りたるも、微々として振はざりしが、君の精励と明敏とは着々其実績を収め、遂に本島随一の鉱業王となるに至れるなり。而して君をして遂に此の地位を贏ち得せしめたる、隠れたる幇助者ありき。此れ即ち令弟国年君其人たり。／君は台湾に於ける鉱業界の覇者たりしも、君の志は更に中華民国の鉱業開発に着手し、将に着手せんとして病の為め不帰の人となりし次第なり。君は台湾に於て得たる経験と努力とを以て、民国の鉱業を開発せんとしたるものにして、君の前身に鑑み其真意のある所を追察して欣慕措く能はざる所なり。君の此最後の大計画に就ては予は之れに参画することを許され、君の将来の大成功に嘱目せし所なるが、今や空しき一の追想として、温容にして大決意を示す君を思ふのみ。台湾諸賢士多し。克く君の志を継承して之を成すものありや否や。

　顔雲年の死から2年後の大正14年（1925）に中川小十郎は台湾銀行頭取を辞任して京都に帰住し、東京にも邸宅を構えた。同年、貴族院議員に勅選された。

　ところで、中川のこの追悼文から顔雲年は大正10年代に鉱業の中国大陸進出の大規模な計画を持っていて、中川も参画していたことが分かる。中川は雲年の死によって計画が中断したことを悔やんだ。すでに触れたように、雲年の事業を受け継いだ弟の顔国年が撫順炭の輸入に対抗して、全炭鉱業者の大同団結を唱え、台湾炭業組合を結成したことを見ても、「民国の鉱業開発」とは中国東北部（満蒙）の鉱業開発を意味していた。

　中川は昭和12年（1937）の日中戦争勃発前後に高等工業学校の設立を具体化させ、「満州国」における鉱工業発展に寄与する人材養成機関にしようとした。同13年に立命館高等工科学校として誕生した同校は翌年には立命館日満高等工科学校と改称し、満州国政府補助金交付も行われた。顔雲年と夢見た「民国の鉱業開発」は、立命館日満高等工科学校として実現していったと見ることもできるであろう。

京都帝国大学と京都法政学校　立命館大学の前身である京都法政学校の誕生は、京都帝国大学と密接な関係を持っていた。明治30年（1897）、日本で二番目の帝国大学として京都帝国大学が誕生した。同大学の設立に当たったのは文部大臣・西園寺公望であり、その意を受けて初代総長に就任した木下廣次とともに、書記官（初代事務局長）の中川小十郎であった。

　創設事業が一段落して翌年文部省に戻った中川は、第三次伊藤博文内閣で二度目の文部大臣に西園寺が就任すると、文部書記官兼文部大臣秘書官兼文部参

事官となったが、西園寺が文部大臣を退任すると秘書官を辞任し、明治31年（1898）7月には官界を去った。中川は大阪の実業界へ身を投じ、広岡家（屋号・加島屋）が経営する加島銀行の理事となった。加島屋は、鴻池屋と並ぶ豪商であった。業績不振のため広岡家へ援助を求めてきた真宗生命保険会社を朝日生命保険株式会社とし復興させ、本社を京都市六角麩屋町大黒町へ移し副社長になった。なお、加島屋に嫁ぎ、その経営に参画した広岡浅子をモデルにNHK連続テレビ小説「あさが来た」が平成27年（2015）9月から放映され、中川小十郎がモデルと思われる人物も登場した。

　中川は京都帝国大学在任中に知己となった法科の教授の織田萬、井上密、岡松参太郎らを誘って、同大学の開学の3年後の同33年1月に京都法政学校を夜間の学校として創立した。創立事務所は朝日生命保険株式会社の本社に置いた。京都法政学校には専任教員がなく、講師のすべてが京都帝国大学教授であった。中川は京都帝国大学法科大学の教授の講義が京都法政学校で行われ、学問的水準が高いことを誇りとした。

　明治36年（1903）に「専門学校令」が制定され、慶應義塾、早稲田はじめ有力私学が専門学校となった。翌年、京都法政学校も「専門学校令」による私立京都法政大学となった。この時、昼間部と夜間部ができた。そして、翌38年には、西園寺公望が明治2年に創立し翌年差止命令で閉鎖した私塾「立命館」の名称の許諾を得た。立命館という塾名は、『孟子』尽心篇の「所以立命也（命を立つる所以なり）」に典拠がある。

　明治41年（1908）私立京都法政大学及び私立清和中学校は出火のため校舎のほとんどを失い、翌年再建された。大正元年9月に台湾銀行副頭取となった中川は全事業と財産全部を提供して、翌2年に財団法人「立命館」を創設し、私立京都法政大学は私立立命館大学と改称した。

（2）大学昇格と台湾人

立命館の大学昇格　　立命館の「大学令」による昇格を中川小十郎は考えていなかった。しかし、大学昇格問題を契機に卒業生で組織する校友会が全国組織化し、中川を説得して大学昇格運動を担った。大正8年（1919）は創立20周年の記念すべき年で、大学昇格運動が校友会により展開されたが、慶応義塾や早稲田などに比べて、立命館の昇格が遅れたのはこのような理由からであった。

　大学昇格運動の最大の問題は供託金50万円と図書購入費10万円の合計60万

円の基金であった。これをわずか700人余りの
校友でどのように調達するかであった。このう
ち、補助金が10カ年分割で25万円あったので
45万円が差し当たり必要とされた。募金の目
標は中川館長10万円、館長の知己から10万
円、校友負担は25万円とした。表27は「基金
募集の状況」（大正11年 5 月31日現在）であ
る。払込額の有志 3 万7710円のうち 2 万円が
中川館長の知己の一人である顔雲年からであっ
た。

表27　基金応募状況

（大正11年 5 月31日現在）		
応募額	中川館長	100,000円
	校友	255,451円
	有志	360,210円
	合計	665,661円 （ママ）
払込額	中川館長	35,000円
	校友	22,140円
	有志	37,710円
	合計	94,824円 （ママ）

『立命館創立五十年史』195頁より

　立命館の初めての本格的な学園史『立命館創
立五十年史』には表27の基金応募状況と上述
した記述しかない[32]。だが、『立命館八十五年史資料集・第七集』に次に紹介
する「京都日出新聞」（大正11年 6 月29日付）が収載されている（294頁）。

　　　　立大基金寄附　新に松方氏が二万円
　　　立命館大学昇格基金として松方幸次郎氏は今度二万円寄附した尚従来の寄附者の主な
　　る者を挙ぐれば左の如くである。／林熊徴　十二万円／中川小十郎　十万円／郭春秧
　　三万六千円／顔雲年　二万円／神谷宗八（校友）　一万五千円／浅原静次郎（校友）、石
　　原廣一郎（校友）、星一、赤司勝次郎、有馬彦吉、後宮信太郎、木村泰治、辜顕榮、松
　　岡富雄、林本源、山口清、山本悌二郎、齋藤豊次郎（以上一万円宛）

　上記の大口寄付者をまとめたのが表28である。合計金額が44万1,000円と
なるので、差し当たり必要な45万円は大口寄付者から賄ったことになる。大
口寄付者の特徴は創設者の中川小十郎が長く台湾銀行副頭取・頭取の地位に
あったので、台湾人や台湾で活躍した日本人実業家からのものである点であっ
た。

台湾財界の大御所たち　　　　　日本統治下の台湾には台湾五大家族（財閥）と
　　　　　　　　　　　　　　　して、板橋の林家（林本源）、基隆の顔家、霧峰
の林家、鹿港の辜家、高雄の陳家があった。このうち林熊徴（林本源）、顔雲
年、辜顕榮と五大家族のうち三家族から16万の寄付を受けた。これは大口寄
付者全体の36％に当たる。さらに郭春秧を加えると、台湾人からの寄付は
19万6,000円となり、全体の44％を超える。立命館の大学昇格は台湾人の寄
付によるところが大きかった。
　最も大口の寄付をした林熊徴は、次のような人物であった（『改訂臺灣人士
鑑』、台湾新日報社　昭和12年）。

表28　大学昇格基金大口寄付（大正11年6月現在）

氏名	職業など	金額
林熊徴	板橋林家6代目	12万円
中川小十郎	立命館館長	10万円
郭春秧	台北茶商公会会長	3万6千円
顔雲年	基隆顔家の始祖	2万円
松方幸次郎	川崎造船所社長、松方正義三男	2万円
神谷宗八	校友	1万5千円
浅原静次郎	校友	1万円
石原廣一郎	校友	1万円
星一	星製薬創業者	1万円
赤司勝太郎	赤司初太郎か	1万円
有馬彦吉	貿易商社有馬洋行創業者	1万円
後宮信太郎	金爪石鉱山株式会社長	1万円
木村泰治	台湾日日新報編集長、台湾土地建物会社創設	1万円
辜顕榮	鹿港辜家の始祖	1万円
松岡富雄	台湾新聞社長	1万円
林本源	板橋林家の屋号	1万円
山口清		1万円
山本悌二郎	台湾製糖社長。衆議院議員（政友会）	1万円
齋藤豊次郎	日本芳醇会社専務取締役	1万円
計		44万1千円

「京都日出新聞」（大正11年6月29日）『立命館八十五年史資料集・第七集』
294頁より作成

　　　林熊徴　勲四等
　府評議会員　日本拓殖株式会社々長　大永興業株式会社々長　華南銀行総理　台湾煉
瓦株式会社　台湾興業信託株式会社　台陽鉱業株式会社各取締役
（現）東京市渋谷区代々木初台町五八一／台北市大正町一ノ十七
【経歴】明治廿一年十一月五日台北州海山郡板橋林本家ニ生ル　夙ニ経史ヲ修メ　福建
省福建州高等師範学校ヲ卒業セリ　同四十一年林本源製糖株式会社ノ副社長並ヒニ社長
ニ歴任セリ　同四十四年台湾日日新報社監査役　大正二年八月株式会社中日銀行取締役
ニ選ハレ　同年東洋協会台湾支部　南洋協会台湾支部　台湾鉱業会等ノ各府評議員トナ
リ　帝国在郷軍人会台湾支部名誉会員ニ推サレ　同四年四月愛国婦人会七宝金色有功章
赤十字社一等有功章ヲ贈与セラル　同十年第一回台北州協議会員ニ任命サル　尚曽ツテ

148

台北庁参事　大程埋区長タリ　大正十一年三月紳章授与セラル　大正天皇御即位式ニハ台湾代表トシテ参列ノ光栄ニ浴シ　大礼記念章ヲ拝受大正天皇御大葬ノ際ニハ台湾代表トシテ参列セリ　今上天皇陛下　御大典ノ際ニハ再ヒ台湾ノ代表トシテ参列ノ光栄ニ浴シ大礼記念章及ヒ金杯一箇ノ御下賜ヲ受ケタリ　同四年八月支那漢冶萍鉄有限公司董事ニアケラレ　同五年五月新高銀行監査役　同六年九月九州製鉄株式会社取締役　ボルネオ護謨株式会社監査役　台湾紡織株式会社監査役　同八年一月株式会社華南銀行総理台湾製塩株式会社取締役　台湾煉瓦株式会社取締役　日本拓殖株式会社々長　内外製糖株式会社々長　南洋倉庫株式会社取締役等ノ重職ニ迎ヘラレ真ニ台湾財界ノ大御所ナリ

　さらに赤司勝太郎、有馬彦吉、後宮信太郎、木村泰治、松岡富雄、山本悌二郎、齋藤豊治郎は中川小十郎に連なる台湾で活躍した日本人実業家であった[33]。有馬彦吉は貿易商社有馬洋行の創業者であったが、それ以前は日本銀行に入行し台湾出張所勤務となり、明治31年の台湾銀行創立に伴い移籍し台南支店などで勤務した。後宮信太郎は台湾で各種事業に携わったが、金瓜石鉱山株式会社長に就任し、新金鉱を掘り当て「金山王」と呼ばれた。『京都日出新聞』の「赤司勝太郎」は「初太郎」の誤りであると思われる。赤司は後宮の資本的な背景を得て積極的な事業を展開し、赤司、後宮ともに各種会社を傘下に収め台湾における内地型財閥といわれた。木村泰治は『台湾日日新報』編集長を経て「台湾土地建物会社」の設立に関わり実業界に入った。松岡富雄は台湾新聞社長。山本悌二郎は台湾製糖の設立に参画し社長に就任し、衆議院議員にもなり立憲政友会に所属した。齋藤豊次郎は日本芳醇会社（酒類製造所）専務取締であった。

　大口寄付者で校友の神谷宗八、浅原静次郎、石原廣一郎の3人以外は、ほとんどが台湾関係者であった。立命館は台湾からの寄付金によって大学に昇格したのであった。

立命館大学
草創期の恩人　　大学への昇格認可は大正11年6月5日付、同25日には学内で昇格祝賀会が開かれた。昇格祝電は次のように80通を超えた。『立命館創立五十年史』には次のように記述されている。

　　本学の昇格への祝電
　公爵西園寺公望公、鎌田文部大臣、水野内務大臣、中橋前文部大臣、田台湾総督、一木枢密顧問官、岡田元文部大臣、九鬼男爵、竹越貴族院議員、南前文部次官、小橋前内務次官、神野前大蔵次官、田中前農商務次官、鵜澤、岡、上田、三土、和田、麻生各臨時教育委員会委員、代議士山本悌二郎氏、法学博士仁井田益太郎氏、法学博士中川孝太郎氏、木村日本銀行副総裁、林熊徴氏、顔雲年氏、原田二郎氏、阪本嘉治馬氏

『立命館創立五十年史』に顔雲年が出てくるのはここだけである。顔雲年

は、大学昇格にあたり中川館長の知己として立命館に大口の寄付をしたばかりでなく、欽賢・徳潤・徳洲の３人の息子を入学させ、物心両面にわたり中川や立命館を支えた。まさに大学草創期の立命館の恩人というべき存在であった。

立命館大学は『立命館百年史』も発行しているが、これまで述べた立命館の大学昇格と台湾の関わりを叙述することはなかった。また、創設者中川小十郎についても研究しているが、中川の台湾人脈に触れることもなかった。立命館と台湾の関係は、顔雲年親子を中心として、これまで埋もれていた立命館の学園史や中川小十郎研究に新たな光が当たったことになる。

昭和２年（1927）から４年にかけて、立命館は図書館、盡心館、存心館などを建設し外観を整えたが、財政がひっ迫した。文部省への供託金の分割返済は完済しておらず、昭和３年度には前年度の供託金を支出するのに、中川家から不動産を借り受け、これを担保に入れ日本勧業銀行から４万円を借り入れ処理した。翌４年には供託金２万円を支払わねばならなかった。校友会に交渉をしたが、校友会はいまだ昇格寄付金の払い込みが完了していない現状では困難であると難色を示したが、一口30円の募金をすることになった。２万円には至らなかったが１万7000円の現金が調達された。顔欽賢、顔徳修が各２口の募金に応じた。『立命館創立五十年史』は「昭和四年という年が大恐慌の関門にあたつていたことが窺がわれるであろう。だからこそ理事会も、校友会も資金調達には二の足を踏んでいたのである。二萬円は決して、僅少の金ではなかった」と記している[34]。

欽賢・徳修・徳潤の３兄弟

顔欽賢は昭和３年（1928）立命館大学法経学部経済を卒業した。同級生に南海電鉄グループ総帥となり、立命館校友会長も歴任した川勝傳がいた。同３年の卒業生が大学令による立命館大学最初の卒業生であった。従って、顔欽賢は立命館大学最初の台湾人卒業生であった。弟の徳修は同５年同大学法経学部経済を、その下の弟の徳潤は同６年大学部１部法律を、それぞれ卒業した[35]。

立命館大学を卒業した３兄弟は、それぞれ基隆・顔家の各会社の重役となって活躍した。『改訂臺灣人士鑑』（台湾新民報社、昭和12年９月25日）では、次のように紹介されている。

顔欽賢　台北州会議員、台陽鉱業・基隆軽鉄各株式会社取締役社長、基隆炭砿・台湾興業信託各株式会社代表取締役、合名会社義和商行業務執行社員兼代表社員、基隆商工信組理事。（現）基隆市壽町二ノ十九【経歴】明治三十五年二月五日ノ生レニシテ本島鉱業界ノ大立物故顔雲年ノ長男ナリ。幼少ヨリ内地ニ留学シ群馬県立高崎中学ヲ経テ昭

和三年立命館大学経済科ヲ卒業。帰台後矢継早ニ顔家諸関係会社ノ重役ニ挙ケラレ一方、基隆市協議会員ニ任セラレシヲ始メトシ、方面員、帝国在郷軍人会、基隆分会名誉会員、台湾癩予防協会台北支部委員、基隆市衛生委員、基隆市会議員、同参事会員、基隆市教育委員、基隆市壽愛校会々長等ノ諸公職ニ推サレ昭和十一年十月ノ総選挙ニハ衆望ヲ担ヒテ立候補シ堂々ト台北州会議員ニ当選シテ州治ニ参与シ何レモ克クソノ職責ヲ全ウセリ。公共事業其他ニ盡瘁スル處多ク表彰サレシコト一再ニ止マラス。現ニ頭書諸会社ノ社務ヲ総攬シ又顔家一族ノ総帥トシテ縦横ニソ敏腕ヲ揮ヒツツアリ。

顔欽賢

顔徳潤 台陽鉱業株式会社常務取締役、台湾興業信託株式会社常任監査役、合名会社義和商行業務執行社員、基隆炭砿株式会社取締役。(現)基隆市壽町三ノ二五【経歴】明治三十八年一月十九日故顔雲年ノ二男トシテ生ル。幼キヨリ学ヲ内地ニ求メ立命館大学法科ヲ卒業。同年九月株式会社雲泉商会ニ入社シ、七年二月合名会社義和商行監査役当選。翌年株式会社雲泉商会常務取締役ニ選任セラル。九年二月台湾興業信託株式会社監査役ニ当選シ、次テ常務監査役ニ選任セラル。同年十二月ニハ基隆炭砿株式会社取締役、台陽鉱業株式会社取締役ニソレゾレ当選シ、同十一年二月ニハ合名会社義和商行業務執行社員、同十一月ニハ台陽鉱業株式会社常務取締役ニ挙ケラレテ今日ニ及フ。若年ナルモ克ク関係諸会社ノ業務ヲ総攬スル辺リ手腕鮮ヤカナルモノアリト云フヘシ。

顔徳潤

顔徳修 基隆軽鉄株式会社常務取締役、台陽鉱業・基隆炭砿各株式会社常任監査役、合名会社義和商行業務執行社員。(現)基隆市壽町三ノ二六【経歴】故顔雲年ノ三男ニシテ明治四十年三月二日ニ生ル。夙ニ内地ニ留学シ私立立命館中学卒業後更ニ同大学経済科ニ進ミ昭和五年卒業セリ。帰台後直チニ株式会社雲泉商会ニ入社八年八月ニ退社ス。爾来義和商行監査役、雲泉商会監査役、基隆軽鉄取締役、基隆炭砿取締役、台陽鉱業監査

顔徳修

役ニ歴任シ現ニ頭記ニ示スカ如ク幾多ノ会社重役トシテ事業ニ専念シツツアリソノ将来ノ活躍ヲ期待サル。趣味ハ読書、自動車。【家庭】妻顔許氏碧霞（許丙ノ長女）。

第4節　基隆顔家一族の総帥

（1）顔家グループ

基隆顔家三代目　　昭和12年（1937）4月30日叔父・顔国年が病没し、翌13年に資本金を1000万円に増資し、欽賢が台陽鉱業株式会社の社長に就任した。顔家グループの中核企業が、台陽鉱業・基隆炭鉱・中台商事・臺灣興業信託などであった。

顔欽賢が総帥となった時代の四つの中核企業が、金融之世界社編纂『臺灣産業金融事情』（産業・会社篇、昭和17年度版）に収載されているので、それを紹介すると次のようであった。基隆・顔家の三代目となった顔欽賢の戦前の実業家としての姿を見ることができる。

顔家グループの中核企業

台陽鉱業

金瓜鉱山（日本鉱業会社）と共に本島山金鉱業界の双璧をなす瑞芳金山を経営せるのが当社だ。／当鉱山は光緒十九年（明治二十六年）基隆川筋の砂金採取者が大粗坑溪を廻り九分山に金鉱を発見したのに始まる。明治二十九年藤田組の手によつて採掘せられ来つた当金山は、大正七年十月顔雲年氏に譲渡せられて顔家の直系事業となつた。／当社は大正七年六月、顔家並に本島財界有力者によつて設立せられ、石炭採掘を目的としたが、大正九年に至リ瑞芳金山をも経営下に置いたが、昭和六年金輸出再禁止と翌七年に於ける金の時価買上等の好機に際会したゝる業績は目覚しい進展を辿り加之、近年政府の積極的産金奨励国策によつて異常なる躍進を遂げるに至つた。／一方、石炭は事変以来金と同様に増産に拍車を掛けられた。／瑞芳金山の製錬は始め混末法のみであつたが、昭和十二年九月新製錬工場の竣工成り、現在では青化法と併用しつゝあり、更に選鉱場の増設及び石炭の積極的増産を目的とし、十三年五月五日百万円を増加して資本金一千万円に倍額増資をなし、現在払込株金七百万円の大を擁する斯界の超重点会社だ。／現在の鉱区は石炭鉱区五十一、二千二百三十二万八千坪、共同石炭鉱区一、四十七万四千坪。金鉱区五、三百七万七千坪、砂金鉱区二、四十二万五千坪。合計六十二鉱区、面積二千七百五十二万一千坪に上る大機構である。／鉱業所は瑞芳（金銀）、石炭及び海山（石炭）の三直営鉱が当社の弗箱だ。他に浦田、永昌、竿□林、石灼、益隆、大溪、魚行、木山、嶺□寮、合和等約二十の請負鉱を有し、また文山及び新竹州下蕃地の南庄両炭鉱も開発中だ。／去る三月締切の昨年下期純益金は僅かに十六万六千三百余円を計上するに過ぎなかつた。この純益率は四％七五にして三分配当を復活した。近年の成績を見るに十三年上期以降常に百万円前後の利益金を計上し、配当も普通一割二分特別八分、合計二割の好配当を行ひ、十

四年上期より二分減の一割八分をなした。ソレが十五年上期には一挙に無配に転落し漸く当期始めて三分配当を復活した実情であるから、成績は表面必ずしも良好とは云へないのである。／然り之は表面での話であつて実質的には依然百万円前後の利益金を挙げてゐる事は、現に下期起業費七百十八万八千円は対前期七十六万六千円の著減で推算される。／株主資本…八,〇八八,八六二円／外部負債…四,八九九,九一〇円／使用総資本…一二,九八八,七七二円／固定資産…七,一八八,四九二円／投資…一,三一七,七五六円／流動資産…四,四八二,五二四円／株主資本は投資を加へた固定資産を賄ひ切れず、差引四十一万七千三百余円が外部負債で支持されて居り、外部負債中の実質的借金は三百四十五万九千円の大を有してゐるから資産構成は良くない。／然し拡充中の瑞芳金山選鉱場、文山炭鉱の採掘施設が稼働すれば収益は益々向上する筋合にある。／重役は社長顔欽賢、常務高井廉造、尾家重治、村上敬二、取締役芳川徳潤、顔徳修、立川滄海、林熊徴、三毛菊次郎、常務監査地主三郎、監査役大山高正、陳逸松。

基隆炭鉱

　　当社は大正七年三月、三井鉱山と顔家との提携により設立せられたものでその炭質の優良と炭量の豊富は三井財閥の技術、資本と相俟つて本島炭業界の王座に君臨してゐるのに何ら不思議ではない。／事業地は瑞芳、基隆の最有望区域であるから、台湾炭界に圧倒的勢威を 恣（ほしいまま） にしてゐる訳だ、従来その石炭は多く支那方面に輸出せられてゐたが、曾つての日支事変に由り甚大なる打撃を受けた。／その後炭価の恢復と船舶炭料の需要旺盛、更には内地送りの順調等によりこの一大危局を突破し得たが、資本的には従来の一千万円を昭和十一年上期、三割減の七百万円、払込済に切下げた。／ソコへ今次事変は勃発し、増産に拍車を掛けられ、而も炭価は昂騰した。本島炭業界は当社を始め近年に見ざる繁忙を招来した。／最近の鉱区数は六十七鉱区、実に四千五百万一千坪に余る、内訳は石炭鉱区五十八、四千三百七十七万坪、同共同鉱区二、二十六万六千坪、砂金鉱区六、七十七万六千坪、同共同鉱区一、一万九千坪がそれである。／近年の成績を示せば次の如く毎期八分配当を踏□してゐる（千円）

	純益金	純益率	配当率
十四年下	三六五、六	一〇・四%	八・〇%
一五年上	三七〇、七	一〇・六%	八・〇%
同　下	三七〇、〇	一〇・六%	八・〇%
一六年上	三五五、一	一〇・二%	八・〇%
同　下	三二二、六	一一・六%	八・〇%

　　当社は昨年下期より決算期を更して従来五月―十月、十一月―四月決算を四月―九月、十月―三月に改めた。故に前表十六年下期は五ヶ月営業だ。之によれば純益金三十二万三千円（六ヶ月換算三十八万七千円）を計上した。この純益率は一割一分に当り前期に比し八厘の増加である。八分配当には一見窮屈の感があるが、別に採炭費科目で毎期二十万円―三十万円の巨額が償却済となつてゐるから余裕綽々たるものだ。二十万円と押へても起業費（土地共）の償却率は一八・二年賦の短縮だから遉がに内容の充実に驚くであらう。／鉱況は極めて順調であつて、先年瑞芳一坑及び基隆二坑

内に×馬力の電気□揚□を据付け、また瑞芳三坑々内に×馬力タービンポンプ×台を据付けて増産に輪を掛けたが、十四年以降は瑞芳三坑新坑の最下層に着炭して採炭に着手したほか、瑞芳三坑本坑の開坑に邁進し、一方深□坑の稼行を十五年二月より開始した。／目下引き続き瑞芳三坑本坑の開鑿に鋭意挺身中で、着炭すれば当社の出炭量は遙かに増加する筋合だ。／収支内容は五ヶ月営業のため前期と比較するのは妥当ををを欠くが、石炭売上代は半期六百万円を突破する盛況ぶりで、一ヶ年の採炭高は実に××万□の新記録を作つてゐるが、今後は未だ未だ増大する。

    株主　資本……八、二〇二、九〇四円
    外部　負債……一、六一四、九八〇
    使用総資本……九、八一七、八八四
    固定　資産……七、二八三、五九一
    流動　資産……二、五三四、二九三

　資産構成は良好で、株主資本は固定資産を支持して尚ほ九十一万九千三百余円の余裕があり、外部負債中の借金は支払手形三十万円に過ぎぬ。金融は綽々である。／役員は会長西村小次郎、常務取締役神谷春雄、顔欽賢、取締役宮崎猛、芳川徳潤、立川滄海、山田政次、監査役顔徳修、山本定次。

中台商事

　当社は大正十五年一月、石炭販売の目的の下に創立資本金二十万円を以て設立されたが、その業績は不振の域を脱し切れなかつた。／昭和十三年、本島最大の財閥顔家の事業としてその支配下に入るや、本来の直営坑の強化と新たに八堵第二坑の開鑿資金として翌十四年八月、資本金五十万円に増加し、同年十一月迄に払込金全額を徴収、次いで増産継続事業費並に樹林徳豊炭鉱買収資金として百万円に倍額増資し、現在払込資本金七十五万円を擁する。／現在の鉱区は八鉱区にして何れも直営単独で、石炭鉱区七、六十九万七千坪、金鉱区一、三万五千坪に上る、前年同期に比し石炭鉱区一、四万五千坪を増加したのは従来共同鉱区たりし鴬歌豊炭鉱公司を直営稼行に改めたゝめだ。／扨て最近の業績を示せば次表の如く好調を辿つてゐる（千円）。

	純益金	純益率	配当率
十四年上	二五、三	二五・六％	六・〇％
同　下	三一、四	一八・〇	七・〇
一五年上	三八、一	一五・三	八・〇
同　下	五四、六	一四・六	八・〇
一六年上	五四、六	一四・六	八・〇
同　下	五五、八	一四・九	八・〇
一七年上	四七、九	一二・八	八・〇

　本年上期純益金は四万七千九百円を挙げた。前年同期に比し六千七百円の減益にして、純益率は一割二分八厘と一分八厘の減に当る。／従つて八分配当据置は表面窮屈となり、社内保留は一万八千七百余円と三九％――を占めてゐる。／鉱況を窺ふに八堵鉱業所は第一坑、第二坑並に分坑共一般作業極めて順調にして出炭成績は益々向上の一路を辿つてゐる。／樹林鉱業所は一昨年三月、樹林炭鉱公司の共同経営者の持株

全部を肩替りして直営に移して以来、一般作業のほか引続き第一坑と第二坑の連絡坑道貫通工事の急□進に努力中だつたが、この四月完成した。／尚ほ第一坑は大体出炭順調に復したが、第二坑は漸く整炭層に逢着した杯りである。／山子脚鉱業所は前期に引続き新斜坑の開鑿中であつたがこの程完成し採炭を開始した。／万里鉱業所は請負に附してゐるが、出炭成績は良好である。前期直営となった鶯歌豊隆炭鉱公司の経営に係る共同鉱区の採掘権並に設備一切を譲受け、これを鶯歌鉱業所と改称した。山子脚鉱業所と合併稼行を目論んでゐる。／右の如く五鉱業所とも何れも資材及び労力の整備困難と貨車配給の不円滑と云つた悪條件と敢闘し乍ら、叙上の好成績を収めた。／転じて資産の構成状態を見よう。

    株主　資本……八九六、〇一〇円

    外部　負債……一、四五三、七七九

    使用総資本……二、三四九、七八九

    固定　資産……一、一五二、一七九

    波動　資産……一、一九七、六一一

　株主資産は固定資産を支持し切れず、不足二十五万六千百余円が外部負債によつて補つてゐるから金融は忙しくなつて来た。／現に外部負債中には借入金と支払手形の合計百九万二千百余円の大を擁してゐる。／このアンバランスを調整するためには最終未払込二十五万円の徴収が期待されるが、徴収後も現行配当維持には聊かも懸念がない。／重役は社長芳川徳潤、常務立川滄海、末盛一彦、取締役指方悦蔵、顔徳修、監査役施錫芸、地主三郎、山田忠の諸氏である。

臺灣興業信託

　当社は本島有数の財閥たる顔家の事業に依り、大正元年九月創立。資本金百万円、払込高二十五万円を以て設立されたもので、本店を台北市下奎府町一丁目に置き、基隆市壽町二丁目に出張所を有する。／事業を契機として当社の積極方針は着々奏功し、業況益々順調裡に進展しつゝある。現在積立金四万一千九百六十三円を保持する。／**固有勘定**　最近の成績を十四年下期以降に就いて見るに左の如し（円）。

	利益金	利益率	配当率
十四年下	八、〇〇九	七・一三％	五・〇％
十五年上	九、六〇四	七・六八	五・〇
同　下	一〇、〇六一	八・〇五	五・〇
一六年上	一〇、三一五	八・二五	五・〇
一六年下	一〇、七九四	八・六三	五・〇

　利益金は累期例外なく向上の一途を辿つてゐる。昨年下期には一万八百円を計上した。利益率は八％六三に当り、前期に比し四百八十四・〇％三八の上昇であり、五分配当据置は余裕が加はつた。／貸出金は三万五千五百余円、対前期一千五百余円を減じ運用率も六％五九と低く収益源として期待できぬ。有価証券は十七万四千円と却てこの間二万円を減じたが、三二％二三の運用率は最も厚い。内訳は国債四千円、株式十七万円で株式利廻七％一四と高く内容の充実を立証する。現金預ヶ金は八充七千余円に低減した。収入の大宗を為す信託報酬は一万五千五百余円にして、この報酬率は

二％一九と強く、固有勘定好調の主因だ。**信託勘定**　期末信託は百三十一万六千三百四十九円にして前期に比し十四万四千百十二円を少減した。／右は全額金銭信託であつて不動産、証券その他信託を包含しないことを知るべきだ。運用は（円）。

	残高	百分比
現金預ヶ金	二一〇、五二五	一六・〇〇％
有価証券	八六、三六六	六・五六
貸付金	九七二、三〇三	七二・八六
不動産	四七、一五三	三・五八
計	一、三一六、三四九	一、〇〇・〇〇

　右の如く貸付金は九十七万二千円と前期に比し五万二千円を減少したが、運用率は七三％八六と極めて積極的である。その構成は不明であるが利息収入三万一千三百円を計上し、総収入の八割を収めて収益の根幹を為してゐる。之より逆算したる平均収益率は六％二七となり、貸付内容の優秀性を側面より立証してゐる。／証券運用は二十一万五百余円、対前期七千二百□円を減じた。国債三万円、株式五万六千円がその内訳で株式利廻は五％六五と良好を示し、当社姉妹会社の業績が良好を呈せることが推知される。／以上の如く信託財産の運用は頗る手固〈(ママ)〉く且つ何れも高率の収益力を示し、当局者の非凡の活腕を窺ふに十分である。かくて信託利益金一万七千二百三十円を計上した前期に比し六千二百六十五円の減益を喫した。平均信託財産に対する利益率は僅か二％四八（前期三％三八）にしか廻らなかつた。／当社の役員は社長芳川徳潤、常務取締役立川滄海、取締役支配人柳川龍作、取締役顔欽賢、大山高正、林熊徴、菅原薫、監査役張家坤、陳逸松、顔徳修の諸氏。

顔家グループの構成

　世界恐慌により台湾の土着系資本も窮地に陥った。しかし、顔家グループは前述の中核４企業の情況を見ても、または涂照彦氏の研究でも表29のように比較的活発であった。時局的な石炭ブームにのった台陽鉱業株式会社の飛躍的な膨張を背景に活発な投資を行った。台陽鉱業の朝鮮進出や日本資本との関係を密接化させ、敗戦時の役員は表30のように全体として日本人重役が半数を占めた[(36)]。

　顔家は業種も鉱業関連事業に限定され、顔家を興隆させた顔雲年の資産は長男の顔欽賢が表31のように基本的に継承した。顔徳修、徳潤は欽賢の弟で、滄海は顔雲年の弟・国年の長男であった。五大族資本の中で顔家は日本統治末期において、即ち三代目の顔欽賢の時代に最も優位な立場になることに成功した。

　基隆・顔家が台湾五大家族（財閥）のうちで最も成功したのは、同家が三井財閥など日本資本と結びつきを強めただけでなく、雲年・国年・欽賢と、おごることなく、生活も質素に徹した、その姿勢にもよると思われる。中辻喜次郎（台北実業会長）は顔国年の追悼文（『顔国年君小伝』収載）で、次のように述べている。

表29　顔族系の投資事業会社（1931—45年）（1000円）

直・傍系	会社名	代表者	設立年	資本金（払込額）	その他
直系	和隆木材（株）	顔欽賢	1936	200（200）	材木業
	台陽拓殖（株）	顔欽賢	1936	1,000（250）	
	徳大公司（株）	顔徳修	1938	100（25）	
	顔斗猛興業（株）	顔徳修	1940	100（40）	不動産業
	東陽窯業（株）	顔徳修	1944	180	窯業
傍系（関係）	台湾電化（株）	顔欽賢	1935	2,000（1,000）	台湾電力、電気化学系
	台湾船渠（株）	顔欽賢	1937	5,000（5,000）	三菱重工業系
	台北州自動車運輸（株）	顔欽賢	1938	1,500（750）	中辻系（地場日系）
	台湾化成工業（株）	顔欽賢	1939	7,500（6,250）	台拓、赤司系
	金包里開発（株）	顔欽賢	1939	150	レジャー、地場日系と合資
	昭陽鉱業（株）	顔徳修顔滄波	1940	1,000（700）	日系共同、朝鮮進出
	台湾石炭（株）	顔欽賢	1941	700	日系、石炭業
	蘇澳造船（株）	顔欽賢	1943	1,000	地場日系と共同出資

涂照彦『日本帝国主義下の台湾』436頁

表30　台陽鉱業の役員構成（1945年現在）

役職	氏名	族系日台人別	在任期間
取締役社長	顔欽賢	顔族系	1937年下半期～1945年下半期
常務取締役	尾家重治	日本人	1941年下半期～1945年下半期
	渡辺三郎	日本人	1943年下半期～1945年下半期
取締役	林熊徴	林本源族系	1920年下半期～1945年下半期
	顔徳修	顔族系	1941年下半期～1945年下半期
	顔滄海	顔族系	1941年下半期～1945年下半期
	三毛菊次郎	日本人	1940年下半期～1945年下半期
	戸田貢	日本人	1943年下半期～1945年下半期
常任監査役	地主三郎	日本人	1940年上半期～1944年上半期
監査役	徳萬秀三	日本人	1944年下半期～1946年下半期
	周碧	土着人、顔系	1936年下半期～1945年下半期
	陳逸松	土着人	1941年下半期～1945年下半期

涂照彦『日本帝国主義下の台湾』439頁より

表31　顔族系の投資事業会社（1941年頃）

直・傍系	会社名	責任者	役職	設立年	資本金 （払込額）	営業内容、その他
直系	台湾興業信託（株）	顔欽賢	常務取締役	1912	1,000 (250)	
	南邦交通（株）	顔徳修	社長	1912	600 (600)	地場日系と共同出資
	台陽鉱業（株）	顔欽賢	社長	1918	10,000 (7,000)	顔徳修が取締役に
	台陽拓殖（株）	顔欽賢	社長	1922	1,000 (250)	貸地業
	和隆木材（株）	顔欽賢	社長	1936	200 (200)	材木業、家族が全役員を占める
	（株）徳大公司	顔徳修	社長	1938	100 (25)	海運、開墾業
	基隆軽鉄（株）	顔欽賢	社長	1912	600 (450)	運輸業
	顔斗猛興業（株）	顔欽賢	社長	1940	100 (40)	不動産業
	蘇澳造船（株）	顔欽賢	会長	1943	1,000	
	東陽窯業（株）	顔欽賢	社長	1944 (推定)	180	
	小計				14,780 (6,945)	
傍系	台湾土地建物	顔欽賢	取締役	1909	1,500 (1,500)	不動産業
	基隆炭鉱（株）	顔欽賢	代表取締役	1918	7,000 (7,000)	日本人1人が代表取締役にある
	大成火災海上保険（株）	顔欽賢	取締役	1920	5,000 (1,250)	三菱系に属するようになった
	（株）華南銀行	顔欽賢	監査役	1920	2,500 (1,875)	台銀系
	瑞芳営林（株）	顔欽賢	取締役	1921	1,000 (350)	日系と共同出資
	（有）基隆商工信用組合	顔欽賢	組合長	1922		監事に立川滄海
	中台商事（株）	顔徳修	取締役	1926	1,000 (750)	石炭採掘並びに販売
	台湾電化（株）	顔欽賢	取締役	1935	2,000 (1,000)	台電、電化系
	台湾船渠（株）	顔欽賢	取締役	1937	5,000 (5,000)	基隆船渠（株）の改組、三菱重工乗取

傍系	台北州自動車運輸（株）	顔欽賢	取締役	1938	1,500（750）	中辻系
	金包里開発（株）	顔欽賢	取締役	1939	150（90）	レジャー、監査役に顔滄海、顔徳修
	台湾化成工業（株）	顔欽賢	取締役	1939	7,500（6,250）	石灰石採取、販売、台拓・赤司系
	昭陽鉱業（株）	顔徳修、顔滄海	取締役	1940	1,000（500）	日系共同、朝鮮進出
	台湾石炭（株）	顔欽賢	監査役	1941	700	日系
	蘇澳造船（株）	顔欽賢	会長	1943	1,000	地場日系と共同出資

涂照彦『日本帝国主義下の台湾』442-443頁より

　　国年君は各事業の社長を勤めて居られても己は社長である抔（など）と云った素振はされた事は一度も見なかった。何時訪問しても狭い事務室に実兄雲年氏の令息顔欽賢氏と、同じ粗末な小学校の生徒が使用するやうな卓子（たくし）を列（なら）べて、こつこつ事務を取ってゐられた。

（2）戦後の顔欽賢

**孫・一青妙さん　　**　　顔欽賢の長男の恵民は、一青和枝（かづ枝）と結婚
**がみた祖父・欽賢　**　　し、一青妙・窈さんが生まれた。一青妙さんの著書
『私の箱子』から戦後の顔欽賢を紹介すると、次のようであった。

　　昭和20年の敗戦により台湾は中華民国政府のものとなり、九份の鉱山も同政府の管理下に入った。顔欽賢は九份鉱山の再起を試みた。翌年には中華民国憲法を制定するための台湾代表として南京に赴き、憲法制定会議に参加するなど、政界にも積極的に進出した。

　　しかし、昭和22年（1947）に起きた民衆蜂起事件の二・二八事件で、中華民国政府に対して台湾の代表として和解を求める折衝役を買って出たため、欽賢は弾圧が始まると「首謀犯」の30人の一人として指名手配され、長期間の逃亡・潜伏を強いられた。

　　欽賢の長男・恵民は10歳から19歳まで日本に住んだ。番町小学校から昭和16年（1941）4月1日学習院中等科に進学した。弟の恵忠も同18年4月1日から学習院中等科に入学した[37]。

　　恵民らは昭和19年に市谷郵便局の隣の2階建ての家を買ってもらいそこに移ったが、昭和20年の東京大空襲で家が焼け、恵民は信濃町の犬養家に同居した。内閣総理大臣を務めた犬養毅の孫で、吉田茂内閣で法務大臣を務めた犬

養健の長男の康彦と学習院中等科の同級生であった。学習院国民義勇隊の一員として疎開も兼ね岩手県に配備され、終戦の日は日光の施設に行く途中立ち寄った日光金谷ホテルで玉音放送を聞いた。恵民は敗戦のショックで突然に眉毛が抜け、「眉なし」の顔になった。病院での診断は「ノイローゼ」であった。敗戦から 2 年後に弟の恵忠とともに在日台湾人の引き上げ措置で台湾に戻った。19歳であった。再び東京に戻り早稲田大学鉱山学科に進み、犬養家に住んだが、同家が渋谷区神山町に転居したのをきっかけに同区松濤に家を借りた。

　昭和45年（1970）、恵民は実家が経営する会社で将来の社長候補として働くため、台湾で新婚生活を始めた。欽賢の家は台北市内にあり、大きく目立つ建物で、広い日本庭園と池があり、池にはたくさんの錦鯉が泳いでいたという。顔家は翌年12月に正式に鉱山の閉山を決定。その後は関連会社の経営を中心に事業を営んだ。顔欽賢が恵民を福田赳夫総理就任の祝いに派遣したのは、前述したようにこの時期であった。

　昭和56年（1981）、再び恵民一家は日本で生活を始めたが、恵民は台湾と日本を往復した。子どもたちだけは日本の生活に適応しやすいように「顔」から恵民夫人の姓である「一青（ひとと）」になったという。「一青」のルーツは石川県の能登半島にあった。同58年10月に恵民が肺がんであることが分かった。欽賢は翌11月に病没した。83歳であった。恵民もその 2 年後の同60年 1 月20日に亡くなった。56歳 8 カ月の若さであった。

　一青妙さんによると、祖父・欽賢は小柄で眼光は鋭く、いつも大きな声（日本語と台湾語）で何かを話していた。美食家で酒量も多く「腎不全」と「糖尿病」を患った。亡くなる直前まで病気に関係なく好きなものを食べ続けたという。夫人の郭美錦は基隆の名家「郭家」の出身で、日本から要人が来た時には歓迎の辞を読み上げる総代になるほど学校一の才女で、しかも美人で、欽賢が求婚したという。

敗戦後の台湾の石炭業

陳慈玉氏の研究によって、敗戦後の顔欽賢について、もう少し触れてみたいと思う[(38)]。

　昭和20年 8 月15日、日本の敗戦によって台湾の植民支配が終了すると、国民政府は10月に台湾鉱山を接収したあとも日本統治下の措置を続け、石炭業統制政策を採った。経済部台湾特派員辦公処会と台湾行政長官公署工鉱処が、11月 8 日に「石炭業監理委員会」を設立し、執行機関とした。10日後に「台湾石炭統制株式会社」を接収し、「台湾省石炭調整委員会」に改組した。

　石炭業監理委員会は、日本人単独資本と、日台合資の石炭会社、合計35社

を管理下に置いた。同委員会を引き継いだ石炭業接管委員会は11鉱を払い下げ、24鉱は接収管理した。しかし、24鉱のうち8鉱が販売清算され、16鉱が公営となり、1946年（昭和21）6月に台湾煤鉱公司籌備処が設立され、16カ所の炭鉱を引き継いだ。同処は1947年1月に台湾鉱工企業股份有限公司分公司、5月に台湾鉱工股份公司と改称した。引き継いだ炭鉱も基隆・永建・七星・定福・海山・三徳に調整合併した。さらに1949年末には石炭の売れ行き悪化から、基隆と永建の鉱山が合併され永基炭鉱、海山と三徳の両炭鉱を合併し海三炭鉱となった。

　基隆の炭鉱が、基隆・顔家と三井財閥が大正7年（1918）に設立した「基隆炭鉱株式会社」で、同社の石炭の生産量は台湾の総生産量の半分を占めた。資本金500万円で、顔家が40％の株式権利を持っていたが、株式の過半数を三井財閥が持っていたので、日本資本企業と見なされた。省政府は顔家の株式権利を工鉱公司の株券で換算した。台陽鉱業株式会社は、顔家は60％の株を所有していたが、残りは日本人資本であったので、顔家単独といえなかった。このため、経済部駐台特派員辦事処は1945年11月9日に台陽鉱業株式会社を接収管理した。1年余りの整理と計算を経て、1946年11月21日に「台陽鉱業股份有限公司籌備処」が設立され、顔欽賢と林素行（政府側代表）が正副の主任となり、基隆・顔家の1代目顔雲年の「三羽鴉」といわれ、同家の経営を補佐してきた周碧がまた同じ役割を任され、正式に生産が再開された。

　1948年7月17日には日本人の株式権の価値を政府に支払って準備事業は終了し（原価1株100日本円、支払時には200余日本円に査定）、台陽鉱業股份有限公司が設立され、顔欽賢が董事長となった。こうして、顔欽賢の戦後の実業者としての活動が始まったのであった。

昭和天皇の桜と欽賢中学　顔欽賢をたたえる逸話を紹介しよう。日台共栄メールマガジン（2013年3月23日）に配信されたものである。典拠は中央通信社：2013年3月20日（新北20日中央社）である。

　古くは金鉱の町として栄え、現在は観光地として有名な、北部・新北市瑞芳区・九份山頂近くにある欽賢中学の桜の花が先週満開を迎えた。地元では昭和天皇ゆかりの桜として長年大切にされている。台湾紙・中国時報が伝えた。／今年92歳になる元台北県（現・新北市）県長の蘇清波さんは46年前、当時台湾で進められていた九年一貫教育（＝1968年、義務教育を9年に延長）について台陽鉱業会長の顔欽賢氏に相談。顔氏は子供たちが山がちな地元でも近くの中学校に通えるようにと、8000坪（2万6000平方メートル余り）の土地を寄付した。これに感謝するため、同中学では顔氏の名前「欽賢」を学校名としている。／この時、戦前、顔氏と同窓生だった日本の昭和天皇がこの

ことを知り、桜の木を台湾に贈ることにされた。陛下ははじめ数十本のソメイヨシノを贈るつもりだったが、その淡い香りが「情欲」を刺激するとも言われ、気が散って学業に専念できないのはよくないとのご懸念から、ソメイヨシノの代わりに香りのしない在来種が贈られることになったという。顔氏は贈られた桜のうち2株を校舎前中央に、その他を校庭周辺に植えた。／同中学で学校の沿革が語られる時、今でも決まって出てくるのがこの桜の由来について。「日本の天皇陛下のお気持ちを裏切ることのないよう」、しっかり勉強してほしいと同校の先生方は生徒らを励まし、また桜の木々は大切に手入れされているという。

　欽賢中学校の創設は1967年（民国56）4月で、現在の新北市立欽賢国民中学である。校訓は「欽賢思齊　成功學習」である。

　顔欽賢は学習院で学んでいないから昭和天皇と同窓ではない。顔家が基隆に持っていた邸宅「陋園」には巨大な日本式庭園があり、台湾三大庭園に数えられた。総面積6万坪余りの土地に洋館と日本式の家があり、渡り廊下でつながっていた。皇太子時代の昭和天皇が台湾視察のときに宿泊場所に指定された。そうした関係からかもしれない。庭園と建物は戦争中の空襲で焼かれ、敗戦後は中華民国政府に接収され、現在は「中正公園」などになっている。

第3章　基隆夜学校から光隆家商へ

第1節　どうして夜学校を創設したのか

（1）台湾教育史にみる石坂の教育事業

石坂荘作の
教育三大事業　　ここからは、本書の主人公である石坂荘作と顔欽賢を結び付ける基隆夜学校について触れることにしたい。

　宇治郷毅氏は、石坂は植民地台湾において多方面にわたる貢献をしたが、教育事業が「畢生の事業」であった。石坂の教育事業は社会教育では、台湾の図書館史上で先駆的な役割を果たした「石坂文庫」を創設・運営したこと、学校教育では「基隆夜学校」を創設・運営したことと、「基隆技芸女学校」の運営に関与したことであったとし、この三つを石坂の三大教育事業と称した。

　そして、中でも石坂が最も心血を注いだのが基隆夜学校であったと指摘し、次のように高く評価した。

　私学教育は公立学校に比べ財政面、人材面などさまざまな面で困難さを伴った。台湾の私学教育は日本統治期も各種宗教団体によるものが中心で、個人によるものは短期間で消滅することが多かった。しかし、基隆夜学校は①私立による経営、②恵まれない勤労青年のための数少ない夜学校の一つ、③創立以来、授業料無料を堅持、④常に一定規模の学生を有した、⑤日本人、台湾人問わず平等な人格教育がなされた、⑥卒業生の中から有為な人材を輩出、⑦敗戦まで40年余りの長きにわたり存続し、敗戦後は台湾人により継承され今日に至っている－ことが台湾教育史上で稀有な存在である。

　小野憲一氏の研究によると、台湾では明治9年（1876）、台南に「長老教神学校」が設立されたのを皮切りに、昭和11年（1936）までに82校もの私立学校が設立された。その中で石坂が関わったのは私立職業（実業）学校で、日本人による最初のものは明治32年（1899）に台北に開校した「簡易商工学校」で、石坂の基隆夜学会は2番目に設立された。日本の台湾統治下に設立

された私立職業学校をまとめると、表32のようになり、石坂の教育事業を台湾の教育史の中で俯瞰することができる[(1)]。

小学校と公学校　日本が台湾を統治すると、「新に学制を定めて内地人教育、本島人教育、蕃人教育の三様に分ち」、総督府学務部が私立学校、書房、図書館などと総括した。基隆では公立教育機関として内地人に小学校、本島人に公学校があるだけであった。基隆尋常高等小学校は明治30年10月に基隆国語伝習所を設置し内地人児童教育をしたことに始まり、同31年10月に基隆小学校となり、同35年10月に基隆尋常高等小学校と改称した（田寮港庄70番地）。基隆公学校は同30年10月国語伝習所乙科生と新たに募集した生徒65人から出発し、同31年7月の台湾公学校令により10月に基隆公学校と改称した（田寮港庄120番地）。同40年4月から授業料を徴収した。基隆市街以外には暖暖、瑞芳、頂双渓、水返脚、金包里に公学校があった[(2)]。

　石坂が創設した基隆夜学校（基隆夜学会）は、小学校及び公学校の尋常科第6学年卒業以上の学力を有する者で、年齢は12歳以上が入学資格者であった。初等教育では日本人は小学校、台湾人は公学校と別学であったものを日本人も台湾人も一緒に学ぶ共学制を採用した。

　植民地台湾では大正8年（1919）1月「台湾教育令」（勅令第1号）が発布され、台湾人の教育制度が整備された。これは内台人（日本人と台湾人）差別を認めたものであった。しかし、同11年には台湾教育令を改正し差別を撤廃し、初等教育以外は共学制となった。初等教育も国語使用上という教育的観点から共学制を採用しなかったが、本島人であっても家庭で国語を使っている者は小学校に入学できるようになった。その意味で改正台湾教育令は次のように画期的であった[(3)]。

> 斯くて新学制が唯一の系統に整へられ、最早教育に於ては内地人、本島人、蕃人等の差別称を見る事が出来なくなり、全く種族的区別の撤廃されたことは本島教育未曽有の革新である。

　こうした教育制度が確立以前に石坂はいち早く共学制を採用し学校経営を行った。

表32　私立職業学校

	学校名	所在地	創立・設立年	創立・創設者	教育実施内容
1	媽宮女学校	媽宮	1898 (M31) 年	蕭南享	本島女児に裁縫国語漢文を授ける
2	簡易商工学校	台北	1899 (M32) 年	木村匡	内地人子弟に実業補習教育を施す
3	**基隆夜学会**	**基隆**	**1904 (M37) 年**	**石坂荘作**	**1912 (M45) 年に基隆夜学校となる**
4	成淵学校	台北	1909 (M42) 年	高橋辰次郎	内地人本島人に小中学校実業補習学校の教育を施す
5	**基隆夜学校**	**基隆**	**1912 (M45) 年**	**石坂荘作**	**内地人本島人に実業補習教育を施す。1915 (T4) 4月に財団法人私立基隆夜学校となる**
6	台南実業補習夜学校	台南	1919 (T8) 年	枝徳二	実業補習教育を施す
7	台湾商工学校	台北	1919 (T8) 年	財団法人商工	台湾南支南洋方面に活躍する実業家を養成する
8	打狗簡易実業学校	打狗	1920 (T9) 年	古賀三千人	簡易実業を施す
9	台湾商業学校	台南	1920 (T9) 年	田村智学	商業に従事せんとする者に須要なる智識技能を施す
10	女子職業学校	台北	1922 (T11) 年	愛国婦人会	1917 (T6) 年に創立の婦人授産場を改称
11	台中工芸伝習所	台中	1931 (S6) 年	山中公	郷土的工芸に関する知識技能を授ける
12	吉見裁縫学院	台北	1933 (S8) 年	吉見まつよ	当初ファロス和洋裁研究所と称す
13	台南家政女学院	台南	1937 (S12) 年	槙藤哲蔵	設立当初は台南家政裁縫講習会と称する
14	豊原商業補習学校	豊原	1938 (S13) 年	岩下実業	実業補習教育を行う
15	愛国高等技芸女学校	台北	1938 (S13) 年	愛国婦人愛	女子職業学校を改称
16	**基隆技芸女学校**	**基隆**	**1939 (S14) 年**	**石坂荘作**	**女子の実際生活に必要なる知識技能を授ける。昭和14年に市立基隆家政女学校となる。**
17	台中商業専修学校	台中	1939 (S14) 年	辻守昌	商業に関する知識技能を授ける
18	私立基隆商業専修学校	基隆	1940 (S15) 年	石坂荘作	私立基隆夜学校を改称

小野憲一「日本統治時代における台湾の職業教育に関する研究」より作成

（2）「石坂夜学校」と呼ばれる

基隆夜学会
開校の経緯　石坂荘作は明治36年２月23日、私立基隆夜学会を開校した。台湾に渡り７年目、基隆に居を定め４年目のことであった。石坂自身が『御賜之余香』（8－9頁）で夜学会設立の経緯を次のように述べている。

　…本会の発端と申しますれば、去る明治三十六年春正月、石坂は時の基隆小学校長故佐藤謙之助氏の許に至り、此基隆は台湾の関門であり、又内地人が三千人近く居住して居るにも拘はらず、少年児童を教育する所は、たつた一つの基隆小学校の外何も無いのは、子弟教育上実に一大欠点でありますので、父兄側でもせめて夜学会なりと早く起して、子弟を教育したいと云ふものがありますから、此際是非共先生の御助力を戴き、少年子弟を薫陶する夜学会を起こしたいと計りました所が、先生　御承知の通り快活な方でありますから、其趣旨を讃し言下に快諾されました。そこで私は時を移さず市中の主たる方々にも謀り、又一方教授に要する黒板其他を買ひ求めました。此所にある釣洋燈は、当時此処にお居でになる福田仁三郎氏から御寄贈を受けましたものであります。斯くして愈愈準備が整ひ、今の哨船頭曹洞宗基隆布教所の片隅を借り受け、其年の二月二十三日名ばかりの発会式を挙げ、爰に初めて基隆夜学会の産声を挙げましたのであります…。

　その一方で、入江曉風が著書『基隆風土記』（昭和８年）で次のように述べている[4]。

　基隆夜学校は社会公共事業としての尤も範たるべき教化奉仕的のものである。領台よりして渡台する内地人は各所に職を求める者多く、其の間安定するも子弟をして正規就学せしむる事能はざる不遇の子弟に対し社会は教育の均霑を計らねばならぬ事は何人も自覚する處ならんも、自ら卒先犠牲的この難局に当る事は普通人の為し能はざる處のものである。之れを求めんとせば必ず団体力に因らねばならぬ性質である…／明治三十二年頃新聞記者新野氏が茅屋の一隅にて家庭的に夜学校を経営してゐた。その頃の事なれば元より片手間の仕事である。氏は程なく病死し又学童は取り残されて不境に沈む有様となり世の中はまだ殺伐の鬼気去り兼ねてゐる頃であり且つ送界も整然の緒に就かざる時、未だ是れ等の社会事業に志さす程の篤志家は求めて得らる可らず其の時明治三十二年の末石坂荘作氏が台北より基隆に来られ具さに此の情を見て義気と同情は天か命か石坂氏をして猛然奮起せしむるに至つた。其の間自己の財力も苦境の来襲も幾度なるか櫛風霖雨の幾夜もある。吾人の身心に思ひ比べて見れば如何程の血骨を削り取るが如き苦難が伴ふて居るかは明白である。先生は数人必ず必要、それが欠勤もある転職もある。生徒の卒業後の親父同様の世話もせねばならぬ。爾来星霜三十一年の永い年月、雨の夜、風の夜、思ひ巡せば過去の夢なるか、漸く基礎的に確立したのが明治三十五年である即ち昭和八年は三十一箇年目、石坂氏は一生を是れに打込んだものである。元より其間、同志よりの幾分の援助も同情もあつた事は当然なるもそれとて聊かの事に過

ぎされば自己が中心となりて辛酸を嘗め尽された事は舌筆の良くする處にあらず、校門出の者又数知らず。世人石坂夜学校と呼ぶ。万事不便勝ちの殖民地にありて夜間勉学に志さす者の恩恵として、青年指導の掬養として是れより有難（ありがた）いものは他にあるまい。此の義挙は夙（つと）に朝に達し幾度かの御下賜（ごかし）の御沙汰（ごさた）もあつた。今や朝野、広く人士の知る處となり義捐（ぎえん）も尠（すくな）からず。昨年二階建広壮なる校舎建築され、基隆神社の丘陵御境内に巍然（ぎぜん）たる雄姿に輝いてゐる…

　宇治郷毅氏は、入江の記述に対して、新野の死去から石坂が夜学会を設立するまで 3 年間の空白があり、石坂が自著『御賜之余香』で新野について触れていないことから、「石坂は新野の私塾については知っていたと思われるが、引き継いだというより、むしろ当時起こっていた地域の父兄の学校要求に応えて創立したという意識だったと考えられる」としている。

　また同氏は、当時は台湾の教育行政も緒に就いたばかりで小学校と公学校の卒業生に対する上級学校が絶対的に不足していた。「石坂は、より高い教育を与えたいという父兄の声に応え、また昼間労働に従事しなくてはならない日本人貧困家庭の少年と台湾人家庭の少年のため夜学校の設立を決意した」と指摘している。

　この台湾の教育行政が確立していない状況は、明治初期の日本の教育行政の試行錯誤の時代と似ている。石坂はそうした時代に原町で小学校に学び、上級学校に行けず私塾で学びながら、小学校教員を経験した。また、有志と謀って学校を設立するところなども新島襄の地方教育論を実践したということもできる。

　宇治郷氏は石坂によって始められた学校の歴史を経営母体、学校名称、教育内容の変化に着目し、次の 5 期に区分している。
　第 1 期は基隆夜学会の草創期（明治36／1903年 2 月―同44／1911年 5 月）。
　第 2 期は私立基隆夜学校の定着期（明治44年 6 月―昭和 7 ／1937年 3 月）。
　第 3 期は私立基隆商業専修学校の発展期（昭和 7 年 4 月―同19／1944年 3 月）。
　第 4 期は私立基隆商工専修学校の転換期（昭和19／1944年 4 月―1948年 8 月）。
　第 5 期は私立光隆中級商業職業補習学校から私立光隆高級家事商業職業学校までの新たな発展期（1948年 9 月から現在まで）。
　同氏の研究をもとに石坂荘作から顔欽賢に受け継がれた学校の歴史をたどってみたい。

基隆夜学会　　　基隆夜学校は基隆夜学会として明治36年（1903）2月23日から始まった。同38年までは石坂の資金による経営であった。最初の教場は曹洞宗基隆布教所で、教師は基隆小学校長佐藤ら同校の教員であった。教職経験のある会長の石坂も手伝った。科目は読書、作文、算術、土語の4科目、毎夜2時間であった。しかし、寺院であったため夜に葬儀、説教があり、読経に来る人もいたりしたので、基隆小学校へ移転した。移転後は英語も学科に加わった。小学校、公学校卒業生の男子を対象とした夜学で授業料は徴収しなかった。

　　困難が二つ襲ってきた。一つは夜学会の支えとなった佐藤校長の急逝であった。もう一つは石坂の妻が病気のため、石坂は明治37年8月から台北と往復し、10月20日には妻を連れて日本に行かなければならず、11月には夜学会は閉鎖を余儀なくされた。

　　明治38年5月25日、石牌街の元三十四銀行跡に移転し、夜学会が再興された。教師は新任校長本田茂吉らの教員であった。石坂は始業式の挨拶で「是畢竟（これひっきょう）講師諸君の不熱心なのでもなく、赤生徒諸子が教を受くるに怠惰なりし訳（また）でもなく、全く当時会長の任を汚して居つた此石坂が其責を盡さなかつたからで、講師各位生徒諸子に対し洵（まこと）に相済まない次第であります」と詫びた。だが、7月3日には蟻害のため再び基隆小学校へ移った。

　　明治39年（1906）3月に台湾総督府の許可を得て、1人毎月50銭以内の賛助金の徴収ができるようになり、石坂は官民有力者に協力を求め、経営が安定した。「基隆台北在住官民有志者の賛助」で大正5年12月まで経費を賄った。

　　ところが、生徒の操行が荒れ、激しい喧嘩も行われたため、小学校の使用を断られ、明治41年2月7日には窪田洋平持家、同42年10月11日には基隆公会堂と転々とし、授業に支障を来した。

　　そこで、同42年4月16日に台湾総督府から寄付金募集の認可を得て、1,050円を募集し、12月5日に基隆神社下の基隆街義重橋41番地に木造平屋建て1棟が落成し、この地を学校所在地とすることができた。

私立基隆夜学校　　　明治44年（1911）6月3日、私立学校規則に基づいて「私立基隆夜学校」の認可、大正2年（1913）4月2日には財団法人の認可をそれぞれ受けた。校地は「基隆神社」下の官有地を借用していたが、台北庁長・井村大吉、基隆支庁庶務係長・古田種次郎の理解を得て、大正元年12月25日に132坪余りの払い下げを受け、学校所有となった。同4年6月8日には3坪75の校舎を増築、12月27日には器械体操場を新設した。

基隆夜学校

大正6年度から台湾総督府補助金360円が支給されることになり、それで経費を賄えたため、「基隆台北在住官民有志者の賛助」を同6年1月以降は遠慮した。こうしたところが石坂らしいといえよう。

大正7年8月23日、別科として「海員養成所」を新設した。趣旨書には次のように書かれていた。

明治三十六年二月、本校創設後校齢爰に十有六、校務未だ挙らずと雖、此間多数の卒業及修業者を輩出し、聊か社会に貢献する所ありたるを信ず。本校は曩に屢唱導したるが如く、南門の鎖鑰にして、南支南洋貿易の中枢地たらんとする基隆に在るを以て、当地に在住する青年子弟に海事思想を鼓吹して其智識を養成し、一方に於ては官立学校の外に立ちて、社会教育の重任を負はんとする信条の貫徹を期せんと欲す。今や欧亜の戦乱は、愈々益々紛糾錯綜して、容易に其終局を逆睹すべからず、然るに我が国は交戦国の列に加はるも、幸に地理的関係より、殆ど其圏外に在りて、国富を増進し、民力を休養する而已ならず、南洋方面に於ける住民に対しては、人権擁護、物資供給の大任を遂行せざる可らず。此所以て、本港の海運業は、開戦以来異数の発達をなし、今日にては小蒸気船二十五隻の外、各種小形船舶のみにても九百二十一隻、乗組員一千九百八十七人の多きに達せり。又盛なりと云ふべし。本港已に海運界に於て、偉大なる実力を示し、更に、南支南洋経営の策源地として一大飛躍をなすべき機運に逢着するも、其先駆者として、海上に活躍すべき海員の養成所なきは、本港の大欠点にして、有識者の常に遺憾とする所なり。是に於てか我校は、本校創始当時発表したる信条に依り、督府官憲及関係当業者の後援と同情とに依り、本校の別課として海員養成所を新設せんとす、幸に大方諸賢、此趣旨を諒とせられ、御賛襄あらんことを。

この趣意書を読んでも、第1章第5節で述べた石坂荘作の立ち位置が分かるであろう。

付設幼稚園　大正8年8月26日に台風により校舎が全壊。翌9年（1920）2月10日に新校舎の落成式を挙げた。この間、授業は石坂文庫で行った。同年9月1日には台湾人の幼稚園を開園した。幼稚園は年来の計画であったが実現しなかったので、校舎の東接に事務室と生徒の休息所を新築し、昼間は使っていない教室を幼稚園として使用することとし援助も与えた。石坂は開園の理由を「本校は此挙が、同化政策上有益なるものと認め」と述べた。

これまでの石坂荘作研究では、「台湾人の幼稚園開園」についての言及や評

価がなされていない。夜学校付設幼稚園がその後どのようになったかも不明であるが、石坂に関する伝記類にも、台湾の幼稚園教育に貢献したことに触れるものはない。今後の研究課題であろう。

　大正10年３月18日から特科として法制経済、英語、漢文の３科を置き、授業を開始した。修業年限は１年で、授業料は無料であった。特科を開校した趣旨は次の通りであった。

　　基隆は、人口四万七千有余を包擁する全島第三位の大都市なるにも拘（かかわ）らず、従来中学程度の学校なく、只僅（ただわずか）に当私立基隆夜学校あり、辛（から）うじて之が欠陥を補ひ来たるも、是とて中学一、二年程度のものに過ざれば、本校を卒業したるもには此地に於て更に高等の学科を修むるの途なきに苦めり。此故（このゆえ）に本校は此学徒の為と、他の中学程度の学校に入学する者、又は普通文官受験者の為に相当の学力を授くることを企図せしも、如何（いかん）せん校舎と講師と費用とに制せられて、今日まで実行の運に至らざりしは、甚（はなは）だ遺憾とする所なり。今や世界の大勢は云はずもがな、更に本島に自治制を施行せられたる今日、台湾の関門たる基隆に於て、到底此設備の欠如を容さゝるを痛切に感ずるに至れり。前記講座を設けたる所以なり。

顔家からの支援　　大正10年（1921）地方制度の改正により、「官学でも内台人（日本人と台湾人）の共学制」を許可した結果、基隆夜学校への入学者数も急増し、石坂文庫の夜間を「基隆夜学校分教場」とした。生徒の増加は校舎の狭隘さから授業にも支障を来すようになったので「木造平屋建　内地瓦葺妻切造　一棟」の増築工事を行い、同14年10月31日に落成した。

　表33は工費の収入をまとめたものである。注目されるのは、下賜金と下付金が全体の65％を超えていることと、顔家からの寄付金が使われていることである。顔雲年は1,000円を基隆夜学校に寄付した。石坂はそれを基金に入

表33　工費収入内訳

宮内省より下賜金３回分	900円	28.11%
恩賜財団明治、大正救済会より下附金４回分	1200円	37.42%
顔家外五口基金から寄付金計上	790円	21.83%
預金に対する利子	217円84銭	6.79%
台湾土地建物会社より寄付	133円8銭	4.33%
収入合計	3206円53銭	
収入と支出との差額は経常費へ繰越	134円39銭	

『御賜之余香』４頁より作成

れ、このようなときに使っていたのである。ここに顔家と基隆夜学校の関係を確認することができる。さらに昭和7年（1932）11月に校舎の改築が行われた。

（3）夜学校からみた台湾

夜学生の雇主に訴える　講師は創立以来、近隣の小学校教員や会社員などの学識経験者が「不遇なる青少年に同情し、進んで 教 鞭 を
とり、子弟薫陶を快諾せられ」指導に当たった。全員が日本人であった。生徒の年齢は14歳から23歳くらいまでで17歳が最も多く、生徒の職業は「官衙、銀行、会社の給仕」と「商家の店員」が中心をなし、ほかに郵便局員、駅員、船員、職工などであった。校長としての石坂は生徒の職業がその気質に反映することを次のように実感した（『御賜之余香』40頁）。

> …即ち多数顧客を相手とするものは緻密にして如才なく、多数苦力等を取扱ふ職業関係にあるものは言語も荒く、粗暴の風あるが如し。然れども職業に従ふ関係は青年時代の空想を排し、 稍 之を実際的ならしめ堅実なる気風を示せり。学校に於ける教授も之を実際に利用し、其能率を挙げんことに勉むる傾向多し。

在籍生徒数の推移を示したのが表34である。日本人生徒と台湾人生徒の比率は、大正期までは日本人生徒が多く、昭和期には台湾人生徒が多くなった。しかし、生徒の中退者（中途廃学）が多く、大きな課題であった（『御賜之余香』45頁）。

> 例年第一学年に入学せるものゝ約三分の二は中途に退学し、学年末に於ては僅かに三分の一を余すのみ。次に二学年に進級せるものは、其二分の一乃至三分の一退学者を出し、進級生徒数の半数の卒業生を出すは比較的良好なる年次となる。即ち第一学年に入学せる総数に対し、卒業者は其六分の一乃至九分の一にして、其残余は凡て中途に於て退学し去るものにして、入学当初の素志を貫徹し得ざるは、本人の為めに不幸此上なく、本校としても所定の教育を完成し得ざるを深く遺憾とする 處 なり。

石坂は生徒の退学の原因は、昼間の職業と関係があると分析していた。職業が繁忙になると生徒の遅刻、早退、欠席が多くなり授業の理解を妨げたり、復習する時間が確保できなくなったりして、授業に対する興味を失い、月に5回から10回欠席すると授業についていけなかった。

そこで、官民の事業者（雇主）に生徒の修学に協力するように訴えた（同書44－45頁）。

表34　基隆夜学校・基隆商業専修学校統計

年次		教員	在籍生徒			入学者			卒業者		
和暦	西暦	日本人	日本人	台湾人	計	日本人	台湾人	計	日本人	台湾人	計
明治45年3月	1912	4	22		22						
大正2年3月	1913	5	76	8	84			37	1		1
大正3年3月	1914	2	34	2	36			25	10		10
大正4年3月	1915	1	46	6	52			49	1	1	2
大正5年3月	1916	2	39	3	42			52	11		11
大正6年3月	1917	2	24		24			46	7		7
大正7年3月	1918	6	32	3	35			81	19	1	20
大正8年3月	1919	3	36	2	38			63			0
大正9年3月	1920	3	47		47			74	8		8
大正10年3月	1921	3	46	11	57			144	14		14
大正11年3月	1922	3			78			201			13
大正12年3月	1923							218			
大正13年3月	1924	5	45	24	69	77	38	115	8	12	20
大正14年3月	1925	5	27	26	53	57	57	114	13	3	16
大正15年3月	1926	4	50	39	89	54	63	117	4	6	10
昭和2年3月	1927	5	66	51	117	72	55	127	16	6	22
昭和3年3月	1928	7	40	35	75	66	131	197			
昭和4年3月	1929	7	32	35	67	46	74	120	11	13	24
昭和5年3月	1930	9	36	46	82	64	83	147	12	14	26
昭和6年3月	1931	6	38	51	89	48	66	114	14	21	35
昭和7年3月	1932	8	55	65	120	51	65	116	13	23	36
昭和8年3月	1933	7	34	56	90	41	64	105	16	19	35
昭和9年3月	1934	7	37	55	92	42	63	105	15	25	40
昭和10年3月	1935	9	36	57	93	43	63	106	14	22	36
昭和11年3月	1936	9	31	92	123	24	64	88	11	23	34
昭和12年3月	1937	12	25	101	126	13	57	70			
昭和13年3月	1938	13	22	143	165	12	82	94	7	16	23

※明治45年は明治44年度　宇治郷毅『石坂荘作の教育事業』より

本校学修僅かに二年の課程に過ぎずと 雖 、卒業生の智識及び堅実なる思想に至りて
は、入学当初とは格段の相違あり、在学中給仕たりし者にして、卒業後或は直に社員又
は雇員に登用せらるゝ者あり。然かも通常事務員よりも能率を挙ぐる者多く、其等使用
人側より好評を受け、更に卒業者の斡旋を依頼し来る向も少からず。…（略）…雇主
諸君は、諸君の使用人の事務能率増進の上に於ても、目前僅少の時間を使用人の為め
に割愛し、其学修をなさしめられんことを切望す。

卒業生の活躍と訓育　　　中途退学者の問題を抱えながらも、卒業生の状況
は良好であった。卒業後は台湾だけでなく内地、
朝鮮、南洋、アメリカなどに職を得て、内地では市会議員などの公職、銀行
員、独立事業者となった。基隆市内でも独立事業者、病院の開業、市役所・郵
便局などの官公庁、銀行などに職を得た。石坂は「孰れも奮闘相当の地歩を占
め活躍しつゝあるは最も愉快とする所」と満足し、次のように述べた（『御賜
之余香』46 − 47頁）。

　　彼等年少苦学の 賜 が、今日彼の気質を 齎 せるものに非ざるなきか。若し彼等が青
　年時代の研磋鍛錬を怠りたらんには、実社会に処し、有為の人間として、今日の成果を
　見る能はざりしや明かなり。 渺 たる私立夜学校が、幾多青年出世の過程に於て、幾分
　なりとも其根底を培ひ、寄與する處あるは私に欣幸とする所なり。

　修業年限は大正 3 年度（1914）から 2 年となった。同 5 年度から「初等
科」と「高等科」が設置され、科目は大正 5 年度から昭和 9 年度までは修
身・国語・漢文・英語・数学・歴史・地理の 7 科目。昭和10年度から公民
科、商業、簿記が追加され10科目となった。
　大正11年に認可された学則によると、授業時間は午後 5 時から10時まで
（第 8 条）、授業料（月分）は生徒 1 円、聴講生50銭（第30条）と定めたが、
第32条に「授業料ハ場合ニヨリ全免スルコトアルベシ（嘗テ徴収セシコトナ
シ）」と記されているように、無料であった。休業日は日曜、祭日、祝日、基
隆神社例祭日（ 6 月 3 日）、始政記念日（ 6 月17日）、夏季休業、冬季休業、
春季休業。大正14年度から修学旅行が始まった。正規授業のほか、次のよう
な「訓育」を行った。
　①　昼間に職業に就いているため生徒の遅刻、早退、欠席が多く、また遅れ
　　　て入学する者もあり「学力均一を欠き、教授上困難」が生じたため、学
　　　力の遅れた生徒を対象に、毎年50日間の夏季休暇を利用して「特別授
　　　業」を行った。その結果は「学力の不均一を救ふに於て相当効果ありた
　　　るを認められたリ」と成果を収めた。
　②　通常の学科目以外の科目で名士を招き「科外教授」を行った。この結果

も「広く思想の料を與ふる点に於て効果多し」であった。

③ 月1回「茶話会」を開き、石坂が茶菓でもてなし講師の談話、生徒の演説、討論などを行い、「平素何等の慰安なき生徒の心情を温め、又相互研究を競ひ談話練習」とした。その結果「師弟の情誼を厚くし、学校に親しむるの風を生せしむると共に一面生徒の個性を知ることを得」る機会となった。

④ 校内に「文庫」を設置し、参考図書を自由に閲覧させた。その結果「研究心を刺激向上せしめ、其修養に資する所大」で「公共物に関する道徳観念の助長」となった。

⑤ 進路相談に応じ「職業紹介」を行い、8割は希望通りの斡旋となった。

石坂の自負と夜学校のモットー これまで述べてきた石坂の奮闘にも関わらず、宇治郷氏の指摘によれば、表35のように私立基隆夜学校は台湾の私立学校の中で占めるレベルは低く、中等教育機関とは認められず、尋常高等小学校程度の位置付けであったという。

しかし、石坂は『御賜之余香』（21－22頁）で明治36年の開校から大正15年まで講師を務めた49人の氏名を挙げ感謝の意を表し、次のように述べて夜

表35　台湾総督府『昭和七年度台湾総督府学事年報』にみる私立学校の分類

中学校ニ類スルモノ	修学年限5年、学科目17ないし18	私立淡水中学校	私立台南長老教中学校
高等女学校ニ類スルモノ	修学年限4年、学科目13ないし14	私立静修女学校	私立淡水女学校
		私立台南長老教女学校	
実業学校ニ類スルモノ	修学年限3年、学科目14ないし15	財団法人私立台湾商工学校	私立台湾商業学校
実業高等女学校二類スルモノ	修業年限3年、学科目10	財団法人私立台北女子職業学校	
簡易ナル高等普通教育ヲ為スモノ	修業年限3年、学科目11ないし12	私立曹洞宗台湾中学林	私立成淵学校（夜）
		私立台北中学会（夜）	私立花蓮港中学会（夜）
実業補習学校	修業年限2年、学科目10	私立南鵬商業補習学校	
小公学校ノ補習教育ヲ為スモノ	修業年限2年ないし3年、学科目7	**私立基隆夜学校（夜）**	私立宜蘭夜学校
		私立苗栗中学園（夜）	私立台中学会（夜）
宗教教育ヲ為スモノ	修業年限4年、学科目12ないし14	私立台北神学校	私立基督教長老教台南神学校
其の他	修業年限2年、学科目22	私立台北女子高等学院	

宇治郷毅『石坂荘作の教育事業』66-67頁より作成

学校を自負した（同書31－32頁）。夜学の京都法政学校（立命館）を自負した中川小十郎と似ている。

　本校は去る明治三十六年二月基隆夜学会として曹洞宗布教所の一隅に呱々の声を挙げて以来、或は民舎を借り受け、或は小学校を借り受け、明治四十二年校舎を建築し頃日又一棟増築を見るものなり。然れども本校講師は、本校の目的に共鳴せられ、生徒同様昼間他に本務を有せらるゝに拘はらず、夜間教鞭を執らるゝ犠牲的名誉講師にして、生徒は昼間多忙なる劇務に従事しながらも、夜間の余暇を以て自己向上に資せんとするものにして、即ち篤志の講師が其学殖精神を傾倒して熱誠陶冶に当り、篤学なる生徒又之に従ふ、人的條件の完美は、物的設備に貧弱なる本校の私に誇りとする所にして、物よりも人、是又本校の「モットー」とする處なり。

生徒の実態からみた統治時代の台湾

石坂は夜学校の生徒の実態から台湾社会を考察していた。生徒は日本人、台湾人に関わらず、昼間職業に従事して自己の生計や家計を助けているため、生活は豊かではなかった。保護者の職業は商業、官吏、船員、請負、職工と多種にわたった。日本人保護者は台湾で「一儲けせん」と単身でやってきて、いろいろな職業に従事し、台湾で妻帯し家庭を構えた者や、単身でやってきて後から家族を迎えた者が多く、内地の家庭とは次のような違いが見られた（『御賜之余香』37－38頁）。

　従つて祖父伝来同一處に永住し来れる内地の伝統的家庭とは全く其面目を異にするものあり、即ち歴史的光栄を有する家庭が児童の心裡に自然堅実穏健なる思想を與へ、祖先の記念たる家屋庭園田畑は無言の間に軽挙を戒め郷土愛を深むるものあり。然れども植民地に於ける新家庭に育てらるゝ児童の心裡には父母に習ひ、進取的気象こそ受くることあるも、心の安定を欠き、内地の家庭に見るが如き好薫陶を享受する能ざるは、争ふ可からざる事実にして、殊に借家住居を普通とする当地に於ては、居所も転々して自己の住所に対する愛着心の起ることなきは勿論、常に怱忙として行旅の客たるが如き不安に襲はるゝは当然なり。尚又新家庭を作りし両親は、故郷と異り何等気兼ねすべき祖父もなく、親戚知己も少く、十に八九は相互間に我儘の念を生じ、行住坐臥不規則に陥り、不節制に流れ、従て児童教養についても放任して適度の注意指導を怠るは一般の通弊との云ふべく、不規則、不節制、放任の生活が児童に良好なる陶冶を與へ得ざるものなるは固よりにして、植民地に於ては一般に斯る傾向多きを看取せらる。

　しかし、内地人生徒でも、小学校卒業後に単身で台湾の親戚を頼りにやって来た者、同郷の先輩の経営する商店員となった者などは「独立性を帯び、思想確乎として頼母敷者多く学業に於ても優秀の成績を挙ぐるもの少なからず」であった。

　一方、台湾人（本島人）生徒の家庭は、台湾統治が30年を経過すると「文

化の恩澤を 蒙 むるもの多きも、尚新文明の教育を受けたる者 少 く」、特に基隆は日本の台湾統治前は漁業鉱業などに従事する労働者が多く「文字ある者稀なり、従て生徒の父祖は多く 舊 套を脱せず新文明に対する理解を欠ぎ生徒の智徳に対する家庭的影響に遺憾の点 顔 る多し。過渡時代に於ては蓋し止むを得ざる 處 なるべし」と、子弟の教育に対する理解に乏しいことを指摘している。

学校財政の推移と
顔雲年の寄付　ここで基隆夜学校の財政について確認しておこう。
表36は明治38年から大正13年までの収入を示したものである。創立してから2年間（明治36、37年）はすべてが石坂荘作の負担であった。明治38年からは官民有志の賛助金（補助金）と寄付（別途収入）で賄われた。

大正2年からは官有地132坪余りの払い下げを受け、学校所有地貸地料（貸地料）が加わった。補助金は毎年、賛助金に頼るわけにもいかず、大正6年から台湾総督府から得るようになった。補助金、校有地貸付料、篤志家からの寄付が学校の主たる財源であった。

こうした中で目を引くのが、大正9年に寄付（別途収入）が1,080円もあることである。顔雲年の基隆夜学校への1,000円の寄付は大正9年に行われたことが確認できる。基隆夜学校にとって顔雲年からの多額の寄付がいかに重要であったかが分かる。大正

表36　基隆夜学校の収入の推移（円）

	補助金	貸地料	別途収入	貯金利子	合計
明治38	164		28		192
明治39	182		33		215
明治40	198		33	13	244
明治41	208		16	15	239
明治42	289		18	21	328
明治43	254			26	280
明治44	315		5	24	344
明治45	331		20	28	379
大正2	365	99	16	28	508
大正3	391	275	18	3	688
大正4	434	275	24	6	739
大正5	197	275	60	3	535
大正6	360	275	86	6	727
大正7	360	274	205	9	848
大正8	360	275	125	10	770
大正9	540	275	1080	5	1900
大正10	540	275	434	22	1271
大正11	540	252	399	11	1201
大正12	540	274	262	2	1078
大正13	540	275	363		1178
合計	7109	3098	3224	232	13663

『御賜之余香』61頁

176

9年には長男の欽賢は群馬県立高崎中学校に在学中であった。

　石坂は『御賜之余香』で顔雲年の多額の寄付について触れることはなかった。夜学校の講師の名前は全て記し感謝の意を表しているのに不思議なことである。顔雲年は篤志家であっても自己吹聴するようなタイプの人物ではなかったのであろう。それゆえ石坂はその名を挙げなかったものかもしれない。

第2節　基隆商業専修学校から光隆家商へ

（1）石坂荘作から和泉種次郎へ

私立基隆商業専修学校　昭和12年（1937）3月18日、「私立基隆商業専修学校」となり、経営主体も財団法人となった。学校も商業教育に重点を置く「実業補習学校ニ類スルモノ」になった。おそらく、財団法人となったことで、顔欽賢が理事に就任したと思われる。

　修業年限も2年から3年となり、授業時間も2時間から4時間となった。科目は「漢文」と「簿記」が削除され、それに代わって「理科」と「体操」と

右：石坂荘作　左：和泉種次郎
中央：校旗　右下：基隆神社鳥居と校舎

なり、科目数は10科目のままであった。

　しかし、校長の石坂荘作が昭和15年 1 月に病没した。第 2 代校長となったのが和泉種次郎であった。和泉は『改訂台湾人士鑑』によると次のような人物であった。

　和泉種次郎　勲七等　台北州会議員、基隆勧業協会副会長、基隆冷蔵株式会社々長、財団法人基隆公益社理事【現】基隆市義重町二ノ二三【経歴】明治九年五月一日富山県新川郡ニ生ル。明治三十二年渡台。台北県弁務署書記トナリ、同三十四年基隆庁属ニ任セラル。大正三年官界ヲ退キ翌四年台湾水産株式会社取締役ニ当選同時ニ専務取締役ニ就任。後、基隆冷蔵株式会社設立成ルヤ、社長ニ挙ラレテ現在ニ至ル。ソノ間基隆街協議会員、基隆市協議会員、台北州協議会員等ニ歴任シ、昭和十一年台北州会議員ニ官選セラル。基隆実業界ノ重鎮タリ。

　和泉種次郎は敗戦まで校長を務め、敗戦後に日本に引き揚げたという。

私立基隆商工専修学校　昭和19年 4 月に「私立基隆商工専修学校」となった。実業補習学校として工業が加わったが、これは戦争の影響であった。日中戦争、太平洋戦争と戦争が長期化すると、工業学校教育に重点が置かれ、商業学校軽視の傾向が現れた。そして、同19年には「戦時非常措置方策」が示され、日本国内では男子商業学校450校のうち、工業学校へ274校、農業学校へ39校、女子商業学校へ53校が転換し、廃校が36校も出て、存続が認められたのは48校に過ぎなかった。群馬県でも高崎商業学校は高崎工業学校分教場となり、同20年 3 月31日に廃校となった。前橋商業学校は県立前橋第二工業学校を併設し同20年に廃校、伊勢崎商業学校も同19年に県立伊勢崎第二工業学校を併設し同20年に廃校になった[(5)]。

　昭和20年 5 月19日、基隆市はアメリカ軍の爆撃を受けた（基隆空襲）。私立基隆商工専修学校も校舎及び一切の備品などを焼失した。授業は中断され、 8 月15日の敗戦を迎えた。戦後の混乱の中で学校存続問題が起こり、一時廃校の危機に陥ったが、理事であった顔欽賢が引き継ぐことになった。

（2）顔欽賢に引き継がれて

**私立光隆中級商業職業補習学校から
私立光隆高級家事商業職業学校へ**　顔欽賢校長らの努力により、仁愛国民学校の一部を借り夜間授業が再開されたのは、1946年（昭和21） 3 月であった。生徒は30人足らずで

あった。学校の敷地が日本人財産であったため政府に接収され、新校地確保が最大の課題となった。宇治郷氏によると、校地は現在、「基督教基隆浸信会」が所有し、教会が建っているという。

　1948年9月、「私立光隆中級商業職業補習学校」と改称した。ここから戦後の本格的なスタートとなった。顔欽賢は1970年まで校長を、1975年まで理事長を務め、学校の再建・発展に当たった。その後も、欽賢の次男・恵忠が校長に、長男・恵民が理事長となり、台湾における最も古い歴史をもつ職業学校として発展している（表37）。恵民のあと理事長となった恵卿は恵民・恵忠の弟である。つまり、欽賢の子どもたちによって学校は継承されたのであった。

　宇治郷氏は顔欽賢を次のようにたたえている。

　　顔欽賢氏はその後25年にわたって校長を勤め、現在地に校地を確保し、設備を充実し、教学内容の水準向上に努めた。現在この学校は「私立光隆高級家事商業職業学校」となっているが、その基礎は顔欽賢校長によって築かれたと言えよう。

　すでに述べたように顔欽賢は東京の礫川小学校、群馬県立高崎中学校、立命館大学で学んだ。欽賢の二人の息子の恵民・恵忠は学習院小中等部から早稲田

表37　私立光隆高級家事商業職業学校に至るまで

1948年	6月	理事会を組織し、学校計画を立てる。
	9月	私立光隆中級商業職業補習学校と改称
	10月	台陽股份有限公司基隆事務所を借りて校舎とした。地方有力者が出資し共同で維持
1949年	7月	第1回卒業式を挙行
1950年	5月	顔氏の家廟を校舎に借用
1952年	2月	本校50周年記念慶祝大会を挙行。記念誌も刊行
	6月	顔国年の長男・滄海から、現校地（基隆市信二路264号）を取得
1955年	9月	高級部を設置し、私立光隆商業職業補習学校と改称
1970年	8月	顔欽賢が校長を辞任し、理事長となる。校長に顔恵忠（欽賢の二男）が就任
1971年	6月	財団法人となる。
1975年	9月	顔恵民（欽賢の長男）が理事長となる。
1985年	4月	顔恵卿が理事長となる。
	12月	私立光隆高級家事商業職業学校（略称「光隆家商」）と改称

宇治郷毅『石坂荘作の教育事業』57-58頁より作成

大学で学んだ。

創辨人・顔欽賢　　　　宇治郷毅氏は、石坂が心血を注いだ基隆夜学校が見るべき先行研究もなく、台湾教育史の中でほとんど取り上げられることなく今日に至っている理由を、著書『石坂荘作の教育事業―日本統治期台湾における地方私学教育の精華―』（36－37頁）の中で、次のように指摘している。

　　残念なことではあるが、この学校はその歴史的に果たした役割の大きさに比べその意義が十分に評価されないままに今日に至っている。それはいかなる理由からであろうか。この疑問が、本章執筆のいま一つの動機である。基隆夜学校が十分な評価を受けずに今日に至った理由はいろいろ考えられるが、最大の理由として、1945年8月の日本敗戦により学校経営が日本人から台湾人に移管されたのに伴い、学校名称も変わり、関係者がしいだいに少なくなるにつれて基隆夜学校時代のことが忘れられて行ったことがあげられる。またこの学校が1945年5月の米軍による基隆爆撃で校舎と学校記録（人事関係記録、学校統計など）のほとんどを焼失し、沿革を記述する手段を失ったことも大きい理由であろう。また台湾人卒業生が多かったが、解放後の政治的な理由により母校顕彰活動を行いにくかったことも原因であろう（顕彰活動が全然なかったわけではない）。さらに日本統治期にも解放後にも正式な学校史が刊行されなかったため、学校の歴史を知るすべを失ったことも原因であろう。さらにこの学校についての先行研究が少ないことは、以上の理由以外にも、日本統治期における日本人及び日本人の設立になる学校に対する評価の困難さ、私学教育への軽視も存在していたからであろう。

　また、宇治郷氏は同書（58－59頁）で次のようにも述べている。

　　石坂荘作が心血をそそいだ基隆夜学校も創立からすでに100年以上を閲した。学校名も「基隆夜学会」から始まり、正式に学校認可を受けて「私立基隆夜学校」となり、その後「私立基隆商業専修学校」、「私立基隆商工専修学校」と変遷し、台湾独立後は「私立光隆中級商業職業補習学校」の名で継承され、今日の「私立光隆高級家事商業職業学校」に至った。独立後は台湾人による独自の経営となり、まったく新しい出発となったが、この学校の校史は明確に石坂荘作を創立者として掲げ、その創立年を「基隆夜学会」の創立1903年2月23日に置いている。日本統治期に、欧米人が設立した学校を除けば、日本人の設立になる私学で独立後の台湾に継承されたものはこの学校以外に見出すことができない。

　その上で、次のように高く評価した。

　　基隆夜学校は日本統治期に日本人によって創立された一地方の私学であり、それも勤労青少年のための夜学であった。公立学校に比べるとあまりにも恵まれない教育環境にあり、常に厳しい財政状況に苦しんだ。それはまぎれもなく“渺^{びょう}たる存在”であった。しかしそれは貧しい日本人青少年だけでなく、上級学校での勉学意欲に燃えながらもそこに進めないより恵まれない台湾人青少年にとって、希望を与える灯台とも言える存在

であった。日台の生徒が共に学んだこの学校には、石坂校長の徳育主義の気風がただよい何らの差別もなかったという。この点こそが、台湾人卒業生から今もなお「恩校」として慕われている所以であろう。この学校はたとえ植民地体制の中にあっても、台湾総督府による同化教育とは一線を画し、民族による差別を排して、1人ひとりの生徒を大事にする私学教育の可能性を示したのである。ここに石坂のいう"偉大なる価値"を見出すことができる。日本統治期に私学は一般的に軽視されたとはいえ、基隆夜学校のような私学がもった意義は台湾教育史の中で正当に再評価されねばならない。

　顔欽賢が敗戦後の困難な状況下で、学校名を変えながらも、石坂が創始した学校を引き継いだことによって、「日台共生の礎」となった。石坂荘作は顔欽賢の父・雲年やその弟の国年と親しく、欽賢のことは生まれた時から知っていた。欽賢の群馬県立高崎中学校への進学については石坂の勧めもあったといわれている。欽賢が立命館大学を卒業し台湾に帰ったのが昭和3年（1928）であった。以後、石坂荘作が昭和15年1月に亡くなるまで10年間余り親しい交流があったが、具体的なことを示す資料は、残念ながら見つからなかった。しかし、顔欽賢は財団法人の理事として学校の運営に協力してきた。

　顔欽賢が戦後に石坂が始めた学校を引き継いだ理由の中に、石坂の故郷である群馬県立高崎中学校で差別なく学んだ体験や中川小十郎が私財を投じて夜学から始めた立命館大学で学んだ体験もあったのではないだろうか。顔欽賢は石坂荘作の「私学推奨論」を実践したのであった。

　なお、顔欽賢の孫である一青妙氏は、次のように推測している。

　終戦後、地方の有力者として、学校の再建を担ったのが顔欽賢であり、校長へ就任しております。終戦後、大陸からやってきた国民党が、地方の有力者や日本統治時代の御用紳士から資金を出させるため、土地や施設の寄付を迫ったという時代背景のなか、顔家も、多くの土地を学校用地として寄付を行ったり、廟を建てたりしています。一方で、もともと顔家には教育、文化芸術に関心がある者が多く、戦前より詩吟協会を立ち上げ、学校の設立に取り組むなど、教育事業を積極的に行ってきました。地元基隆の貴重な夜学校を、外来政権である国民党に委ねるのではなく、基隆人として自らの手で育て、守っていきたいという志を持ち、いろいろと苦しい時代の中ではあっても、あえて運営を引き受けたのではないかと想像しております。

おわりに

基隆夜学校由来史　　宇治郷毅氏の研究によれば、『財団法人基隆夜学校昭和十一年三月十四日卒業　第三十三回講師及び卒業生名簿』（財団法人基隆夜学校発行）には、最初に次の「基隆夜学校由来史」が掲載されているという。

　基隆の石坂荘作と云えば徳の高い者として島内の人々に尊敬されて居られる人である。此の人の手がけた財団法人私立基隆夜学校は私達の恩校として一生忘れることの出来ない学校である。本校の誕生は、明治三十六年二月二十三日曹洞宗布教所に基隆夜学会の看板を掲げたのに始まる。当時はまだ三十三歳という国を思う誠心に燃える石坂校長先生は維新の偉傑松陰先生に倣って徳をもって子弟を薫陶すべく附近の青年を集めて漢学等を教え始めたのである。以来三十有二年の歴史を重ね其の間に校舎を新築され、夜学校として又財団法人として公認され其の後暴風雨等の危機に遭って校舎倒壊の悲運に見舞われたこともあるが、だんだんと世に認められて大正十二年からは宮内省から有難き助成金下賜の光栄さえにあうことになった。此の間石坂校主先生の多額の私財を投じ且つ深大なる精力を費やされたこと等に依って育てられた卒業生はざっと一千三百有余名あるが、此の様にして出来たのが今日基隆神社境内にある輝かしい私達の基隆夜学校である。

　由来史は夜学校を吉田松陰の私塾・松下村塾に模しているが、石坂の徳育主義と私学奨励主義を考えるならば、郷里・群馬で山口六平や白石村治を介して影響を受けた新島襄の同志社を模すべきであることを指摘しておきたい。
　ところで、基隆夜学校に関する資金であるが、石坂が著した『御賜之余香』によれば、すでに紹介したように、はじめの２年間は石坂単独の経営、以後は、賛助金や寄付金、助成金などで賄われた。由来史の記述にあるように、石坂に関する伝記類や先行研究などでは、石坂が巨額の私財を投じて運営したことになっている。この点についても、今後、さらに明らかにしなければならない課題であると思う。

朝日新聞「ああ、なんと麗しい島　台湾・基隆」　　平成16年（2004）10月16日、朝日新聞に「ああ、なんと麗しい島　台湾・基隆」（ことばの旅人）として、台北支局長・永持裕紀氏の文章で次のように石坂荘作が紹

介された。

　　　16世紀、台湾を見たポルトガル人の驚き
　83歳の陳朝金さんは、えんじ色のスクーターで毎朝8時半に出勤する。海のそばから丘が始まる基隆（キールン）は、坂の多い港町だ。／港への通関書類申請を代行する会社で、めいが経営する。おじさんは従業員の重しになるって言うんだよ。ま、座ってればいいんだからいい身分だな。そんなことを少しとぼけたような、味のある表情で話す。／基隆市港湾局の関連団体に67歳まで勤めた。少年のころ、漁船の乗組員だった父親からは賢いと言われた。そのころ、小学校を出た台湾人の学ぶ場所はほとんどなかったが、基隆には台湾人でも学べる夜学校があったのだ。昼間、港で荷下ろしの仕事をしながらそこで学んだ。結局それが、自分の人生の基盤になったと陳さんは思う。／陳さんの長男は米国で博士号を取って数学者になり、今は台北の大学で教える。／同じようなことを基隆市副市長の柯水源（コーショイユワン）さん（74）も思う。父親は炭鉱作業員。昔は基隆の周辺の山で石炭や金の採掘が盛んだった。やはり貧しい家だったから、柯さんは小学校を出ると同い年の日本人の生徒が通う基隆中学の事務室で、「給仕」と呼ばれる下働きをした。その傍ら陳さんと同じ夜学校に通った。／おれだって勉強するんだという気持ちを受け止めてくれたあの夜学が、もしなかったら、どうだったろうか。夜学校から師範学校に進み、教師や校長を経て、50歳を過ぎて政治家になったこれまでの人生。そうではなくて、あるいはずっと人に使われ続けの日々が続いたのかもしれない…。／2人が学んだ夜学校を基隆に作ったのは石坂荘作という日本人である。／石坂は1896年、26歳の時に基隆に着いた。台湾は、その前年に、中国（清朝）との戦争に勝った日本の最初の植民地になっていた。フィリピンに行くつもりで、台湾に立ち寄ったつもりだったと後に回想している。風来坊のように降り立った基隆は、けれど結局死ぬまで暮らす港町となった。／そこで石坂は仕事に励んだ。一方で、台湾人も入学できる夜学校を開き、石坂文庫という名の、台湾で最初の私設図書館を開いた。これらには自分のビジネスであげた利益をつぎこんだ。／生前すでに基隆聖人と呼ばれ、第2次大戦後、日本統治時代を非難する声が高まってもなお、「いまも市民は彼を敬慕している」と評価された石坂。もう基隆ですら知る人がわずかになったその姿を、とどめようとする人たちがいる。／◇疲れた人の為に／人と人との間に序列を付けるのが当たり前の場所。それが植民地だ。／日本統治下では、台湾人二等、日本人一等とされ、義務教育の小学校を終えた台湾人で中学に進めるのは、学力が優れ、豊かな親日家の家に育った人に限られていた。／「石坂が私財を投じ、貧しい台湾人に教育の場を作ろうとした理由が分りませんでした」と話すのは、基隆の郷土史家、陳青松さん（53）だ。大陸から来た国民党政権の反日本教育の影響で、「日本人は悪者」という意識はどうしても根強かった。／石坂の足跡を知っても「植民地をスムーズに運営するためにしたことだ」と考えた。だが調べていくにつれ、彼のやったことの底には、ぬくもりがあったことに気づいた。／夜学校を作ったのは1903年。関連施設という形で私設図書館「石坂文庫」を09年に開いた。当初の蔵書は8416冊。そのうちに利用者が増え、とうとう個人の力では賄いきれなくなって32年に基隆市に図書館の運営を委ねた。夜学も図書館も基隆に定着したのは「熱意が台湾人にも伝わったから」と陳さんはみる。そのことを基

隆史にちゃんと位置づけたいと考えている。／◇基隆の街に尽くした民間人／ハーバード大学の博士課程に在籍する米国人、エバン・ドーリーさん（33）は、昨秋からこの８月まで基隆に滞在した。「植民地・基隆での社会形成」を博士論文にまとめるためだ。東アジア史を専攻するドーリーさんは北京や雲南や函館で、留学生や英語教師として４年近くを過ごした。／「台湾人の中にもともと中国的なものと日本的なものとが混ざり合って、独特の社会ができていた。それが日本統治下の基隆だと思ったんですね」／じっくり歴史を調べるうちに石坂を知る。「石坂荘作は学校や図書館のほかに、社会福祉組織も作っていた。民間人の彼がどうしてそこまで街や人に尽くしたのか、少し不思議な気がするくらいです」／日本の国会図書館を昨年、副館長で定年退職した宇治郷毅（うじごうつよし）さん（61）は、植民地の図書館事業を調べていて石坂を知った。／「石坂は図書館と人々との距離を少しでも縮めようとした。これは今でも図書館の大きな課題です」。石坂は、基隆の貧しい台湾人の住む地域にも分館を作り、その趣意書にこう記した。／「ここに来る人は常に衣食に困り、何ら慰安の道なく、終日営々として労役に従い、綿のごとく疲れた心身をさげて来る」。そうした人のために図書館はある、別に昼寝をしてもかまわない、本のある場所は必ず人を良い方向に向かわせると主張した。／日比谷図書館の開設が08年。日本国内でも公共図書館がようやく広がり始めた時代に、「自分の頭で考えて、こうした思想を持つことができたのはすごい」と宇治郷さんは感じ入る。自分の携わった仕事の先人として、石坂の生涯をまとめるつもりだ。／◇図書館沿革に残る「墓碑銘」／石坂は役場の下級職員の息子に生まれ、漢学塾などでも学んだが、正規の学歴は小学校卒。18歳から１年半、母校の小学校で先生をした。そして日清戦争に従事し、その後に台湾にやって来た。それ以外に何をしていたのか、よく分っていない。／ポルトガル人が台湾を「麗しい島」と叫んだという話を、石坂も台湾に来て早々に知ったらしい。だが、彼の目の前の現実はそれとは無縁の血なまぐささだった。台湾は清から日本に割譲されたものの住民の抵抗は激しく、これを武力で抑えようとする日本軍に数多くの台湾人が殺害された。／石坂もまた、台湾人からみれば勝手にやって来た植民者の一人ではあった。けれど、台湾人のための夜学や図書館を作ったのは石坂１人だけだった。／それはやはり元風来坊の仕事だったように見える。「綿のごとく」疲れる若い日を持っていた人。どっちに続いているか分らなかった道が、学ぶことで少しは開けるような思いをした人。おそらくそんな人だった石坂荘作は、この島を、自分なりに麗しくしたいと思ったのではなかったか。／子供のいなかった石坂の墓は海を見下ろす基隆の丘のどこかに建てられた。だが、戦後、よその地域から流入してきた人に取り壊されてしまったらしい。／日曜、朝11時。港の横の文化センターにある基隆市立図書館に入ってみた。年齢、性別、身なりも様々な人たちが、穏やかに本に向かっている。図書館の沿革記録には「本図書館は前身を石坂文庫とする」と、墓碑銘代わりの一文が記されている。／○出典／16世紀、東アジアを貿易のために訪れていたポルトガル人が海上から台湾島を見た瞬間、「Ilha formosa！」と叫んだと伝えられる。「イーリャ」は「島」、「フォルモーゼ」は「麗しい」「美しい」で、「ああ、なんと麗しい島だろう」という意味になる。これが漢字訳され、日本統治時代から台湾は「美麗島」と呼ばれることがあり、北原白秋は「美麗島第一印象」を書いた。石坂荘作（1870〜1940）にも、「ポルトガル人の、本島の白沙翠院の絶勝を称

（たた）えて formosa（美島）と言いたる」（台湾踏査実記―1899）という文章がある。ちなみに英語で「台湾」を「formosa」と呼ぶことがある。／石坂は現在の群馬県吾妻郡吾妻町で生まれた。台湾に来てから砂金採取に失敗したりして辛酸をなめた後、1899年から基隆に定住し、石坂商店を設立した。当時の商売に不可欠だった、はかりやたばこの専売特許を得たため、利益はかなり上がったらしい。その傍ら教育や福祉事業に貢献し、基隆夜学会の名で開校した夜学校（２年制）の校長も務めた。同校は1945年以降は台湾人に引き継がれ、現在も存続している。写真中央は入学式に出席した、晩年の石坂。／〈訪ねる〉／基隆へは台北から鉄道、バスを利用する。いずれも40〜50分程度。第２次大戦以前は、神戸、門司とを結ぶ定期航路の発着港で、いまも那覇港や八重山諸島との客船の往来がある。／市中心の中正公園に上がって見下ろせば、港や市街地の様子が分かる。市街地の義二路は日本統治時代に「義重町」と呼ばれ、日本人経営の多くの商店が集まる繁華街だった。日本家屋をいまもそのまま使っている店がある。／夜の楽しみは仁三路や愛四路近辺にずらりと屋台が並ぶ「夜市」。台湾では多くの街に夜市があるが、基隆夜市はにぎやかさや食べ物の種類の豊富さで全島から人が集まる。食べ物屋台には新鮮な魚や甘い香りの果物が並べられ、日本の昔の味というライスカレーもある。／〈観る〉／以前は「年に200日雨が降る」といわれたほど雨が多かったため、「雨港」「雨の都」と呼ばれた基隆。ことに冬場の雨は南国らしくない独特の風情をこの街に与えた。そのせいか名作映画の舞台となっている。ベネチア国際映画祭グランプリを取り、台湾映画に世界的な注目を集めた「悲情城市」（89年）は、日本統治が終わり国民党支配が始まった時代の基隆の人々を描いている。／「最愛の夏」（99年）は、台北から基隆に夏休みで帰省した少女の恋や家族とのふれ合いを描く。基隆の港や海辺でロケした映像がふんだんに使われ、夏の夜明けの海など、基隆がとてもきれいに見える作品だ。東京国際映画祭でグランプリやアジア映画賞など三冠を獲得した。／〈読む〉／石坂荘作が基隆の人のために尽くしたといっても、植民地に生きる台湾人の不満はくすぶり続け、抗日運動が完全にやむことはなかった。太平洋戦争が始まった時代、日本人生徒と同じ基隆中学に入学した台湾人の少年が何を考えていたかは、「台湾人と日本人」（田村志津枝著、晶文社）を読めばよく分かる。「基隆中学での台湾独立運動」がテーマとなっている。「美麗島まで」（与那原恵著、文芸春秋）は、沖縄出身で日本統治下の台湾で医師として暮らした自分の祖父や母の足跡を追う。人々の営みから日本の近代と台湾の関係とが浮かびあがってくる。「悲情城市」も国民党政権による弾圧を描いたが、複雑な台湾現代史の理解には45年以降に重点を置いた「台湾」（若林正丈著、ちくま新書）が重宝する。／〈読者へのおみやげ〉／麗しの島・台湾と、「基隆聖人」とたたえられた石坂荘作のものがたり、いかがでしたでしょうか。（以下略）。

永持支局長は、石坂荘作がなぜ台湾の人のためにこれほど尽くすことができたのか、その疑問が解けずに、石坂を「風来坊」「元風来坊」と表現している。本書は永持氏のそうした疑問に対して、石坂の生まれ育った群馬県を切り口に答えようとしたものである。

石坂荘作を典型として、日本が明治維新後に近代化を試行錯誤しながら進め

ていった体験をもった人々が、台湾に渡り、台湾の近代化を進めて行った。石坂の原体験が郷里にあったように、日本での原体験をもとに台湾の近代化、統治が進められた。そうしたことから「日本人は本気で台湾を経営した」「日本人と台湾人が台湾という国づくりに労苦を共にして」という歴史認識が生まれて来たと考えられる。

教え子の墓参 『朝日新聞』の記事の1年後の平成17年（2005）5月30日、基隆夜学校の卒業生・藍慶祥氏（75）が、郷里・群馬県吾妻郡吾妻町（東吾妻町）の善導寺にある石坂荘作の墓をお参りした。『朝日新聞群馬版』が翌6月1日に「日本統治下の台湾　夜学校や図書館設立／石坂荘作を忘れない／旧原町出身の実業家／現地の卒業生墓参り／元国会図書館副館長業績まとめる作業中」の見出しのもと、次のように報じた。

　戦前、日本統治下の台湾で、日本人と台湾の人が席を並べて学ぶことができた夜学校や、図書館を作り、「聖人」と称された日本人がいた。旧原町（現吾妻町）出身の実業家石坂荘作（1870〜1940）だ。学校や図書館は戦後も引き継がれ、設立から1世紀を迎えた。石坂を知る人が少なくなるなか、来日中の夜学校卒業生、藍慶祥さん（75）が31日、墓参りに吾妻町を訪ね、「学校がなければ、今の自分はなかった」と感謝の思いを述べた。（太田航）／石坂は小学校卒業後、母校の教員や日清戦争への従軍を経て、台湾に渡った。1899年に北部の基隆市で「石坂商店」を創業し、はかりの販売などで成功。1903年に夜学校の「基隆夜学会」を、6年後に私設図書館の「石坂文庫」を設立した。／いずれも台湾では初めてのものだった。夜学校の授業料は無料。当時、ひと握りの若者しか進学の機会がなかった台湾の人に、働きながら学校で学ぶ機会を与えた。／「この学校のお陰で、社会で競い合い、生きていくことができた」と藍さんは話す。46年から3年間、鉄工場で働きながら夜学校に通った。高校にも進み、母校の教員や事務員などを勤めた。／夜学校では、日本人と台湾の人を分け隔てすることもなかったという。元国会図書館副館長で、石坂の研究を続ける宇治郷毅さん（62）＝千葉県八千代市＝によると、石坂は人格教育を重視した。「あいさつ一つ、行動一つが印象に残っている」と話す卒業生も多いという。／卒業生は日本統治時代だけで約3千人。終戦で日本人が引き揚げたあとも現地の人が運営を引き継いだ。／夜学校と図書館はそれぞれ、「私立光隆高級家事商業職業学校」「基隆市立図書館」と名称を変えて今も存在している。／だが、植民地支配への反発から公に石坂の名が語られることは減った。石坂自身を記録にとどめた資料も少ない。台湾で没し、日本では無名に近く、関係者の高齢化が進んでいる。／子どもがおらず、台湾・基隆市と故郷の吾妻町に分骨して埋葬された。死後65年を経て、台湾の墓があった場所は別人の墓に変わった。吾妻の墓も一般にはほとんど知られていない。／宇治郷さんは、資料や生徒らのインタビューを元に石坂の業績を書き残す考えだ。「台湾の人も日本の人も同じという考え方は今でも貴重。歴史に残す価値のある人物だ」と話している。

　宇治郷氏は、この記事から8年後に石坂の業績を『石坂荘作の教育事業―

日本統治期台湾における地方私学教育の精華—』（晃洋書房、2013年）として上梓された。宇治郷氏は同書（34−35頁）でこの記事を紹介し、基隆夜学校の後身である光隆商業職業学校中級部を1949年（昭和24）に卒業した藍慶祥氏の墓参を、「石坂が逝去して65年目、おそらく台湾人初めての卒業生の墓参であろう。時間を越え、国境を越え、民族を超えて、石坂が教育に託した思いが故郷の墓前に届いた瞬間であった」と評した。

「石坂荘作専題展」　　基隆夜学校の卒業生であった藍慶祥氏が、群馬県へ石坂荘作の墓参に訪れた翌月には、台湾・基隆市で同市文化局主催による企画展「石坂荘作専題展—異遊子的大愛　文教事業的開拓者—」が開かれた。会期は平成17年（2005）6月4日から7月24日。場所は基隆市立文化センター展示室であった。

　宇治郷毅氏によれば、①一日本人としての展覧会が解放後の台湾で開催された点、②市によって公式に開催された点で、前例を見ない画期的なもので、「石坂荘作は外国人であるが、郷土に“大愛”をそそいだ偉人として、公式に認知された瞬間であった」。6月4日開催初日の午後1時から開幕式が関係者100人余リを集めて行われた。主催者を代表して挨拶をしたのは、前述した朝日新聞の記事で紹介された前身を基隆夜学校とする基隆商工専修学校の卒業生である基隆市副市長・柯水源氏であった。石坂荘作を研究している宇治郷氏も招かれ挨拶をされた。

　楊桂杰文化局長は新聞へのインタビューに答え「石坂荘作氏が1903年に創立した基隆夜学校は昼間働き夜学ぶ学生に学費を免除し、修学を助け、今や本市の光隆家商へと継承・発展した。また石坂荘作が開いた図書館は民衆の読書をよく奨励し、本市の基隆市立図書館へと発展した」と評価したという。

　企画展を記念して、冊子『石坂荘作専題展　異邦遊子的大愛　文教事業的開拓者』とDVDが刊行された。DVDには基隆に健在する基隆家政女学校卒の邱温金枝氏、基隆商業専修学校卒の洪聯瑞氏、陳朝金氏、黄希賢氏に対して、石坂荘作を研究している陳青松氏が行ったインタビューが収録されている。DVDは非販品で、開幕式参加者に配布されたものであるが、宇治郷氏『石坂荘作の教育事業』（132−136頁）に活字化され収載されていている。

　陳青松氏と基隆商業専修学校を1942年に卒業した陳朝金氏と基隆夜学校を1936年に卒業した洪聯瑞氏のインタビューの中に次のようなやリとリがある。

　　記（インタビューした陳青松氏のこと）：ですが、先生は授業料、雑費など何も納めさせなかった。これは本当にすごいことです。

188

陳：そう思います。基隆夜学校には本当に一元すら納めてなかった。商業専修学校に
　　なった後は、ほんの少しのお金だけを納めた。基隆夜学校は 2 年間だったが、商
　　業専修学校は 4 年間になった。私たち基隆の台湾人は、誰もこのような事業を
　　やっていなかった。台湾人にもたいへんなお金持ちはいたが、このような教育事
　　業はやっていなかった。石坂先生は、学校に必要なお金をすべて寄付した。日本
　　統治期、基隆で一番の金持ちは、顔雲年さんと石坂先生だった。
記：読みましたよ。石坂さんの税金を払った記録です。上から第 3 位でした。
陳：そうそう。
洪：ここにいる陳さんも金庫をもっているぐらいだが、石坂先生は金庫をもっていな
　　かった。だから、彼は儲けた金をすべてこの学校に入れたんだよ。

　このインタビューから、日本統治時代の基隆で一番の金持ちが顔家で、同家
と親しかった石坂は 3 番目ということになる。一番の金持ちであった顔家が
雲年、国年、欽賢と基隆市のためにお金をつぎ込んだことはすでに紹介したと
おりである。顔家も石坂も基隆を台湾の玄関口として近代的な都市とするため
に社会事業に寄付を続けた。

陳青松氏の研究　　そもそもこのように石坂荘作が基隆市で再評価される
　　　　　　　　　　ようになったのは、陳其寅・徳潜・青松氏と三代にわ
たるの研究の賜物であった。陳青松氏は基隆市志編纂委員として『基隆市誌・
文化事業篇』を担当することになった。そこで、日本統治時代に石坂荘作が台
湾の郷土と台湾の人々を熱愛、疼惜したことを知り、1995 年から石坂荘作研
究をテーマとするようになった。

　2005 年、その研究成果をもとに、基隆市文化局長・楊桂杰氏、同副局長・
許梅貞氏、展覧藝術課長・徐瑞雪氏らの協力を得て、先に紹介した『石坂荘作
専題展』を開催することとなった。そして、翌年に著書『曠世奇才的石赤荘作
―日治時期台灣社教文化的先驅』を刊行した。陳氏は同書の「作者予言」を次
の文章で結んでいる。日本語訳は父・陳徳潜氏である。

　　著書は「野人献曝」の薄学浅才の身ですが、只衷に寄望する所は、拙作をして、大衆
　の皆様の緬想に依る、此の「無我無私」で、台湾へ奉献した偉人で有る石坂荘作先生の
　沢山の貢献「心力」や「大愛」精神で、社会に服務した所を、聖人訓話に「見賢思齊」
　の様に、皆様方が見習う。(即ち、拙者の本書に「寄望」と「喚起」大衆の皆様が聖人
　君子で有る石坂先生へ見習ふと、天下は太平です！)

　「見賢思齊」とは、賢人を見て自分もそのような人になりたいと思うという
意味で、『論語』里仁第四にあることばである。

　　子曰。見賢思齊焉。見不賢而内自省也。(子曰く、賢を見ては斉しからんことを思

光隆家商のみなさん

い、不賢を見ては内に自ら省み
るなり。

校史資料室　　私立光隆高級
家事商業職業
学校には「校史資料室」があ
る。そこに石坂荘作校長、和泉
種次郎校長の写真が掲げられ、
略歴が書かれている。そして
「本校創辮人」として顔欽賢、
顔恵民、顔恵忠の写真と略歴も
紹介されている。この展示は同
校が石坂荘作によって始められ、顔欽賢に引き継がれたことを物語っている。

　筆者は、2019年（平成31）2月15日、石坂荘作顕彰会の一員として同校
を訪問した。訪問前に石坂文庫の後身である基隆文化センター（基隆市立図書
館）で展覧藝術科科長・汪彦奇氏、同秘書・李潔明氏、石坂荘作研究者で重修
基隆市志編纂委員の陳青松氏にお会いした。そして、陳氏の案内で光隆高級家
事商業職業学校へ徒歩で向かった。基隆夜学校は初期の段階では所在地を転々
としたが、陳氏はそれらの場所を案内してくださった。

　光隆高級家事商業職業学校では校長・呉廉章氏、訓育組長・黄思婷氏と日文
科の日本語が堪能な生徒さんが対応してくださった。

　また、現在は中正公園となっている石坂公園も訪れた。85年前の昭和8年
に川村善七が案内されて基隆の街を一望したのと同じように、基隆の街並みや
港を見下ろすことができた。

台湾との絆に光を　　はじめに述べたように、石坂荘作の出身地の原町は
「昭和の合併」で吾妻町に、そして「平成の合併」で
東村と合併し、現在の自治体は東吾妻町となっている。吾妻郡東村は明治22
年に誕生し、平成まで合併をしないで自治体として存続してきた。しかし、戦
後の高度経済成長後は中山間の過疎地となっていった。

　東村は明治22年（1889）の誕生から平成18年（2006）に合併して村が無
くなるまでの117年間に、開業医のいた時期は短く、無医村の時代が続いた。
昭和18年（1943）に国民健康保険の事業が開始され、敗戦を経て診療所の設
置が村民から強く要請され、大字箱島に吾妻郡東村国民健康保険直営診療所
（箱島診療所）が誕生し、昭和27年1月18日から業務を開始した。村で唯一

の診療機関であった[1]。

基隆文化センターで、
陳青松氏、李潔明氏とともに

東村では同診療所が設置され、内科・小児科を中心に年間延べ3,500人の治療を続けてきた。しかし、その運営は順調ではなく、25年間に9人もの医師が交代した（表34）。一人の医師の平均勤務期間は3年にも満たなかった。医師の確保は難しく、閉鎖を余儀なくされたこともあった。同52年（1977）6月に9人目の医師が辞めると、東村役場では後任を探し続けたが見つからなかった。そこで、隣村の小野上村の歯科医師を頼って、栃木県真岡市の日赤病院に勤務していた医師・邱六班^{（きゅう）}（59歳）を迎えることができた。『上毛新聞』（昭和52年8月19日）は「無医村の不安消える」と村民の喜びを伝えた。

邱医師は台湾出身で、昭和17年に私立岩手医学専門学校（岩手医科大学）

表34　東村診療所医師

医師名	専門科目	就任年月	退任年月	備考
小島猛男	内・小児科	1952/01/08	1952/08/10	
平林敏秀	内・小児科	1952/08/01	1953/03/31	
松村幹夫	内・小児科	1953/04/01	1953/12/31	
松島達明	内・小児科	1954/01/01	1955/02/28	4カ月間閉鎖
原田哲夫	外科	1955/07/01	1956/08/31	
花岡巧	内・小児科	1956/01/01	1957/08/31	
中村実	内・小児科	1957/09/01	1961/12/―	
鈴木昌作	内・小児科	1962/04/―		
李慶礼	内・小児科	1973/07/―	1977/06/―	2カ月閉鎖
邱六班	内・小児科	1977/09/―	1982/07/01	
深沢信博	内・小児科	1985/―/―		
飯塚邦彦	内・小児科	1989/―/―		

『あがつま　あづま』803頁、群馬県医師会名簿などより作成。

を卒業した。台湾の病院に勤務していたが、3年前に来日し、真岡市の日赤病院で診察をしていた。東村では「奥さんと一緒に着任し、内科、小児科を担当してくれることになっています。九月上旬から本格的な診察にかかってくれることになっていますので、二カ月ぶりに"無医村"から脱出できる」と、その喜びを上毛新聞の取材に答えて語った[2]。邱医師は昭和57年7月1日まで5年にわたり地域医療に尽力した[3]。邱医師で東村診療所の医師は10人目であったが、在職期間は最年長となった。

　これはすでに紹介したが、羽鳥重郎医学博士が退官を迎え、悠々自適の生活を送ろうとしたところ、当時、台湾で最も衛生状態の悪い花蓮で開業医となることを懇願され、10年間地域医療に尽力したことと同じであろう。

　邱医師は石坂荘作のことも羽鳥重郎のことも知らなかったであろう。しかし、群馬県と台湾の絆はこのように生き続けているのである。東吾妻町は、石坂荘作とともに台湾の医師・邱六班が僻地の無医村の危機を救ったことも語り伝えなければならない。そうしてこそ、対等なパートナーシップを築いていくことができる。同診療所は東村が東吾妻町と合併後も、東吾妻町国民保険診療所として存続している。

石坂荘作の現代的意義　石坂荘作も国民の一人として、欧米列強諸国と対峙できる近代国家日本をつくらなければならないと考えていた。石坂は、明治維新から日清戦争までの明治初期に行われた郷里・群馬県での地域づくりを原体験に、植民地となった台湾・基隆で近代国家日本を支える地域づくりに励んだ。

　石坂が「国家の発展も所詮は国民素養の向上によるものにして、国民教育は一国発展の核心をなすものといふべし」と重要視する教育であったが、軽視されがちで、整備が遅れた。石坂は教育も政府や地方公共団体の責任で行われるべきであるとの考えであった。しかし、教育費が国や地方の財政を圧迫するようでは、国民の過重負担となる。そこで、資産家をはじめ民間から寄付を募り、私学を起こし、政府や地方公共団体と協同し、教育制度を完成したものにすべきであるという、現実的な方針を提唱した。

　石坂の台湾・基隆での教育事業はその実践であったといえよう。まず、小学校、公学校の設置により初等教育が整備されると、基隆夜学校、石坂文庫を創設し、官民の協力を得て運営した。次にその創設を提唱した基隆婦人会を母体に、台北州立基隆高等女学校の設立を実現すると、台北州立基隆中学校の設立にも尽力した。そして、方面委員の活動から始まった女子の職業教育を基隆婦人会で基隆和洋裁縫講習所として引き継ぎ、私立基隆技芸女学校として運営

し、基隆市に移管し市立基隆家政女学校とした。また、石坂文庫も財団法人基隆公益社に移管し、さらに市立基隆図書館とした。

　本来ならば、基隆夜学校も市へ移管すべきであるが、そうなると市の財政を圧迫するし、授業料も無料とはいかなくなり、経済的に恵まれない日本人、台湾人の中等教育の機会を奪うことになる。そこで、最後まで私立として運営したのであった。そうした石坂の思いと伝統のある学校を、敗戦後の困難な状況下で引き継いだのが顔欽賢であった。

　基隆夜学校、石坂文庫、基隆技芸女学校もすべて石坂の経済的負担で賄われたのではなかった。それゆえ、石坂は経済的負担に限界を感じ経営が両立できないとの理由で、市への移管を考えたものではなかった。石坂は官民協同で教育制度を完備し、官学と私学の優劣もなく、日本人と台湾人の差別もなく、経済的な理由でその機会を奪われることもなく、平等に教育が受けられる共生社会を現実的に構築しようとしたのであった。

　石坂荘作は、日本の植民地となった台湾の地方都市・基隆に在って、日本人と台湾人、官と民とを巻き込んで同地の発展に努めた。そこには平等性、多様性、包容性があった。石坂の地域づくりは、資本主義や民主主義の進展による国際化と価値観の多様化が拡大し、人口減少や人口構造の変化などにより格差、摩擦、対立といった社会の分断が地方にも深化している中で、国や地方の財政状況の悪化を背景に進めて行かなければならない、現在の地域づくりの模範となるものである。

　この点にこそ「石坂荘作の現代的意義」があるといえよう。石坂のこうした社会貢献は次の信念によるものであった（『御賜之余香』110頁）。

　　私共は決して自己独（ひとり）で存在し得るものでなく、社会から色々の恩恵を受けて居ります。従つて私共も社会に対し努力する責務があり、尚（なお）人類相愛は実に崇高なる、人性美の発露であると信じて居ります。

　石坂はこの信念を訴え自覚を促し、より多くの人々の共感と社会参加を得て、共助・共生の社会づくりを台湾・基隆で行った。その時の理解者が顔雲年、顔国年、顔欽賢と続く基隆・顔家であった。

注記（本文に示したものは除く）

はじめに

（1）栗原新水『皇紀貳千六百年紀念　躍進群馬縣誌』「第六章　台湾篇」2頁、躍進群馬縣誌編纂所、昭和15年3月30日。同誌は昭和14年5月末日に刊行する予定であったが「海外に於ける縣人名士の雄飛活躍振リ」を紹介するため、刊行が翌15年3月30日にずれ込んだ。従って、石坂荘作の記述は昭和14年に書かれたもので、石坂が当時、病床にあったこともわかる。石坂は翌15年1月18日に病没し、同誌刊行時には生存していなかった。物故者はもちろんであるが、たとえば台湾の製糖研究で優れた功績をあげながら昭和14年以前に日本に帰国した金子昌太郎のような人物が取り上げられなかったことを考えると、同誌は石坂荘作研究にとって貴重なものといえよう。

第1章

（1）石坂荘作の生涯については、『原町誌』（群馬県吾妻郡吾妻町、昭和35年、非売品）による。同誌の執筆者は郷土史家の新井信示。新井は明治10年に旧館林藩士新井藤吉郎の長男として生まれた。父が警察官となり原町に勤務したため、同18年に原町に転居し原町小学校3年に編入。同25年に吾妻高等小学校を卒業した。石坂が台湾へ渡った明治29年に群馬県師範学校を卒業し、6年間余り吾妻郡内の小学校教諭を歴任し、県立太田中学校、長野県立松本中学校、県立渋川中学校教諭を経て、大正15年に県立太田中学校教頭に就任した。昭和6年に同校を退職し原町に居住し、郡内の地理・歴史研究に務めた。昭和15年10月14日から同21年12月5日まで原町町長を務めた（新井信示先生自叙伝　吾が事、吾が家の事）』、新井信示先生自叙伝刊行会、平成7年）。吾妻高等小学校時代の石坂の教え子であり、石坂より7歳年少であるが、原町小学校や原町英学校、吾妻書院など石坂と少年期の学歴が共通していた。石坂と終生にわたり親交があり、『原町誌』では757－764%にわたり石坂を紹介した。その他、原町に関することは断りがない限り、同誌によった。

　同誌に石坂荘作が「明治20年11月茨城県水戸の加治塾に学び、後進の少年の教授をした」とあるので、茨城県立歴史館に確認したが、「加治塾」については把握していないということで、加治塾の実態は不明である。本文で紹介する川村善七の紀行文によると、石坂は「東都に遊学」とあるので、加治塾は東京にあったのかもしれない。

（2）石坂荘作の母校・原町小学校は昭和39年2月に火災により多くの資料が焼失した。そうした中で、関係者の努力により同48年4月1日に『原町小学校百年のあゆみ』（原町小学校創立百周年記念事業委員会）が発行された。原町小学校については特に断りがない限り同書による。残念なことに同書には石坂荘作に関する記述はない。

（3）キリスト教に関しては次の文献によった。星野達雄『星野光多と群馬のキリスト

　教』、キリスト新聞社、1987年。『群馬県史通史編 9　近代現代 3 』、群馬県、平成
　　2 年。金井幸佐久『吾妻郡キリスト教史』、上毛新聞社、平成15年。

（ 4 ）『群馬県史通史編 9　近代現代 3 』104 - 105頁、群馬県、平成 2 年。

（ 5 ）『群馬文学全集第四巻　山村暮鳥』460 - 468頁、群馬県立土屋文明記念文学館、
　　平成11年。

（ 6 ）井上新甫『王陽明と儒教　上巻』23 - 24頁、　群馬社会福祉大学陽明学研究所、
　　平成16年。

（ 7 ）『吾妻郡誌』1142 - 1159頁、吾妻郡教育会、昭和 4 年。金井幸佐久『高野長英
　　門下　吾妻の蘭学者たち』、上毛新聞社、平成13年。『吾妻の蘭学者たち－高野長英
　　をめぐる人々―』（企画展図録）、中之条町歴史と民俗の博物館、平成30年。

（ 8 ）島田齊胤『上毛吾妻百家傳』151 - 154頁、百華社、大正 4 年。

（ 9 ）金井幸佐久『吾妻郡キリスト教史』、上毛新聞社、平成15年。

（10）『群馬県史　通史編 7　近代現代 1 』193 - 210頁、群馬県、平成 3 年。

（11）『群馬県史　通史編 9　近代現代 3 』562 - 563頁、群馬県、平成 2 年。

（12）手島仁『手島仁の「群馬学講座」―人物100話―』78 - 79頁、上毛新聞社、
　　2015年。

（13）『吾妻郡誌』876頁、吾妻郡教育会、昭和 4 年。

（14）『台湾人士鑑』（台湾新民報社、昭和12年）の「石坂荘作」の項に次のように「明
　　治26年群馬県中学校教員トナリ」「二十九年台湾討伐ニ渡台」と記されているが、そ
　　れは間違いである。

　　　石坂荘作　　勲八等
　　台北州会議員、基隆技芸学校長、基隆商業専修学校長、基隆婦人会々長、財団法人
　　基隆公益社理事
　　　（現）基隆市日新町一ノ三
　　【経歴】　明治三年三月六日群馬県下ニ生ル。明治二十六年群馬県中学校教員トナ
　　リ、翌廿八年戦役ニ出征シ勲功ヲ樹テタリ。二十九年台湾討伐ニ渡台、同三十一
　　年台湾日々新報社ニ入社。同三十二年基隆ニ移住シテ台日紙取次並ニ度量衡販売業
　　ヲ営ム。同三十六年基隆夜学校ヲ設立（昭和十二年三月実業補習学校令ニ依リ実業
　　学校トナル）。大正八年基隆婦人会ヲ設立同時ニ会長ニ推サル。大正十三年裁縫講
　　習会ヲ組織シ、昭和十一年七月右講習会ハ女学校令ニ依リ技芸女学校トシテ認可ヲ
　　受ク。氏ハ高潔ナル人格者ニシテ終始一貫教育方面ニ盡悴シ功績大ナルモノアリ。

（15）篠原正巳『芝山巌事件の真相』、和鳴社、2001年。

（16）曽根俊虎については、狭間直樹「初期アジア主義についての史的考察（ 2 ）第一
　　章曽根俊虎と振亜社」『東亜』411号、霞山会、2001年。

（17）島田齊胤『上毛吾妻百家傳』325 - 329頁、百華社、大正 4 年。

（18）西順蔵・近藤邦康編訳『章炳麟集』、岩波書店、1990年。

（19）狭間直樹「初期アジア主義についての史的考察（ 1 ）序章　アジア主義とはなに
　　か」『東亜』410号、霞山会、2001年。

（20）『顔雲年翁小伝』（友聲会編纂　発行人久保田章　印刷所台湾日日新報社　非売品
　　大正13年）は、植民地帝国人物叢書 7 【台湾編 7 】『顔雲年翁小伝』（編集谷ヶ城秀

吉　発行所株式会社ゆまに書房　2008年）で復刻された。石坂の追悼文は302－
304頁に収録されている。

（21）『顔国年君小伝』（編輯兼発行人長濱實　印刷所台湾日日新報社　非売品　昭和14
　　　年）は、植民地帝国人物叢書19【台湾編19】『顔雲年君小伝』（編集谷ヶ城秀吉　発
　　　行所株式会社ゆまに書房　2009年）で復刻された。石坂の追悼文は289－292頁に
　　　収載されている。

（22）凃照彦『日本帝国主義下の台湾』377－378頁、東京大学出版会、1975年。

（23）島田齊胤『上毛吾妻百家傳』98－100頁、百華社、大正4年。

（24）『第十五期基隆文献〜基隆圖書館史』、基隆文化局、民国95年。

（25）『群馬県議会議員名鑑』436頁、群馬県議会、昭和41年。

（26）島田齊胤『上毛吾妻百家傳』160－162頁、百華社、大正4年。

（27）島田齊胤『上毛吾妻百家傳』291－294頁、百華社、大正4年。

（28）島田齊胤『上毛吾妻百家傳』262－271頁、百華社、大正4年。

（29）金井幸佐久『吾妻郡のキリスト教史』235－239頁、上毛新聞社、平成15年。

（30）入江曉風『基隆風土記』193－197頁、入江曉風、昭和8年。

（31）榎本美由紀「日本統治期台湾の家政教育」、広島大学大学院文学研究科東洋史専
　　　攻、平成12年度修士論文。

（32）石坂の著書のうち、次の2冊が前橋市立図書館に寄贈されていた。『基隆港改訂
　　　第五版』（大正7年）は、「寄贈者氏名石坂荘作殿、寄贈年月日昭和二年二月十日」と
　　　記されていた。『台湾写真帖』（明治41年）は石坂が前橋市立図書館の前進にあたる
　　　上野教育会図書館に寄贈したものであった。

（33）凃輝彦『日本帝国主義下の台湾』411頁、東京大学出版会、1975年。

（34）羽鳥重郎、羽鳥又男、新井耕吉郎、中島長吉については、次の文献による。
　　　　手島仁『群馬学とは』149－180、217－218頁、朝日印刷工業株式会社、2010年。
　　　　手島又男「羽鳥又男　古都・台南を守った市長」『日本人、台湾を拓く。許文龍氏と
　　　胸像物語』286－314頁、まどか出版、2013年。
　　　　手島仁「新井耕吉郎　台湾紅茶を育てた農業の匠」『日本人、台湾を拓く。許文龍
　　　氏と胸像物語』266－284頁、まどか出版、2013年。
　　　　手島仁『羽鳥重郎・羽鳥又男読本』、上毛新聞社、2015年。
　　　　篠原正巳『芝山巖事件の真相』、和鳴会、2001年。
　　　　『松井田町誌』1301－1303頁、松井田町誌編さん委員会、昭和60年。

（35）『日本人、台湾を拓く―許文龍氏と胸像の物語―』、まどか出版、2013。

（36）梅谷光貞「男らしき君の態度」『顔雲年翁小伝』245－246頁（前掲同）。

（37）石坂荘作『基隆港』、台湾日日新報社、大正7年第五版。

（38）台湾新民報社編集発行『改訂台湾人士鑑』昭和12年9月25日（復刻版『台湾人
　　　名辞典』、日本図書センター、1989年）。同書には、許梓桑のほか、20人の日本人の
　　　内、次の人物が掲載されている。
　　　　鈴木茂徳
　　　台湾電燈会社支配人　嘉義市会議員
　　　　（現）嘉義市新富町七ノ二一

【経歴】明治十七年五月二十日東京市麻布区新綱町ニ生ル。同三十七年三月早稲田大学政治科ヲ卒業。暫ク名古屋生命保険会社ニ奉職シタルモ、三十九年十月台湾ニ渡リ総督府指定彩票元売捌人柵瀬商店支配人ヲ振出シニ実業界ニ於ケル生活ヲ始メタリ。爾後大阪商船専属基隆荷役合資会社々員、台湾商工銀行書記、商工銀行基隆支店長、同台中支店長ヲ経テ大正十二年九月台北商工銀行本店勤務ニ転シ、翌年退職ス。ソレヨリ日台容器株式会社取締役、嘉義電燈株式会社支配人ニ就任シテ現在ニ至ル。外ニ公職トシテ昭和五年一月市協議会員、同七年四月市政委員、同十二年二月市会議員ニ任セラル。趣味ハ謡曲、庭球。【家庭】妻シゲ　トノ間　ニ二男二女アリ。

　　近江時五郎
台湾総督府評議会員、基隆公益社理事長、台湾水産株式会社々長、近江商事社長、基隆港灣社長、台湾電力株式会社重役。
　　　（現）基隆市壽町一ノ三二
【経歴】明治三年十二月二十六日秋田県北秋田郡ニ生ル。明治三十二年藤田組金山採鉱課長トシテ始メテ渡台シ同三十八年都合ニ依リ内地ニ帰還セラレタリ。同四十年木村組採鉱主任トシテ再渡台。大正六年木村組鉱業株式会社ヲ創立スルヤソノ専務取締役ニナラレ、木村氏ノ後ヲ承ケテ社長ニ就任。鉱業方面ノ経営手腕ハ斯界ノ人ヲシテ三舎ニ退避セシメ得ルニ足ル。同九年ニハ基隆船渠株式会社ヲ設立シ益々ソノ典型的手腕ヲ振ヒ今日ニ至ルマテ十数ノ会社ニ関係シタリ。大正九年十月ニハ台北州協議会員ニ昭和五年七月ニハ府評議会員ニ任セラレ、今日ニ至ルマテ府評議会員ヲ三回重任セラレタル事ハ如何ニ氏ノ人格高潔、手腕明敏ナルカヲ証明スルニ十分ナリ。

　　明比實平
食料雑貨、石炭販売業明比商店主、内台通運合資会社代表社員、台湾水産株式会社、基隆劇場株式会社各取締役、有限責任倉庫信用組合理事組合長、財団法人基隆公益社理事、市会議員、基隆神社奉賛会氏子総代、方面委員、町委員
　　　（現）基隆市義重町六ノ一
【経歴】愛媛県松山市ノ人、明治二十三年五月ノ出生ナリ。明治四十一年郷里ノ西条中学卒業後引続キ慶応大学ニ学ヒ大正三年大学部理財科ヲ卒業。同年八月三越呉服店東京本店ニ入社シ大イニ商機商略ヲ研究セリ。大正五年渡台、厳父ガ経営スル明比商店ノ業務ヲ佐ケルコト約二年、家運逐年隆盛ヲ加フルニ至レリ。大正七年一月木村鉱業会社ニ入リ、同八年更ニ株式会社基隆鉄工所ニ転シテ鉱業工業方面ニモ縦横ノ才幹ヲ振ヒタルモ基隆鉄工所ガ基隆船渠株式会社ト改称セラレルニ及ヒ退社シテ再ヒ家事ニ従フ。大正十三年厳父逝去ノタメ家督ヲ相続シ旧名憲吾ヲ實平ト改メ、爾来一意家業ノ伸長ニ努メ来リシカ、ソノ広汎ナ才識ト辣腕ヲ認メラレテ同十五年市協議会員ニ選任セラレ、昭和十年自治制施行後モ引続キ官選議員トシテ今日ニ及ヒタリ。

土居<ruby>土居<rt>ど</rt></ruby>　土居鶴雄

基隆消防組長、基龍土木協会、基隆料理屋組合各顧問。大阪毎日基隆通信所主任、基隆市議会議員。

　　　　（現）基隆市義重町

【経歴】明治十九年初ノ年初メ出生。熊本市水道町七五ノ士族ナリ。明治三九年郷里ノ県立中学濟々黌ヲ卒業スルヤ、更ニ明治大学専門部ニ入リ法律経済ヲ精研セリ。大正二年卒業ト同時ニ渡台、台南新報（台湾日報前身）記者ヲ拝命セシカ人ト為リ磊落ニシテ小事ニ拘泥セス。ジャーナリストトシテヨクソノ天分ヲ発揮セシ故、同四年九月ソノ才能ヲ認ラレテ基隆支局長ニ昇進。爾来二十余年ノ長キニ互リ、ソノ職ニ盡悴シ文章報国ヲ以テ任シ操觚界ニ縦横ノ才幹ヲ振ヘリ。昭和九年基隆市協議会員ニ選ハレ、翌十年七月消防副組長ニ就任ノ為、台南新報ヲ辞シタルカ、尚大阪毎日基隆通信所主任ヲ嘱託セラレタリ。ジャーナリストトシテ功成リ名遂ケタルモノトイフヘキナリ。現在テハ消防組々長トシテ模範消防ノ建設ニ余念ナク、基隆消防組今後ノ躍進ハ氏ノ才識ト非凡ナル手腕ニヨリ必ラスヤ刮目ニ値スルモノアルヘシ。

(39) 『基隆石坂文庫第十二年報』大正10年10月、32頁に石坂荘作が「台湾図書館事業の不振を慨して敢て世人に訴ふ」と題した文章が、宇治郷毅『石坂荘作の教育事業』124－125頁に収載されている。

(40) 梅桜交友会代表松本洽盛編『むかし「日本人」いま『台湾人』』4頁、明日香出版社、2019年。

(41) 『むかし「日本人」いま『台湾人』』65－67頁、前掲同。

(42) 井上新甫『王陽明と儒教　上巻』33－35頁、群馬社会福祉大学陽明学研究所、平成16年。

(43) 広瀬敏子『松陰先生にゆかり深き婦人』80頁、山口県教育会、昭和11年。復刻版、マツノ書店、平成26年。

(44) 新島襄の教育思想は、同志社編『新島襄教育宗教論集』、岩波書店、2010年による。

(45) 『共愛学園百年史　上巻』121－226頁、学校法人共愛社共愛学園、1998年。

(46) 『華甲紀念後凋先生詩文集』、後凋先生詩文集刊行委員会、昭和3年）。

(47) 『大間々高校百年史』、群馬県立大間々高等学校、平成12年。

(48) 川村善七は『上毛教界月報』（昭和8年11月20日）に「吾妻教会の今昔と吾等の覚悟」と題する文章を寄稿している。『上毛教界月報』は『上毛教界月報　復刻版第10巻』（不二出版、1985年）によった。

(49) 林品章「始政四十周年記念台湾博覧会―台湾視覚伝達デザイン史研究（4）」『デザイン学研究』47巻、4号、日本デザイン学会、2000年。台湾博覧会については同論文による。

(50) 平成24年度第3回企画展図録開館30周年記念『新井洞巌展―第6回ふるさとの文人展―（博物館要覧付）』、中之条町歴史と民俗の博物館「ミュゼ」、2012年。

(51) 井上新甫『王陽明と儒教　上巻』36－37頁、群馬社会福祉大学陽明学研究所、平成16年。

(52) 宮川次郎『新台湾の人々』270頁、拓殖通信社、大正15年。

198

(53) 宮川次郎『新台湾の人々』272－274頁、前掲同。

(54) 井上新甫『陽明学読本　巻四　傳習録』、春秋学教室、平成8年。

(55) 石坂荘作が亡くなると、郷里の『上毛新聞』は写真とともに「石坂荘作氏逝去／台湾基隆市の恩人」の見出しで、次の記事を載せた。同文は上毛郷土研究会の機関誌『上毛及上毛人』273号（昭和15年3月1日）にも転載された。

　　台湾に於ける郷党の先輩として、又、台湾発展の功労者として令名ありし基隆市の石坂荘作氏は昨年以来健康を害はれ、静養に勉められつゝありしが、去月遂に病革り逝去せらる。享年七十一歳洵に哀惜に耐へざるものがある。／略歴／氏は明治三年三月六日吾妻郡原町石坂大源次氏の長男として呱呱の声を挙げ、原町尋常小学校卒業、日清戦役に出征し陸軍工兵一等軍曹、勲八等を賜ふ。明治二十九年三月渡台、台湾日報、台湾日々新報社に入社。言論界に貢献し、同三十六年基隆夜学校を設立（現基隆商業専修学校）更に昭和六年和洋裁縫講習所（現基隆技芸女学校）を設立。教育界に盡悴し、一方、度量衡器販売を経営、実業方面にも飛躍。基隆公益社長、基隆商工会長、台北州協議会員、台北州農会議員、基隆商工会議所顧問、基隆在郷軍人会、基隆方面委員会、愛国々防両婦人会、防諜聯盟、台湾総督府史料編纂委員会等の各顧問に推任。又、石坂公園、石坂図書館等を基隆市に寄贈する等、後半生を社会正義の為に捧げ来られし人にして其功績は没すべからざるものがある。因に生前ものされし著述も多く左の如きものがある。『台湾踏査実記』『台湾に於ける農民の天国』『基隆港』『北部台湾の古碑』『御賜の餘香』『おらが基隆港』『非常時台湾』『古代文化の謎』『基隆史考』

第2章

（1）涂照彦『日本帝国主義下の台湾』375、381頁、東京大学出版会、1975年。

（2）涂照彦『日本帝国主義下の台湾』396－399頁、前掲同。

（3）基隆顔家と顔国年については『顔雲年翁小伝』による（前掲同）。

（4）下村宏（海南）は、台湾総督・明石元二郎に招かれて大正4年（1915）台湾総督府民政長官となり、同8年には総務長官となった。同10年まで在職し、在職中に八田與一を支援し、烏頭山ダムと嘉南大圳を建設したことで知られる。その後、朝日新聞社に入り、昭和12年（1937）貴族院議員となり、同20年鈴木貫太郎内閣で国務大臣（内閣情報局総裁）となった。大正14年に『新聞に入りて』（日本評論社）を出版した。同書の中に、「顔雲年」（114－119頁）と題し、その人徳を称えた次の追悼文を収載している。

　　自分は台湾に生まれて台湾人を使ふ事は内地人よりも遥かに上手である、如何なる場合でも内地人より一割以上安く使役する事が出来る確信がある、同じ炭坑も同値で買へば一割安い石炭を市場に出すことが出来る、同じ山を一割高く買ふても元々だ。／と豪語して、又之を事実に示したる顔雲年は逝いた。／世界の大戦より炭価俄かに奔騰し、台湾の炭田は貧弱なる狸掘より機械掘にすゝみ、今まで筑豊炭を用ゐた台湾航路の船舶用はもとより、進んで香港市場に開平炭旅順炭と相角逐するまでに躍進した、其台湾炭坑の開発に尤も活躍した顔雲年は逝いた。／炭田開放の声で、猫も杓子も総督府へ押しかけてくる、許可されるといつの間にか名義人の名前は変つてゆく、会社が出来上るいつの間にか株名義は転々してゆく、国利

民福の為とか天然資源開発の為とか、色々の題目をふりかざして、自ら此が経営の衝に当るが如く振舞つた連中も、一旦開放されて会社が成立するとなれば、何分天井知らずの景気にあふれられて、権利金とか、功労金とか、報償金とか、プレミアムとかいふものが楽々と持上り、いつの間にか肩替りをしてゆく、之れが当世ともいひ利巧ともいひ、又時には小我とも小欲ともいふ。其中に其連中の流れに逆ひ、買手に廻つた、馬鹿とも又大我とも大欲とも見られた顔雲年は逝いた。／領台当時陸軍の通訳となり弁務署の通訳となり、小警吏として下級庄区の区長として、努力と忍耐を看板にした顔雲年、明治三十一年瑞芳鉱山の採金請負、土木の請負、苦力の供給、日用雑貨品の販売等に手をつけて、いつの間にか金山の主人となつた顔雲年は逝いた。／明治四十一年田寮港炭坑の採炭請負より、有名なる四脚亭炭坑に手を染むるに至り、炭坑主に対し採掘請負者として波瀾重畳の紛糾を極め、遂に炭坑主側の台湾炭鉱株に逆襲して、之が株の買占に成功した顔雲年は逝いた。／大勢に逆つて買占め、又次で大勢に逆つて好景気の絶頂に、新炭坑主三井家と握手し、別に私有鉱区五十九鉱区を併せ、次で木村鉱業会社を買収し、遂に一千万円の資本を擁し三十万噸の出炭をなすに至りたる、基隆炭鉱会社の三井側六分に対し、四分の分野を占めたる顔雲年は逝いた。／正面には基隆炭鉱に三井鉱山と勢力を角逐し、背面には台湾鉱業を提げて鈴木商店と覇を争ひ、徒手空拳より立ちて内地第一流の実業家に対峙し、台湾人の為に敢然として万丈の気を吐ける顔雲年は逝いた。／基隆博愛団への寄附三十万円をはじめ、巨資を公共慈善事業に投じ、特に育英事業に宗教の扶護に力を効し、総督評議会に洗練透徹の意見を建てた顔雲年は逝いた。／内地の浅野総一郎翁にたとへられた顔雲年、しかも二者の風格の尤も相異なるものとして、台湾詩会の主盟となり、苟も寸暇あれば詩文に遊び、環境の転換と共に常に羽化仙遊の余技あり、顔子陋巷の家に成長して、子貢貨殖の才を凌駕し、之に兼ぬるに子夏子游の文学を以てすと称せられた、吟龍顔雲年は逝いた。／南支に志して行旅の準備を了したる顔雲年、摂政宮殿下御渡台に当り、内地語を以て御下問をうくべき本島人代表者たりし顔雲年は、大正十二年二月九日病みて田寮港の陋園の池畔に長逝した。／雲年の三羽鴉と云れた内、蘇泉は先に逝き、国年周碧の二人が残つて居る、世の中は持ち合である、長短相補はねばならぬ、台湾の事業界に立てる人に、それぞれ栄枯沈着がある、雲年は三人を得て功成り、三人を得て又其後がある。／台湾の彫刻家として、天才といふよりは涙ぐましい努力家に、黄土水といふ青年がある、既に帝展にも屡出品されて、斯界の人には知れて居ようが、未だ世に現はれず苦学をつづけて居る頃、自分は多少の援助をした事がある、其援助の一面には顔雲年君のあつた事を付け加へて置く。（一四、九、十）

※黄土水（1895-1930）は、台北市艋舺生まれ。台湾総督府民政長官内田嘉吉らの推薦を受け、東京美術学校彫刻科木彫部に留学、高村光雲の指導を受けた。大正9年（1920）彫刻作品「蕃童（山童吹笛）」が台湾人として初めて帝展に入選。同11年「みかど雉子」「双鹿」の木彫を宮中に献上。昭和3年（1928）には昭和天皇御大典のため台湾からの献上品（「帰途（水牛群像）」ブロンズ）を制作した。同5年肋膜炎によりアトリエを構えた池袋で、35歳の若さで没した。

（5）顔国年については『顔国年君小伝』（前掲同）による。

（6）涂照彦『日本帝国主義下の台湾』418、420-421、423頁、東京大学出版会、1975年。

（7）栗原新水『躍進群馬県誌』37頁、躍進群馬県誌編纂所、昭和15年3月30日。

（8）『高崎高等学校八十年史（上巻）』425-427頁、群馬県立高崎高等学校八拾周年記念事業委員会、昭和55年。

（9）『校友会誌第33号』124頁、群馬県立高崎中学校々友会、大正10年12月。残念ながら群馬県立高崎高等学校に校友会雑誌がすべて残っている訳ではない。黄及時の同級生には、山口高音（高崎信用金庫理事長）、田部井平人（田部井鹿蔵の子で校長、群馬県教職員組合執行委員長となり、勤務評定反対闘争を指揮）、柏木寛五（安中教会牧師・柏木義円の子）らがいた。

（10）黄及時については台湾新民報社編集発行『改訂台湾人名鑑』（昭和12年）では次のように紹介されている。

　　　　黄及時
　　三菱商事台北支店庶務会計係主任
　　　　　（現）台北市大正町三ノ三七
　　【経歴】現府評議会員黄純青氏ノ次男トシテ明治三十五年一月六日台北州海山郡樹林ニ生ル。大正五年四月府国語学校附属公学校實業科卒業ト同時ニ内地ヘ留学、大正十年三月群馬県立高崎中学校ヲ卒業。同年四月東京商船大学予科ニ入学、大正十二年四月同大学予科第三学年級長ヲ命セラル。翌十三年四月同大学本科ニ入学、同年五月同大学一橋会本科学術部委員長ニ推薦セラレ翌六月日蘭通交調査会ノ委嘱ヲ受ケ蘭領東印度経済事情研究ノタメ約二箇月ニ互リ同地方ニ出張ス。昭和二年三月東京商科大学本科ヲ卒業、翌四月三菱商事株式会社ニ入社本店会計部勤務ヲ命セラル。昭和五年五月同社高雄支店ヘ転任、昭和八年五月台北支店ヘ転任。昭和十年十一月同支店庶務会計係主任ニ栄進シテ現在ニ及フ。氏ハ温厚篤実、上司ノ信任極メテ厚ク優秀社員トシテ将来ヲ嘱望サル。趣味ハ読書、園芸。【家族】父純青、母周氏但、兄逢時、弟得時。当時、妻容氏金善（台北三高女卒）トノ間ニ二男五女アリ。

(11)　中川浩一『ある明治官僚の履歴書』、kindle 本、2013年。

(12)　『上毛新聞』大正6年9月26日。

(13)　『上毛新聞』大正8年7月4日。

(14)　『上毛新聞』大正8年7月5日。

(15)　手島仁『総選挙でみる群馬の近代史』、みやま文庫、平成14年。

(16)　『高崎市教育史　人物篇』42-43頁、高崎市教育委員会、平成10年。なお、伊藤允美の読みは、高崎高校（高崎中学校）では「よしみ」、岩国高校（岩国中学校）では「しげよし」、旭丘高校（愛知第一中学校）では「のぶよし」、国立国会図書館では「みつよし」、当時の上毛新聞では「いんび」となっている。伊藤については群馬県立高崎高等学校同窓会事務局、山口県立岩国高等学校事務室、愛知県立旭丘高等学校同窓会事務局、石川県立金沢泉ヶ丘高等学校一泉同窓会事務局よりご教示をいただいた。

(17)　『高崎高校八十年史』（上巻）742頁、群馬県立高崎高等学校創立八拾周年記念事業委員会、昭和55年。非売品。

(18) 『上毛新聞』昭和4年5月8日。

(19) 安田徳次郎「福田赳夫物語　大凧に託した夢〈3〉」『上毛新聞』昭和52年1月13日。

(20) 『高崎市教育史　人物編』43頁（前掲同）。

(21) 『群馬県史通史編9　近代現代3』150－153頁、群馬県、平成2年。

(22) 『上毛新聞』大正7年1月5・7日。

(23) 『上毛新聞』大正7年5月24日。

(24) 安田徳次郎「福田赳夫物語　大凧に託した夢〈3〉」『上毛新聞』昭和52年1月13日。

(25) 岸憲『小説　福田赳夫』137－139頁、上毛新聞社、昭和52年。

(26) 『高々もう一つの歴史　代数Ⅱ宇内先生　白寿記念』47－49頁、あさを社、平成2年。

(27) 『雪山の楽しければ…回想・顔恵民』314頁、顔恵民追悼文集発行委員会、平成13年。

(28) 篠原正巳『芝山巌事件の真相』396頁、和鳴会、2001年。

(29) 中川小十郎と立命館については『立命館百年史　通史一』（学校法人立命館、1999年）によった。

(30) 北原碓三『一瞥せる臺灣』136－137頁、拓殖産業協会、大正12年8月5日。

(31) 『顔雲年翁小伝』242－244頁（前掲同）。

(32) 『立命館創立五十年史』192－195頁、立命館。

(33) 彼らは涂照彦『日本帝国主義下の台湾』411頁でいうところの「地場日本資本主義の創始者ともいうべき代表的な日本事業家」であった。赤司と後宮については同書349－354、365頁を参照。

(34) 『立命館創立五十年史』306－311頁、立命館。

(35) 立命館大学史資料センターは、資料の閲覧などをしていない（準備中）ということであるので、筆者は同大学の卒業生であることから、2019年3月9日に立命館大学校友会事務局に問い合わせたところ、同19日送信のメールで「立命館大学の歴史について取りまとめている、史資料センターというところに調査を依頼したのですが、残念ながら顔欽賢氏に関する資料は無かったとのことでした。また、学部事務室に学籍簿の紹介が可能かを確認したのですが、学校法人立命館個人情報保護規定（規定第637号）から学外の方への学籍簿情報の開示はできない。とのことでした」と回答があった。『立命館要覧　昭和2年大学部・中学部・高等予備校』154・156・160・頁、立命館大学出版部、昭和2年。『立命館大学校友名簿』、立命館大学校友会、昭和60年。

(36) 涂照彦『日本帝国主義下の台湾』436、438－439頁、東京大学出版会、1975年。

(37) 村松弘一「明治―昭和前期、学習院の中国人留学生について」『学習院大学国際研究教育機構研究年報　第3号』

(38) 陳慈玉「戦後の台湾にける石炭業　1945－1980年―斜陽産業の一例として―」『立命館経済学　第56巻、第4号』、2007年11月。

第3章

（1） 小野憲一「日本統治時代における台湾の職業教育に関する研究」『環太平洋大学研究紀要（5）』、2012年。

（2） 石坂荘作『基隆港改訂第五版』、台湾日日新報社、大正7年。

（3） 文部省実業学務局編『実業教育五十年史続編』、実業教育五十周年記念会、昭和11年。

（4） 入江暁風『基隆風土記』174－176頁、昭和8年。

（5） 『群馬県史通史編9 近代現代3』243頁、群馬県、平成2年。

おわりに

（1） 『あがつま あづま』788－803頁、あづま村誌編纂委員会、昭和40年。

（2） 『上毛新聞』昭和52年8月19日。

（3） 東吾妻町国民健康診療所より教示。

あとがき

　石坂荘作が亡くなると、終生親交を結んだ新井信示は『吾妻教育』第326号（吾妻教育会、昭和15年３月）に「石坂荘作氏逝く」と題する追悼文を書いたことは本文で紹介した。その中で新井は、石坂の小伝を同誌に書きたいと述べていたが実現しなかった。

　それは、戦局が悪化したという理由ではなく、新井が同年10月に原町の町長に推されたからであった。64歳であった。町長を退職したのは昭和21年12月のことで、70歳であった。新井は戦中・敗戦直後の町政を担い名町長として町民から慕われた。

　歴史研究者であった新井は、余生を郷土誌の編纂に捧げようと稿を起こし始めたところ、新井の後任で戦後初の公選町長となった阿部勝平、阿部の次に町長となる大川正が町誌編纂事業に切り替えるように提案し、新井が全誌を執筆編纂して952頁にわたる『原町誌』が昭和35年（1960）８月に完成した。新井が同書に石坂荘作のことを書いたのは、戦前に果たせなかった石坂の伝記を書いたことを意味する。

　新井は町誌完成の心境を「いくとせを　かけて思いし　稿成りて　心のどかに　やすけし今は」と詠んだ。この思いの中には、石坂荘作のことを同書に書き残こすことができた満足感もあったのではないかと思う。翌36年９月９日、新井は85歳で逝去した。

　新井が『原町誌』（1960年）に石坂荘作を新井善教、高山昇とともに「原町が生んだ三偉人」と記したにも関わらず、石坂荘作のことは、筆者が『群馬学とは』（朝日印刷工業株式会社、2010年）で取り上げるまで、群馬県では忘れられた存在となった。

　しかし、新井が同書に石坂荘作のことを書き残したことが役立って、宇治郷毅氏『石坂荘作の教育事業―日本統治期台湾における地方私学教育の精華』、陳青松氏『曠世奇才的石坂荘作―日治時期台灣社教文化的先驅―』という良書の発行につながり、石坂荘作に光が当たるようになった。

　新井の遺した吾妻郡の郷土学（地域学）の学風は、戦後も小池善吉（群馬大

学教授）、萩原進（県議会図書室長）、金井幸佐久（県立吾妻高校教頭）らの諸氏により受け継がれ、今も吾妻郡に息づいている。三先生ともすでに鬼籍に入られたが、筆者が30年前の20代の終わりから30代にかけて群馬県史編纂室（近代現代事務局）に勤務していた時に、萩原先生は専門委員長、小池先生は近代現代部会長、金井先生は同調査委員をしておられ、ご指導を賜った。筆者が石坂のことを書くこともご縁がある。

　本書は宇治郷毅氏と陳青松氏の学恩を蒙っているのであるが、石坂の地元である吾妻郡内の戦後の自治体史をはじめとする先行研究のほとんどは萩原、小池、金井の三先生が中心となって進めたもので、本書はその学恩も蒙っている。

　また、顔欽賢は立命館大学で学んだ。筆者も同大学の卒業生でこれもご縁である。立命館は学園史として五十年史や百年史を編纂しているが、本書で取り上げたような台湾との関係を叙述することはなかった。学園史編纂執筆の中心は、筆者が学んだ日本史学専攻の先生方であった。立命館の学園史に新たな歴史を発見できたことは、母校への恩返しができたと思っている。

　石坂荘作の郷里・東吾妻町では、中沢恒喜町長が平成30年（2018）2月8日に基隆市を訪問し林右昌市長と会い、石坂を介して本格的な友好交流が始まった。同町に石坂荘作顕彰会（代表・一場貞氏）も誕生し、筆者も顧問に招いていただいた（『東京新聞』群馬版、2018年2月18日）。

　表紙のデザインは画家の横田健一郎氏にお願いした。横田氏は石坂の最後まで持ち続ける自信と確証の雄志を美に表現し「Triumph（勝利）」（油彩、キャンバス、80×80cm）を描き上げた。この勝利は内村鑑三の漢詩「上州人」（昭和5年作）にある〈勝利〉である。

　　　上州人
上州無知亦無才　　上州（人）ハ無智マタ無才
剛毅木訥易被欺　　剛毅木訥　欺カレ易ク
唯以正直接万人　　タダ正直ヲ以テ万人ニ接シ
至誠依神期勝利　　至誠　神ニ依リテ勝利ヲ期ス

　石坂に共鳴し、その地域づくりに多くの人々が集まったが、そこにも世俗的な利害、社会的な名誉欲などの争いが持ち込まれた。こうしたところに人間社会の難しさがあるが、そうした中にあっても石坂は「錙鉄を争ふ」ことをせず「何時まで経ても旧阿蒙」の立場を堅持した。「忘己利他」に徹し、群れや「ムラ」をつくらなかったゆえ孤高であったが、石坂の志は台湾の人々に理解され、今日に受け継がれた。

群馬学を提唱し、地域学の実践により、人口減少により地方消滅が叫ばれる現在の地域づくりに取り組んでいる筆者にとって、石坂荘作は地域経営のプランナーとして、お手本とすべき理想的な人物である。

　本書の刊行にあたり、一青妙氏には特段のご高配を賜りました。また編集にあたり上毛新聞社出版部の富澤隆夫氏にお世話になりました。厚く御礼申し上げます。

　本書が石坂荘作研究の進展や東吾妻町と基隆市、群馬県と台湾のさらなる親善交流や地域づくりに寄与することができれば、望外の幸せです。

【著者略歴】

手島　仁（てしま　ひとし）

群馬地域学研究所代表理事。昭和34年（1959）前橋市生まれ。立命館大学文学部史学科日本史学専攻卒業。群馬県立高校教諭、県史編纂室主事、県立歴史博物館学芸員、前橋市文化スポーツ観光部参事兼前橋学センター長などを歴任。群馬学を提唱し、地域学の振興を図る。

著書に『群馬学とは』、『総選挙でみる群馬の近代史』、『中島知久平と国政研究会』（日本法政学会奨励賞受賞）、『楫取素彦と功徳碑』、『羽鳥重郎・羽鳥又男読本』、『手島仁の「群馬学講座」―人物100話―』、『鋳金工芸家・森村酉三とその時代』、『画家住谷磐根とその時代』など。ほかに共編著・論文など多数。

群馬地域学研究所叢書①

石坂荘作と顔欽賢

―台湾人も日本人も平等に―

2020年（令和2）5月24日　初版第一刷発行

著者　手島　仁
発行　上毛新聞社事業局出版部
　　　〒371-8666前橋市古市町1-50-21
　　　Tel 027-254-9966　Fax 027-254-9906